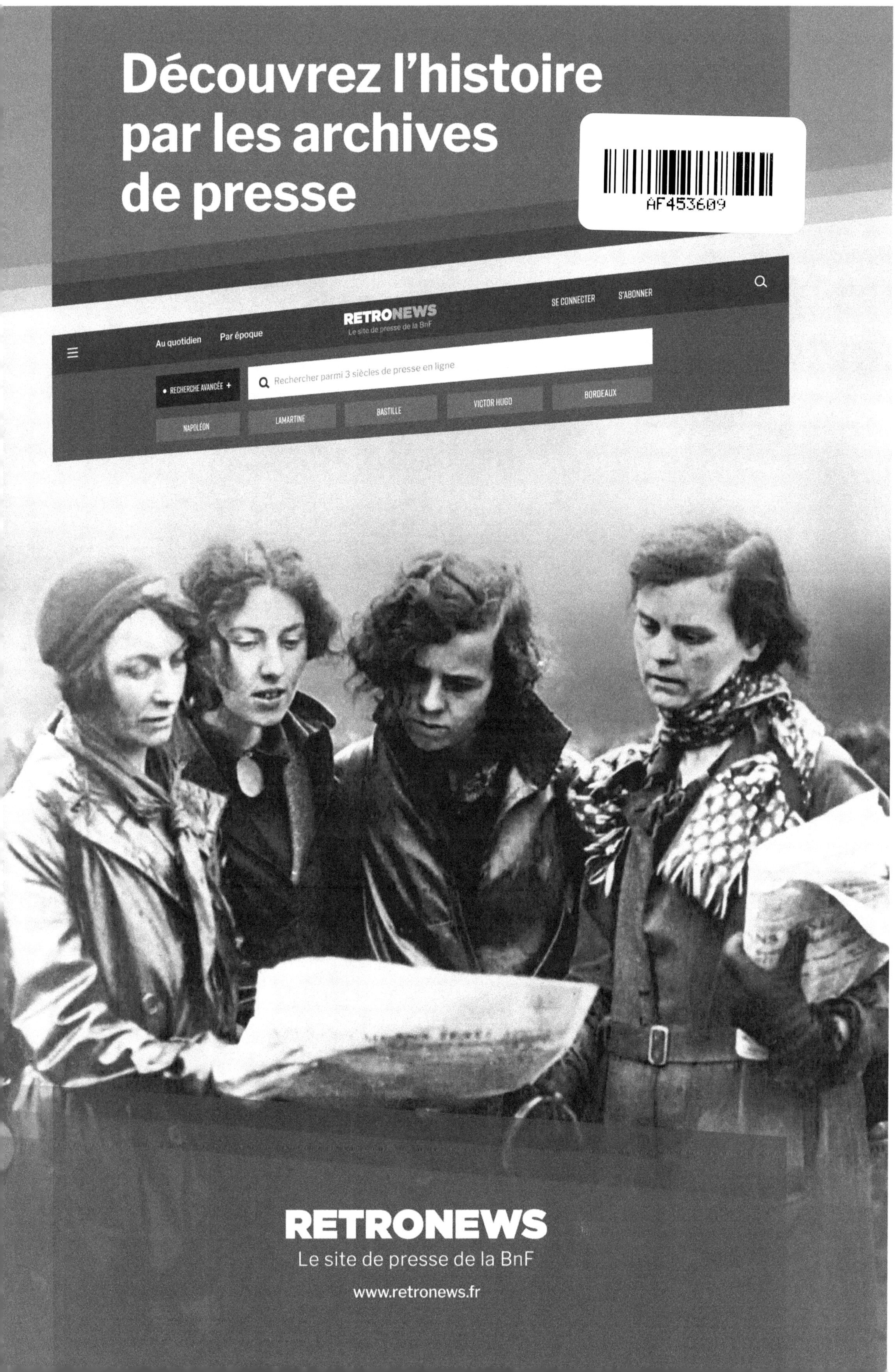

Découvrez l'histoire
par les archives
de presse
RETRONEWS
Le site de presse de la BnF
Au quotidien
Par époque
SE CONNECTER
S'ABONNER
• RECHERCHE AVANCÉE +
Rechercher parmi 3 siècles de presse en ligne
NAPOLÉON
LAMARTINE
BASTILLE
VICTOR HUGO
BORDEAUX
RETRONEWS
Le site de presse de la BnF
www.retronews.fr

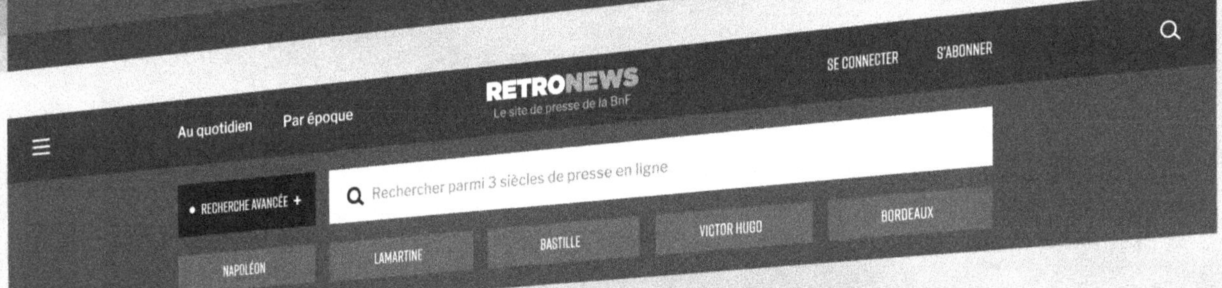

LE COURRIER

DE LA

CALIFORNIE

Journal mensuel.

N° **1**, contenant :

IER ET 2ME RAPPORTS OFFICIELS

adressés au Gouvernement américain ;

Combinaisons sur lesquelles sont basées les Sociétés,

EXTRAITS DE LEURS STATUTS ETC.

PLACEMENT DE FONDS.

Les Numéros se vendent séparément 25 cent.

BUREAUX, RUE DAUPHINE, 18, A PARIS.

Le prix de l'abonnement est de 5 fr. par an.

Les actions des Compagnies Californiennes n'étant presque toutes que de quelques francs chacune, il est indispensable, pour s'éviter les frais et embarras de correspondance, de s'adresser à un **Correspondant** qui puisse, **sans augmentation de prix,** les procurer toutes **indistinctement,** — et qui, si on ne lui désigne pas les compagnies, soit à même de placer au mieux des intérêts des demandeurs, en **divisant la somme,** — car malgré l'assurance donnée par les compagnies de faire produire plusieurs capitaux pour un par an, toutes ne donneront pas ce résultat.

En **divisant son argent entre celles qui paraissent offrir le plus de garanties,** la chance de réaliser des bénéfices est plus grande.

Pour placer quelque argent dans ces Compagnies, adresser à M. Philippart, libraire, **rue Dauphine, 18,** à Paris, un mandat pris à la poste de **cinq francs** seulement : on ne paiera l'excédant du montant de la demande qu'en recevant les actions, **qui sont au porteur.** — Si l'on veut placer 25 fr., 50 ou 100 fr. *et plus,* il ne faut d'abord **envoyer que cinq francs :** ce n'est qu'en recevant les actions demandées qu'on paiera le surplus. —(**Désigner** les actions qu'on désire, et, si on ne les **désigne pas,** M. Philippart [1] **divisera la somme** entre plusieurs Compagnies.)

(*Lire l'article placé à la page* 7.)

---

[1] M. Philippart est l'éditeur de la *Bibliothèque pour tout le monde,* très-excellente collection d'ouvrages moraux, instructifs, à 20 centimes chacun. — [Voir page 31 la liste des 50 ouvrages qui viennent de paraître.]

CALIFORNIE

DOCUMENTS OFFICIELS

EXTRAIT

D'UN PREMIER RAPPORT OFFICIEL

adressé au

GOUVERNEMENT AMÉRICAIN

« On savait, à l'époque de la découverte de la Californie, qu'il s'y trouvait beaucoup de mines de métaux précieux. Des découvertes récentes autorisent à croire que ces mines sont plus étendues et plus précieuses qu'on ne l'avait pensé d'abord. *Les récits sur l'abondance de l'or dans ce pays sont si extraordinaires, qu'on les croirait à peine s'ils n'étaient confirmés par des rapports authentiques de fonctionnaires publics qui ont visité le district minéral pour y faire des observations personnelles.*

« L'officier qui commande nos forces dans la Californie, hésitant à ajouter foi aux bruits qui circulaient sur l'abondance de l'or, visita, au mois de juillet dernier, le district minéral, pour y recueillir des renseignements précis. Je soumets au congrès son rapport au département de la guerre, sur le résultat de son examen, ainsi que les faits constatés sur les lieux. Lorsqu'il visita ce pays, quatre mille personnes étaient occupées à extraire de l'or. Il y a de justes raisons de croire que ce nombre a augmenté depuis. Les explorations déjà faites permettent de croire que les mines sont abondantes et que l'or se trouve en divers endroits sur une vaste étendue du pays.

« Les effets produits par la découverte de ces riches dépôts minéraux et le succès des travaux entrepris ont amené un changement étonnant dans l'état des affaires de la Californie. Le taux des salaires est exorbitant, et toute autre occupation que la recherche de l'or est abandonnée. Presque toute la population du pays est allée dans le district des mines.

« L'abondance de l'or et la recherche de ce métal, qui est la préoccupation de tout le monde, ont déjà occasionné dans la Californie une hausse extraordinaire dans le prix des denrées nécessaires à la vie.

« Pour que nous puissions entrer plus promptement et d'une manière plus complète en jouissance de la richesse de ces mines, il est de la plus haute importance que l'établissement d'une succursale de la monnaie des États-Unis soit autorisé, pendant votre présente session, pour la Californie. »

2ᵐᵉ RAPPORT

LE COLONEL MASSON AU GOUVERNEMENT AMÉRICAIN

« J'ai l'honneur de vous informer qu'accompagné du lieutenant Sherman, mon aide de camp, je suis parti le 12 juin dernier pour visiter le nord de la Californie. Mon principal objet était d'aller voir par moi-même les mines d'or qu'on venait de découvrir dans la vallée du Sacramento. Nous arrivâmes à San-Francisco le 20, et, à notre grand étonnement, nous trouvâmes que toute ou du moins presque toute la population mâle était partie pour les mines d'or. La ville, qui, peu de temps auparavant, présentait une activité si remarquable, semblait maintenant presque déserte.

« Le 25, nous reprîmes notre route, par Bodega et Sonoma, pour le fort de Sutter, où nous arrivâmes le 2 juillet au matin. Sur toute notre route, nous ne vîmes que maisons désertes, fermes abandonnées, moulins inoccupés, champs et récoltes livrés aux troupeaux, aux animaux errants. Au fort de Sutter, on voyait un peu plus d'activité et d'affaires. Des bateaux déchargeaient leurs cargaisons; des charrettes transportaient des marchandises au fort, où déjà sont établis quelques magasins, un hôtel, etc. Le capitaine Sutter n'avait pu cependant conserver que deux ouvriers à son service, un carrossier et un forgeron, qu'il payait alors au prix de 10 dollars par jour (53 fr.). Les marchands lui paient à lui-même 400 dollars (2,000 fr.) par mois

pour une seule chambre ; et tandis que j'étais sur les lieux, j'ai vu louer une petite maison du fort au prix de 500 dollars (2,650 fr.) par mois.

« Sollicité par un grand nombre de personnes, je suis resté au fort pour y célébrer l'anniversaire de l'indépendance nationale, et je n'en suis parti que le 5 juillet. Ce jour-là, je fis vingt-cinq milles, qui me conduisirent à la Fourche américaine, lieu connu aujourd'hui sous le nom de *Lower-Mines* (les Mines-Basses) ou *Mormon-Diggens* (Fouilles des Mormons). Les flancs des collines étaient, en cet endroit, couverts de tentes en toile ou d'abris provisoires en branchages ; on y voyait aussi un magasin et plusieurs cantines en plein air. La chaleur du jour était étouffante. Deux cents hommes cependant travaillaient sous les rayons d'un soleil ardent, lavant le sable pour en extraire l'or, armés les uns de casseroles, les autres de paniers indiens d'un tissu très-serré ; le plus grand nombre opérait à l'aide d'un appareil très-grossier, connu sur les lieux sous le nom de *cradle* (berceau). Il est porté, comme les chevaux de bois ou les berceaux d'enfants, sur une bascule ; il a six ou huit pieds de long, est ouvert par le bas et garni dans le haut d'une grille ou d'un crible grossier ; le fond est arrondi et traversé, de distance en distance, par des baguettes de bois qui, à vrai dire, font l'office de filtre.

« Il faut quatre hommes pour travailler avec cette machine : l'un enlève le sable sur le bord de la rivière ; l'autre le jette dans l'appareil, sur la grille ; le troisième tient la machine en mouvement ; le quatrième, enfin, puise de l'eau et la précipite avec le sable. La grille empêche les pierres d'entrer dans l'appareil ; le courant d'eau délaye la terre, et le sable descend au fond de la machine, laissant l'or mêlé à un sable noir sur les baguettes qui traversent le fond de l'appareil. L'or et le sable, ainsi mélangés, sont retirés à la main de l'appareil, et séchés au soleil, et enfin séparés en vannant le sable à l'air libre. Quatre hommes armés de cet appareil gagnaient alors environ 100 dollars (530 fr.) par jour. Les Indiens et ceux qui n'ont que des casseroles ou des paniers de jonc font le lavage à la main, extraient d'abord les grains, et font ensuite sécher le sable mêlé à la poudre d'or selon le procédé que j'ai décrit. L'or des *Lower-Mines* est d'un titre élevé, et j'en envoie avec cette dépêche plusieurs échantillons.

DÉCOUVERTE DE L'OR.

« En remontant la branche méridionale de la Fourche américaine, le pays devient de plus en plus montagneux, et, à la scierie mécanique, établie à vingt-cinq milles des derniers lavages d'or, c'est-à-dire à cinquante milles du fort Sutter, a hauteur des montagnes est d'environ 1,000 pieds au-dessus de la vallée du Sacramento. Là commence à croître une espèce de pins dont l'exploitation a été la cause de la découverte de l'or. Le capitaine Sutter, voulant entreprendre le commerce des planches, passa, en septembre dernier, marché avec un M. Marshall, pour faire construire en ce lieu une scierie mécanique, mise en mouvement par une chute d'eau. Le moulin fut construit pendant l'hiver dernier ; mais, quand on voulut lâcher l'eau sur la roue, il se trouva que le sas de la roue était trop étroit pour laisser échapper le volume d'eau qu'on lui apportait. M. Marshall, pour épargner la main-d'œuvre et les frais, laissa tout simplement à la chute d'eau le soin de se creuser elle-même un passage en approfondissant le sas de la roue. Il en résulta qu'au bout d'un peu de temps un monceau de sable et de détritus se forma au pied de la chute.

« Or, un jour où M. Marshall venait examiner le résultat de l'opération, il remarqua, dans le sable accumulé quelques particules brillantes, qu'il ramassa, et dont, après examen, il reconnut la valeur. Il raconta sa découverte au capitaine Sutter, et tous deux se promirent bien de la tenir secrète ; mais, précaution inutile ! Le bruit s'en répandit comme par enchantement. Les merveilleux succès des premiers explorateurs attirèrent, en quelques semaines, des centaines d'hommes. Au moment de mon voyage, il y avait à peine trois mois que la découverte était connue, et déjà l'on estimait à plus de quatre mille le nombre des gens qui s'étaient lancés dans les déserts à la recherche de l'or. Auprès du moulin, on voit un magnifique banc de sable aurifère, que l'on respecte comme la propriété du capitaine Sutter, bien que lui-même n'y prétende aucun droit. M. Marshall demeurait, lui, auprès du moulin, et il m'apprit que beaucoup de gens travaillaient au-dessus et au dessous de lui, recueillant environ d'une à trois onces par jour et par homme. Cet or est un peu moins pur que celui des *Lower-Mines*.

« Le 7 juillet, je partis du moulin et passai sur les bords d'un petit ruisseau qui se décharge dans la Fourche américaine, à trois ou quatre milles en avant du moulin. Je l'ai traversé au lieu connu aujourd'hui sous le nom de Webers'-Creek, et où MM. Sanol et compagnie ont établi présentement leurs lavages. Ils emploient une trentaine d'Indiens, qu'ils paient en marchandises. Je vous adresse quelques échantillons de l'or ramassé par ces messieurs ; il est d'un titre très-élevé, comme celui des *Lower-Mines*.

« De là, après avoir remonté le ruisseau l'espace d'environ dix milles, nous rencontrâmes une grosse masse de peuple, Indiens et autres, explorant le cours d'eau ou celui des ravins qui l'alimentent en hiver. Ces ravins sont excessivement riches, et l'on y recueillait alors, en moyenne, environ deux onces d'or par homme et par jour. On me signala une crevasse assez longue, d'une centaine de yards sur quatre pieds de large et deux ou trois de profondeur, comme le lieu où deux hommes, W. Dirly et Perry Mac-Coon, ont, en peu de jours, recueilli de l'or pour une valeur de 17,000 piastres (90,000 fr.). Le capitaine Weber m'apprit que ces messieurs avaient employé quatre blancs et une centaine d'Indiens, et qu'après une semaine de travail ils avaient pu payer leurs hommes en gardant pour eux 10,000 dollars (53,000 fr.). Un autre petit ravin, qui me fut montré, a produit de même 12,000 dollars. **Il y a des centaines, des milliers de ravins de cette espèce, qui n'ont pas encore été explorés et qui, selon toute vraisemblance, sont aussi riches.**

« Je pourrais citer des centaines d'exemples du même genre; mais, pour donner une idée des quantités d'or qui affluent dans les poches de tout le monde, je vous raconterai ce que j'ai vu sous mes yeux, au lieu dit le *Magasin-de-Weber*. Ce magasin n'est, à proprement parler, qu'une hutte en branchages, sous laquelle le capitaine a créé une boutique d'épicerie et de mercerie. J'ai vu un homme qui, ayant découvert dans la boutique une bouteille de poudre de Sedlitz, voulait l'acheter; le capitaine répondit que la bouteille n'était pas à vendre. « J'en offre une once d'or.—Non; d'ailleurs, elle ne me coûte que 1/2 dollar (2 fr. 65 c.).—Alors, en voulez-vous une once d'or et demie.» Le capitaine se laissa faire. D'après cela, vous jugez si tout y est hors de prix. Eh bien! les Indiens, qui, il y a quelques mois, n'avaient pas même de haillons pour se couvrir, sont tous, aujourd'hui, chamarrés d'étoffes éclatantes.

« Le 8 juillet, je retournai à *Lower-Mines*; et je me préparais à aller visiter les rivières Feather, Yubah et Bear, lorsque je fus rappelé à Monterey par d'importantes dépêches du capitaine A. Long. Avant de partir cependant, j'ai acquis la certitude qu'il avait été découvert de l'or dans le lit de chacune des rivières et dans la plupart des petits ruisseaux qui coulent entre le Bear et la Fourche américaine, comme aussi dans les consummes, au sud de la Fourche.

« M. Sinclair, dont le *rancho* (la ferme) est située à trois milles au-dessus du fort Sutter, emploie environ cinquante Indiens. Quand je l'ai vu, il y avait presque cinq semaines qu'il travaillait, et ses Indiens n'employaient que des paniers d'un tissu très-serré; cependant sa part de bénéfice, que j'ai vue, se montait à la valeur d'environ 16,000 piastres (85,000 fr.). Il me fit voir le résultat de son travail pour la semaine qui venait de s'écouler : 14 livres avoir-de-poids d'or bien lavé.

« Le principal magasin du fort Sutter, celui de Brannan et Comp., a reçu, depuis le 1er mai jusqu'au 10 juillet, pour une somme d'environ 36,000 dollars (190,800 fr.) d'or nouvellement découvert. D'autres négociants n'en ont pas moins reçu. Tous les jours, on expédiait de la côte pour les mines de grandes quantités de marchandises : car les Indiens, autrefois si pauvres et si misérables, sont des consommateurs importants.

« Si beaucoup, si le plus grand nombre des fermiers ont abandonné les travaux de la terre pour se jeter sur les mines, il n'en est point ainsi du capitaine Sutter, qui vient de rentrer une importante récolte de 40,000 boisseaux de grains. La farine se vend déjà au fort 35 dollars le baril; elle sera bientôt à 50. A moins qu'on ne nous expédie de très-grandes quantités de denrées alimentaires, nous devons craindre la disette. Cependant, comme tout le monde est aujourd'hui capable de payer des prix élevés, nous devons espérer que du Chili et de l'Orégon on nous enverra des provisions en quantité suffisante pour nous permettre de passer l'hiver.

« La découverte de ces riches dépôts a changé complétement l'aspect de la Haute-Californie. Ses habitants, occupés exclusivement, il y a quelques mois encore, aux travaux de l'agriculture, sont tous allés aux mines. Les ouvriers de toutes professions ont abandonné leurs métiers et les commerçants leurs boutiques; les marins désertent aussitôt qu'ils arrivent. Il y a maintenant deux ou trois navires qui sont mouillés dans la baie de San-Francisco, et n'ont pas un homme à bord. La même cause a entraîné beaucoup de désertions dans les troupes. Pendant quelques jours le mal a été si menaçant, que j'ai dû craindre de voir la garnison de Monterey déserter en masse. Il faut le dire, la tentation est si grande! peu de danger d'être repris, l'assurance d'un salaire énorme, double en un jour de la paie d'un soldat pour un mois! Pour les appointements d'un lieutenant ou même d'un capitaine (c'est au moins 500 fr. par mois aux Etats-Unis), on ne peut pas avoir un domestique.

« Un charpentier, un ouvrier de quelque profession que ce soit, ne loue pas ses services à moins de 15 ou 20 dollars (80 à 106 fr. par jour). Que faire dans une situation pareille? Maintenant, d'ailleurs, il n'est plus, en Californie, possible à un officier de vivre avec sa solde; l'argent a si peu de valeur, les prix des objets manufacturés et ceux des denrées alimentaires sont si élevés, et la main-d'œuvre est si chère, que ceux-là seulement peuvent avoir un domestique ou un cuisinier qui gagnent 40 à 50 dollars! Cet état de choses ne peut pas durer.

« Une foule de lettres particulières ont annoncé, avant moi, aux Etats-Unis, l'importance des découvertes qui viennent d'être faites; et peut-être s'étonnera-t-on que je n'aie pas écrit plus tôt sur le même sujet. Ma réponse sera facile : Je ne pouvais pas croire aux merveilleux rapports que je recevais avant d'avoir visité le pays moi-même.

« Mais aujourd'hui je n'hésite pas à dire qu'il y a plus d'or dans les vallées arrosées par le Sacramento et le San-Joaquin qu'il n'en faut pour payer et payer cent fois tout ce qu'a pu coûter la guerre avec le Mexique. Et, pour mettre ces mines en valeur, il n'y a pas de capital à dépenser : un pic, une pelle et un plat de terre, c'est tout ce qu'il faut pour recueillir le précieux métal.

« M. Dye, habitant de Monterey, homme instruit et digne de confiance, revient aujourd'hui même des explorations faites sur la rivière Feather. Il me raconte que la Compagnie à laquelle il appartient, après avoir travaillé sept semaines et deux jours, en employant environ cinquante Indiens par jour, a recueilli, comme produit brut, 273 livres pesant d'or. Pour sa part (un septième), il a reçu, après tous frais payés, 57 livres pesant, qu'il vient d'apporter à Monterey et de me montrer. Je ne vois personne revenir sans rapporter ses 2, 3 ou 4 livres d'or. Un soldat d'artillerie, qui avait obtenu un congé de vingt jours, vient de nous rentrer avec 1,500 dollars (7,950 fr.), et son voyage lui a pris onze jours, de sorte qu'il n'a réellement travaillé que neuf jours, qui lui ont rapporté plus qu'un engagement au service de l'Etat. Tous ces faits paraissent incroyables, et cependant ils sont vrais.

« On donne pour certain qu'il a été découvert

de l'or sur le versant occidental de la Sierra-Nevada. Quand j'étais moi-même au *Gold-District*, j'ai appris d'un Mormon, homme intelligent, qu'il avait été trouvé de l'or près du grand lac Salé par quelques-uns de ses frères. Presque tous les Mormons ont quitté aujourd'hui la Californie pour se rendre au lac Salé, et certainement ils ne le feraient pas s'ils n'étaient pas sûrs d'y trouver pour le moins autant d'or qu'ils en peuvent recueillir maintenant sur les rives du Sacramento.

« Le gisement d'or situé près de la mission de San-Fernando est connu depuis longtemps, mais le défaut d'eau a empêché de l'exploiter. C'est un rayon détaché de la Sierra-Nevada, c'est-à-dire de la chaîne où l'on vient de découvrir tout-à-coup tant de richesses. Il y a donc lieu de croire que, dans l'espèce intermédiaire de cinq cents milles, complétement inexplorés aujourd'hui, il doit se trouver beaucoup de richesses cachées.

« Avant de quitter cet intéressant sujet, je dois dire qu'à mon retour du Sacramento, je me suis arrêté au Nouvel-Almaden, à la mine de mercure de M. Alexandre Forbes, consul de Sa Majesté britannique, à Tepic. Cette mine se trouve sur un éperon des montagnes, situé à un millier de pieds au-dessus du niveau de la baie de San-Francisco. Elle est éloignée d'environ douze milles, et dans la direction du sud, du Pueblo de San-José.

« Le minerai (cinabre) se présente sur une grande veine qui s'enfonce dans la montagne en décrivant un angle très-ouvert avec l'horizon. On emploie des ouvriers mexicains à l'extraire par des galeries d'environ six pieds de haut sur sept de large, et qui suivent les contours de la veine. Les fragments de roc et de minerai sont enlevés à dos d'Indiens, dans des sacs de cuir. A la sortie de la mine, on charge le minerai sur des tombereaux qui le descendent dans une vallée bien fournie de bois et d'eau, et où s'élèvent les fourneaux. Ils sont de la construction la plus simple, exactement semblables au four ordinaire des boulangers. Au sommet, ils sont couronnés par une marmite de baleinier, à laquelle une autre marmite renversée sert de couvercle ; une ouverture pratiquée à ce couvercle conduit, par un canal en brique, à une chambre, au fond de laquelle est placé un chaudron de fer. Cette chambre a une bonne cheminée.

« Tous les matins, on remplit les marmites de minerai concassé et mêlé de chaux, puis on allume le feu et on l'entretient jusqu'à la nuit. Le mercure se volatilise, passe dans la chambre, se condense sur ses parois, et retombe dans le récipient qui lui a été préparé. On n'emploie pas d'eau pour opérer la condensation.

« Lors d'une visite qu'au printemps dernier j'ai faite à cette mine, quatre fours, comme celui que je viens de décrire, étaient en activité, et, pendant les deux jours que j'ai passés sur les lieux, ils ont produit 656 livres pesant de mercure, qui se vendait alors 1 dollar 80 c. (9 fr. 75 c.) la livre à Mazatlan. M. Walkinshaw, le directeur actuel des travaux, me mande que la veine est devenue beaucoup plus abondante, et qu'elle rend assez pour lui permettre de garder ses ouvriers, même dans ces temps extraordinaires.

« Cette mine est très-précieuse par elle-même, et l'est d'autant plus, qu'on emploie le mercure à l'extraction de l'or et de l'argent. On ne l'emploie pas en Californie pour cet objet, mais il faudra bientôt y avoir recours. Quand j'ai visité cette mine, on faisait des recherches aux environs pour découvrir d'autres veines, mais on n'a encore rien trouvé d'important. Cependant la couleur du sol, tout aux alentours, ne permet pas de douter qu'il ne renferme des gisements considérables. Au 15 juillet dernier, le magasin de M. Forbes contenait environ 2,500 livres pesant de mercure.

« J'envoie, joints à ce rapport, treize échantillons d'or qui m'ont été fournis pour être offerts au gouvernement par les personnes dont les noms sont mentionnés sur les enveloppes des paquets. J'y ajoute deux cent trente onces d'or achetées par mon ordre à San-Francisco, que je vous adresse comme échantillon des produits donnés par les mines du Sacramento. C'est un mélange de tous les ors fournis par les diverses parties du *Gold-District*.

« Signé : R.-B. Masson. »

Quartier-général de Monterey, le 10 septembre.

Après la reproduction des pièces officielles, nous avons cru devoir mettre sous les yeux du public les *Prospectus, Extraits de statuts, Moyens d'opération,* etc. (reproduction des publications des *diverses Sociétés*), afin de faire connaître les combinaisons sur lesquelles elles sont basées.

Dans ces *prospectus, extraits de statuts,* etc., chaque Société a exposé elle-même ses moyens d'action, ses combinaisons. Nous n'avons pas qualité pour nous ériger en juges entre ces différentes combinaisons : le public a sous les yeux les éléments qui peuvent former sa conviction : c'est à lui qu'il appartient de choisir les entreprises qui semblent lui présenter le plus d'éventualités de succès [1].

---

1 Pour placer quelque argent dans ces compagnies, et pour que la somme soit *divisée* entre celles qui paraissent offrir le plus de garanties, adresser à M. Philippart, libraire, éditeur de la *Bibliothèque pour tout le monde*, rue Dauphine, 18, Paris, un mandat pris à la poste de *cinq francs* seulement ; on ne paiera l'excédant du montant de la demande qu'en recevant les actions, *qui sont au porteur.*—On les recevra par retour du courrier.

DES SOCIÉTÉS

CRÉÉES POUR LA RECHERCHE DE L'OR EN CALIFORNIE

ainsi que pour le commerce d'exploitation

ET DES PLACEMENTS DE FONDS DANS CES SOCIÉTÉS.

———◦———

Depuis bientôt trois ans que les mots *mines d'or de la Californie* ont apparu pour la première fois dans un journal américain, que n'a-t-on pas dit, que n'a-t-on pas écrit, que n'a-t-on pas rêvé sur les produits merveilleux de ces terrains aurifères, de ces fleuves, de ces rivières dont les flots roulent des paillettes d'or, de ces rocs qu'il suffit d'entamer par les haches pour faire jaillir des éclats du métal précieux?

Chose étrange cependant! tout ce qui a été dit s'est vérifié, tout ce qui a été écrit s'est trouvé dépassé, et les rêves des imaginations les plus brillantes sont restés de beaucoup au-dessous de la réalité mathématiquement constatée.

Quelles sont les nouvelles que nous apprennent chaque semaine les journaux apportés par les navires américains, nouvelles que confirment les avis transmis par les commerçants, les lettres reçues par les familles dont un membre a été chercher fortune dans ces contrées prédestinées? A chaque ligne vient briller le mot magique de *l'or. De l'or*, toujours *de l'or*.

Ce sont dans tous les grands ports des arrivages de poudre et de lingots d'or destinés à être monnayés; ce sont des dollars, des piastres, qui représentent le fruit du travail de quelques mois, de quelques semaines, parfois de quelques jours. Ce sont des appels pressants adressés par les travailleurs à leurs parents, à leurs amis, pour venir prendre part à cette fortune inespérée et inépuisable, car le sol est tellement riche qu'il y a de l'or pour tous ceux qui voudront se donner la peine d'en chercher. Des colonies nous arrivent de tous les points de l'univers; des populations considérables viennent se concentrer sur ce coin de terre béni du ciel; il y a de l'or, toujours de l'or, et les équipages des navires en partance qui emportent les travailleurs dont la fortune est faite souhaitent la bienvenue aux travailleurs qui à leur tour vont s'enrichir.

Des villages s'improvisent, des villes se forment comme par enchantement, la civilisation de l'ancien monde se trouve brusquement transplantée dans un monde nouveau; bientôt San-Francisco sera un grand centre de population comme nos capitales d'Europe ou les grandes cités commerçantes d'Amérique.

Aussi le monde ancien commence-t-il à se préoccuper sérieusement de cette transformation subite.

Les meilleurs esprits cherchent déjà les moyens de prévenir les secousses trop vives que peut amener pour les États d'Europe la masse d'or que doit, dans un temps donné, nous envoyer la Californie (1).

Pour le moment ce n'est pas à l'examen de cette question de haute économie politique que nous voulons nous attacher. Dans ces quelques lignes nous ne nous préoccupons pas des conséquences futures que peut entraîner pour les États cette multiplication soudaine de l'or, le signe représentatif de la fortune publique; ce qui nous intéresse c'est de chercher les moyens de faire participer les individus à ces richesses qui s'acquièrent en Californie avec tant de facilités.

De nombreuses compagnies se sont formées; elles ont dû étudier sous toutes leurs faces les questions qui se rattachent à l'envoi des travailleurs, à l'exploitation des mines, aux relations commerciales à établir, aux bénéfices à réaliser. Le fruit de ces études a été l'établissement de sociétés basées sur des combinaisons différentes, mais tendant toutes au même but; celui d'aider le travailleur à faire une fortune rapide, tout en assurant des bénéfices considérables aux actionnaires dont les capitaux sont venus permettre l'affrétement des navires, le paiement des passages, l'achat de vivres pour la traversée, et pour les travailleurs arrivés sur les placers l'établissement de machines d'extraction, d'amalgamation, etc., etc.

Parmi ces combinaisons quelles sont celles qui méritent la préférence? Quels sont les moyens qui doivent donner le plus de résultats positifs? en un mot, quelles sont les Compagnies auxquelles doivent accorder leur confiance les personnes qui veulent participer à la réalisation de tous les bénéfices qu'on peut espérer d'après les

(1) Dans un ouvrage remarquable, intitulé *de la Monnaie* M. Michel Chevalier regarde comme probable l'arrivée en Europe de millions avant une période de dix ans !

fortunes si promptement réalisées en Californie ?

Il n'est donné à personne de résoudre cette question. Comme la plus petite pierre introduite par accident sur les engrenages arrête subitement les mouvements de la plus grande machine à vapeur, le plus léger incident peut empêcher les résultats des combinaisons les plus consciencieusement étudiées. D'un autre côté, l'association la plus modeste, peut, par le concours des circonstances, par un hasard heureux, par l'incident le plus imprévu, arriver à des résultats qui dépassent ceux que des Compagnies plus fortes avaient à peine osé entrevoir.

Que faut-il donc pour réussir ? Il faut appliquer aux finances le précepte du prince des politiques : *Il faut diviser pour s'enrichir.* Il faut lire avec soin les combinaisons présentées par les diverses Compagnies, prendre le capital qu'on veut consacrer à cette spéculation et le diviser entre celles des Sociétés qui présentent le plus de garanties de stabilité, le plus de chances de succès. Toutes les associations promettent les plus beaux résultats. Mais telle pourra donner plusieurs capitaux pour un seul engagé, tandis que telle autre perdra une partie de ce capital.

Pour conjurer de pareilles éventualités, il faut *diviser* son argent entre plusieurs compagnies, puis attendre les événements, quels qu'ils soient, et, par exemple, deux ou trois Sociétés seulement pouvant parvenir à réaliser le quart de ce qu'elles promettent, l'argent qu'on aura engagé dans une pareille opération, sagement divisé et réparti, cet argent, disons-nous, rentrera en offrant des bénéfices certains, sans avoir laissé à l'imprévu des chances de pertes considérables.

En résumé :

A l'homme à l'esprit aventureux, nous dirons : « Mettez tout votre capital dans une de ces Compagnies : si elle réussit, vous vous serez créé une fortune immense ; si elle ne réussit pas, vous aurez le regret de ne pas avoir divisé votre argent.

Au petit capitaliste, au père de famille nous tiendrons un autre langage, nous leur dirons :

Soyez prudents ; n'allez pas distraire de votre modeste fortune un capital important pour le jeter aux hasards d'une entreprise isolée, qui peut échouer : divisez ce capital entre plusieurs de ces entreprises formées pour l'exploitation des mines d'or de la Californie : de ces entreprises quelques-unes dussent-elles échouer, et seulement deux ou trois réussir, que vous seriez certains d'avoir augmenté dans de grandes proportions le capital que vous auriez placé ; et, si par impossible, vous aviez, même après toutes ces précautions, une légère perte à subir, vous auriez la conscience de n'avoir pas exposé à la légère une partie du patrimoine de vos enfants. C'est dans ces conditions qu'un père de famille peut et doit peut-être s'intéresser dans les opérations Californiennes. Avec la combinaison que nous venons de signaler, — la *division de l'argent* entre diverses Sociétés, — le bénéfice est à peu près certain. La perte est presque impossible, et l'abstention serait le plus mauvais des calculs.

Voir page 32 une liste de Compagnies, — le tableau des actions, — et la note qui suit cette liste.

LA CALIFORNIENNE

Société constituée par acte passé par-devant Mᵉ Thion de la Chaume, notaire à Paris, le 16 avril 1849.

Extrait des Statuts.

La Société a été définitivement constituée le 16 avril 1849, par acte passé devant Mᵉ Thion de la Chaume, notaire, rue Laffitte, n° 3, à Paris, et le dépôt de cet acte et sa publication ont été faits au greffe du Tribunal de commerce de la Seine, à Paris, le 24 avril 1849.

La Société est formée pour le commerce d'exportation, et l'exploitation des mines d'or et autres de la Californie.

La raison sociale est Ch. Hochgesant et compagnie.

Sa durée est fixée à 50 années, à partir du premier janvier 1849.

Le Capital social est fixé provisoirement à cinq millions de francs, divisés en 60,000 Actions de 100 francs chacune.

Le Directeur général ne peut en disposer que pour les besoins de la Société, et il doit, par des pièces comptables, justifier de leur emploi au Conseil de surveillance.

Les Actions donnent droit à un intérêt annuel de 5 0/0, après un prélèvement de 10 0/0, pour fonds de réserve, sur les bénéfices réservés aux Actions; le surplus est réparti comme dividende de la manière suivante :

75 0/0 aux Actionnaires ;
15 0/0 au Directeur général ;
5 0/0 au Conseil de surveillance ;
5 0/0 aux Employés et aux Représentants de la Compagnie.

Un Conseil de surveillance, composé d'Actionnaires, suit et surveille toutes les opérations de la Société, tous les actes du Directeur général ; il vérifie la caisse, le portefeuille, les livres, la correspondance, quand il le juge à propos.

Un inventaire sera fait chaque année, au 31 mars, soumis à l'examen du Conseil de surveillance et à l'approbation définitive de l'Assemblée générale des Actionnaires, ayant lieu le 5 mai de chaque année, à deux heures de relevée, et pour la première fois le 5 mai 1850, au siége de la Société.

Les Actionnaires propriétaires de 50 Actions, de même que plusieurs Actionnaires réunissant ensemble 40 Actions, pourront se faire représenter, s'ils le veulent, aux Assemblées générales, par un mandataire, pourvu que celui-ci soit lui-même propriétaire de 10 Actions, et que, muni de celles de ses mandants, il les ait déposées avec les siennes au siége de la Société, deux jours au moins avant la réunion de l'Assemblée générale.

Les Actionnaires ont droit à autant de voix qu'ils ont de fois 50 Actions : toutefois, un Actionnaire ne pourra avoir plus de dix voix, quel que soit le nombre des Actions qu'il possède ou qu'il représente.

Les réunions des Actionnaires en Assemblées générales ordinaires ou extraordinaires se constitueront sous la présidence du Président du Conseil de surveillance, et en son absence sous celle du plus âgé des membres de ce Conseil.

Quatre départs pour la Californie effectués par la Société la *Californienne.*

PREMIER DÉPART, le *Jacques-Laffitte* (DU HAVRE.)

On lit dans le *Journal du Havre* :

« Deux jours avant la sortie du *Jacques-Laffitte,* dont le départ pour la Californie vient d'être effectué, une fête de famille avait eu lieu dans nos murs : les travailleurs-associés de la Compagnie la *Californienne de Paris* s'étaient réunis au nombre de soixante dans un banquet qu'ils ont offert au Directeur général de Paris, M. Ch. Hochgesangt, et à leur chef d'expédition, M. Gaillard, ancien maire de Saint-Grégoire-d'Ardennes (Charente-Inférieure).

« Cette fête, où se trouvaient réunis des hommes qui, pour la plupart, ne se connaissaient point quelques jours auparavant, et qui devenaient, à partir de ce moment, des amis et des frères, s'est terminée par une bonne action.

« Une collecte a été faite entre les travailleurs et les Directeurs: le produit s'est élevé à la somme de 102 francs 50 cent., qui a été remise à M. le maire du Havre, pour être distribuée aux pauvres de cette ville.

« Le lendemain, dimanche, toute l'Association s'est rendue en corps à l'église Notre-Dame, pour entendre une messe d'intercession à la Vierge.

« L'office terminé, M. Herval, vicaire de Notre-Dame, a adressé quelques paroles de remercîment aux travailleurs pour leur bonne œuvre envers les pauvres.

« Les associés-travailleurs de la Société mutuelle *la Californienne,* embarqués sur le *Jacques-Laffitte,* ont adressé la lettre suivante à leur directeur :

A M. le Directeur de LA CALIFORNIENNE.

« Monsieur le Directeur,

« Les associés-travailleurs de *la Californienne* quit-
« teraient avec peine la France s'ils partaient sans
« vous exprimer leur reconnaissance pour les soins
« que vous avez apportés à l'organisation de la Société
« et ceux dont vous avez entouré leur départ. Ils ont
« confiance dans la réussite d'une entreprise à laquelle
« vous aurez si largement contribué. Comptez sur
« leur concours et leur union pour assurer, dans la
« proportion de leurs forces, un succès commun.—
« Recevez, Monsieur le Directeur, l'assurance de notre
« estime et de notre confiance.

« Signé : Dupont jeune, Grassat, Brizevin, Gambert,
*Délégués des travailleurs partant sur le
navire* le Jacques-Laffitte. »

DEUXIÈME DÉPART, le *Grétry* (DU HAVRE.)

On lit dans le *Constitutionnel :*

« Nous avons annoncé le départ pour la Californie du navire *le Grétry,* ayant à bord 90 passagers, expédiés par la compagnie la *Californienne,* C'est le deuxième départ d'associés-travailleurs effectué par cette compagnie.

« Jamais entreprise de ce genre n'aura été tentée, d'ailleurs, dans de meilleures conditions de sécurité. La compagnie la *Californienne* a mis à la disposition des travailleurs tous les moyens qui peuvent assurer le succès de l'entreprise ; rien n'a été non plus négligé par la Compagnie de ce qui pouvait, pendant le voyage, assurer le comfort et le bien-être des émigrants. La lettre suivante, adressée à M. Hochgesangt, en fournit un honorable témoignage :

« Monsieur le Directeur,

« Au moment de quitter le sol de la mère-patrie, permettez-nous de vous exprimer notre reconnaissance, pour les soins intelligents que vous avez apportés à la bonne organisation de l'expédition.

« Les associés-travailleurs soussignés, au nom de leurs camarades, vous adressent leurs sincères remercîments; croyez-bien qu'ils contribueront, par leur union et leur zèle, dans toute la mesure de leurs forces, à rendre votre tâche plus facile pour assurer le succès de l'entreprise dont vous êtes le digne organisateur.

« Nous vous embrassons de tout cœur.

« Robin, chevalier de la Légion-d'Honneur, ex-capitaine du 22ᵉ bataillon de la garde mobile.

—Dutertre, propriétaire (Sarthe).—Bouchard, propriétaire (Ardèche).—De Lanivière, ancien négociant, à St-Ouen, près Paris.—Trigalet, émigrant belge, *délégués par leurs camarades.* »

TROISIÈME DÉPART, le *Uncas* (d'ANVERS.)
affrété entièrement pour le compte de la CALIFORNIENNE.

Un troisième départ vient d'avoir lieu d'Anvers portant à 307 les travailleurs de la *Californienne.*

QUATRIÈME DÉPART, le *Louisiana* (DU HAVRE);
affrété entièrement pour le compte de la CALIFORNIENNE.

Ce départ a lieu en ce moment..... Il porte à plus de 450 le nombre des associés-travailleurs de la *Californienne.*

Arrivée de la première expédition à Valparaiso.—Nouvelles intéressantes.

On lit dans le *Constitutionnel* du 10 juillet, et dans les *Débats* du 11 même mois :

« Le directeur de la *Californienne,* M. Ch. Hochgesangt, vient de recevoir des nouvelles de la première expédition effectuée sur le navire le *Jacques-Laffitte.* M. H. Gaillard, ancien maire de Saint-Grégoire (Charente-Inférieure), directeur de cette expédition, donne d'excellentes nouvelles sur la traversée, la santé des travailleurs, leur bonne conduite, l'harmonie qui règne entre eux. La compagnie la *Californienne* est heureuse d'avoir confié ses intérêts à M. Gaillard : elle n'a pas seulement trouvé en lui un administrateur actif, intelligent, intègre, mais aussi un véritable ami pour les associés travailleurs qui, sans réserves, sans restriction aucune, lui confient leur avenir, ainsi qu'on peut s'en convaincre par la lecture de la pièce suivante :

« Valparaiso, 12 avril 1850.

« Les associés travailleurs de la *Californienne* désavouent toute intention de toucher par eux-mêmes aux statuts de la Société. Ils reconnaissent pour leur chef M. Gaillard, et la confiance qu'ils ont en lui est telle, qu'ils abandonnent leurs intérêts, leurs droits et leur honneur à sa loyauté. »

Suivent les signatures (*cinquante-six*) DE TOUS les travailleurs composant la première expédition de la *Californienne* sur le *Jacques-Laffitte.*

On voit, par cette déclaration, que la *Californienne* a voulu assurer le plus possible de bien-être aux émigrants ; c'est, sans contredit, le meilleur moyen de sauvegarder les intérêts de ses nombreux actionnaires et d'assurer le succès de son entreprise, qui est en pleine voie de prospérité, et qui certainement produira d'heureux résultats.

Extrait du rapport de M. Ch. Hochgesangt, directeur de la Californienne présenté aux Actionnaires réunis en Assemblée générale.

MESSIEURS,

J'ai l'honneur de vous présenter le compte des opérations de *la Californienne.* Dès son début, notre entreprise a été pénible, difficile : on n'était pas bien fixé sur la richesse des terrains aurifères de la Californie; ses capitaux se hasardaient timidement dans une entre-prise qui devait s'exécuter à plus de trois mille lieues de Paris; on craignait aussi que les travailleurs de la Compagnie n'allassent travailler pour leur propre compte.

Aujourd'hui, Messieurs, la situation est complétement rassurante : on connaît d'une manière authentique la grande richesse des gisements aurifères de la Californie. Les lettres des maisons de commerce, les nombreux travailleurs revenus de ce pays avec de grandes quantités d'or, amassées en quelques mois, témoignent de la véracité des récits merveilleux des journaux.

Quant à nos travailleurs, leur propre intérêt doit nous les attacher et les retenir : sans les bienfaits de l'Association, ils n'auront ni matériel, ni vivres, ni machines décuplant le produit de leurs travaux. Par la division du travail, bien organisé, l'Association offre des ressources qu'ils ne trouveraient pas isolément. Et si quelques-uns d'entre eux se détachaient de la Société ou se faisaient expulser, la compagnie n'y perdrait rien : les actions qui leur ont été données en échange de la somme versée par eux pour leur passage redeviendront la propriété de la Société, en vertu des contrats qu'ils ont signés, et qui les rendent aussi passibles de dommages et intérêts s'ils n'exécutent pas leurs engagements : mais un règlement sévère, quoique paternel, assure l'accomplissement de leurs devoirs.

L'Association mutuelle des travailleurs en Californie est confiée à la direction d'un homme d'énergie, de loyauté, qui réunit les conditions nécessaires pour une semblable mission. J'ai la confiance la plus entière dans M. H. Gaillard, appartenant à une des plus honorables familles de la Charente-Inférieure, et jouissant d'une belle fortune en biens-fonds; il a donné sa démission des fonctions de maire de sa commune et de membre du conseil de son arrondissement, pour aller diriger notre exploitation en Californie. Il sera parfaitement secondé dans sa tâche, pour l'organisation et l'exécution, par M. Pommier, ingénieur d'un mérite reconnu et d'une aptitude toute spéciale pour l'exploitation des mines. J'espère que M. Fournier, sous-ingénieur, M. Chatelier, conducteur des ponts-et-chaussées, M. Vancrombrughe, comptable, partis aussi par la première expédition, faciliteront à MM. Gaillard et Pommier l'accomplissement de leurs mandats : —et M. l'abbé Rénaut, du diocèse d'Agen, maintiendra l'harmonie et la concorde dans notre jeune colonie.

Les cent quarante-quatre associés-travailleurs embarqués sur le *Jacques-Laffitte* et le *Grétry,* formant la première et la deuxième expéditions, sont partis animés des sentiments les plus dévoués pour la Société. Ils avaient compris que de leur union dépendait leur bien-être, leur fortune future; aussi les lettres qu'ils ont adressées à la Direction expriment-elles leur entier dévouement à la Compagnie.

J'ai la confiance la plus entière dans le résultat que doivent produire ces deux expéditions, et la somme que j'ai envoyée à M. Gaillard, depuis son départ, jointe à celle qu'il aura réalisée par la vente des marchandises désignées dans les connaissements que je lui ai remis, sera plus que suffisante pour satisfaire aux premiers besoins de nos travailleurs à leur arrivée.

Pour donner une grande extension aux opérations de *la Californienne,* j'ai envoyé dans les chefs-lieux de départements des inspecteurs chargés d'établir des agences.

Les pays étrangers ont aussi été l'objet de mon attention. La Belgique a dépassé les espérances que j'avais conçues. La Compagnie a engagé dans ce pays beaucoup d'émigrants et elle y a obtenu une grande quantité de marchandises; mais ces résultats elle les doit en grande partie à l'activité et à l'intelligence de M. Mailliet, son agent général en Belgique. La Compagnie possède aujourd'hui des agences en Hollande, en Allemagne, en Suisse, en Italie et en Espagne. Elle a obtenu des souscriptions en Angleterre, malgré le grand nombre de sociétés qui s'y sont formées, et sans y avoir établi d'agence.

Trois nouveaux départs, formant les 3e, 4e et 5e expéditions, se préparent sur trois navires *entièrement affrétés* par la Société. Jusqu'à ce jour, aucune des autres compagnies n'a fait un seul affrétement pour son propre compte. Le navire le *Uncas*, formant la 3e expédition, et qui mettra à la voile sous quelques jours du port d'Anvers, a son chargement presque complet en passagers et en marchandises (ces dernières appartiennent presque toutes à la Société).

Le *Louisiana*, du Havre, va effectuer le quatrième départ....... La cinquième expédition, qui aura lieu d'Amsterdam, sur le navire le *Graff van Nassau*, du port de 1,400 tonneaux, se fera immédiatement après.

La situation de la Compagnie, qui compte à peine une année d'existence, est aujourd'hui, Messieurs, des plus satisfaisantes. Elle avait émis, au 31 mars dernier, 5,636 actions, représentant une somme de *cinq cent soixante-trois mille six cents francs*. D'ici quelques mois, j'espère recevoir des produits du travail des associés-travailleurs de notre première expédition.

J'ai l'honneur, Messieurs, de soumettre à votre approbation les comptes de la Société.

L'Assemblée a approuvé à l'unanimité les comptes de la gérance. Trois nouveaux membres du Conseil de surveillance ont été nommés :

M. le général baron Dupin,

M. l'abbé Chiapini, d'Asnières (Seine-et-Oise),

Et M. le comte Polydore de la Rochefoucauld. —Il a été décidé que les intérêts des actions émises avant le 31 mars dernier seraient payés à bureau ouvert

La situation prospère de la Compagnie permettant une prochaine suspension d'émission d'actions, le Gérant a été autorisé à ne plus en émettre sous peu de temps, — et à en créer au titre de 1,000 fr. — (*ce qui* vient d'être fait).

Actions de...... (Voir page 32).

COMPAGNIE
FRANÇAISE & AMÉRICAINE
DE SAN-FRANCISCO

Société constituée par acte passé par-devant M⁰ CRÉBAUT, notaire à Paris, le 19 janvier 1850.

Cette compagnie, dont la bonne organisation faisait prévoir dès son début tout le succès qu'elle a obtenu, publiait, le 6 février dernier, dans le *Courrier de San-Francisco*, qui lui sert d'organe, l'article suivant, où l'on remarquera une hauteur d'idées et une ampleur de conception qu'on est bien aise de rencontrer même dans un prospectus.

La Compagnie Française et Américaine de San-Francisco à ses adhérents.

Il y a deux ans à peine, un cri de surprise et d'espérance, échappé des rivages de la Californie, retentit d'un bout à l'autre de l'Europe, et y produisit l'effet d'une étincelle électrique. Des mines d'or bien plus considérables que celles du Mexique et du Pérou venaient d'être découvertes ; des sables aurifères recouvrant des plaines immenses, d'un abord et d'une exploitation faciles, entrecoupées de fleuves et de rivières roulant de l'or, avaient offert, aux yeux des voyageurs étonnés, des richesses inconnues jusqu'ici.

Les peuples du vieux monde, pour la plupart surpris par cette nouvelle au milieu de leurs convulsions politiques, prêtèrent cependant une oreille attentive au récit de toutes ces merveilles ; et le premier moment de crise et d'étonnement passé, les émigrations commencèrent. Le mouvement s'est communiqué avec une incroyable rapidité : on s'embarque aujourd'hui en France, en Angleterre, en Espagne, aux États-Unis et dans tous les ports de la Baltique ; on émigre de la Belgique, de la Hollande, des provinces d'Allemagne, du Piémont, de la Savoie et de tous les pays, enfin, où le cancer de la misère et le progrès de l'intelligence ont posé aux gouvernements le problème terrible du travail aux prises avec la faim.

Il n'est plus besoin de chercher à démontrer l'existence des mines d'or de la Californie, ni des autres matières précieuses que la terre y renferme. S'il y eut des indifférents et des incrédules au moment où cette existence fut révélée, autant il y a aujourd'hui de croyants et d'intrépides voyageurs. Si nous-mêmes faisons passer plus loin sous les yeux de nos lecteurs les documents officiels publiés à ce sujet par les gouvernements, et reproduits par les journaux de toutes les nations, c'est plutôt pour faire connaître toute l'abondance de ces richesses que pour en attester la réalité.

Non, ce n'est plus le doute que l'on a à combattre, c'est l'ardeur des imaginations qui s'enflamment, et l'imprudence inconsidérée de plusieurs émigrants qu'il importe de réprimer et de diriger. Chacun se hâte, se presse, accélère sa marche, dans la crainte d'arriver trop tard à ce grand banquet de la fortune. On pousse cette imprudence et cette ardeur à un tel excès, on va si loin, que des centaines d'ouvriers, sans s'inquiéter des périls et du peu de chance de succès que donnent l'isolement et un empressement exagéré, ne s'occupent que de prendre leur valise et de partir. D'autres, moins téméraires, se groupent en petites associations de quatre, de six, de huit individus, pour aller chercher au-delà des mers le bien-être que leur refuse leur patrie. Les premiers comme les seconds, il est pénible de le dire, manquant

dès leur entrée en campagne, de la protection, des vivres, des instruments de travail et des puissants moyens d'action que donne une grande communauté et que nécessite une exploitation longue et fructueuse, ont peu d'avenir, beaucoup de déceptions et peut-être bien des malheurs en perspective. Seul ou en trop petit nombre, comment se conserver sur cette terre lointaine ? Comment garantir la sécurité des personnes et des produits, sans laquelle le travail est inutile ?

Au milieu de cette confusion et de cette imprévoyance, si propres à transformer en instruments de ruine les sources mêmes d'une grande prospérité, des hommes sérieux, forts de leur conscience et de leur dévouement, ont cherché, non sans quelque succès, à rallier ces forces éparses, à les soumettre à une impulsion régulière et productive, à détruire ou à prévenir les dangers auxquels entraîne l'individualisme, et à en appeler du délire de la fièvre aux procédés logiques de la science et de la raison. Mais est-ce assez de prévoir les catastrophes, de donner une direction nouvelle et plus convenable à des travaux, et de traduire même en fait certain les espérances et les idées qui ont tout-à-coup surgi du sein des masses ? N'y a-t-il pas un choix tout particulier à faire dans les moyens à employer, sur les meilleures combinaisons à mettre en pratique ? ne convient-il pas aussi de se demander quelle est la partie la plus malade du corps social qu'il importe promptement de soulager ? A notre avis ce n'est pas assez, lorsque les couches inférieures de la société sont plus particulièrement livrées aux souffrances de la misère et au plus grand dénûment, d'appeler les grands capitalistes, le riche commerçant, presque seuls, et les ouvriers les plus favorisés de la fortune, aux avantages de la commandite et de l'association. Il est véritablement à regretter que des idées plus larges, plus généreuses et sans esprit d'exclusion, n'aient pas toujours présidé aux résolutions des hommes qui se sont occupés de cette grave matière. Il nous semble encore que ce n'est pas comprendre toute l'étendue de sa mission que d'établir exclusivement la base d'opération d'une grande compagnie industrielle de cette nature sur l'exploitation unique, quoique déjà considérable, des richesses métallurgiques de la Californie, alors que le grand événement de leur découverte est capable de modifier si profondément et dans un temps prochain les relations économiques et commerciales des individus et des nations ! Ne point associer à cette première entreprise les bénéfices de l'exportation d'un choix de marchandises, c'est négliger, à notre avis, nous ne dirons pas le point le plus important de l'entreprise, mais un des faits capitaux sur lesquels elle doit reposer, et une des plus grandes sources de richesses.

Pénétrée de ces vices d'organisation et de ce défaut d'ampleur dans la conception, *la Compagnie française et américaine de San-Francisco* vient prendre part à l'œuvre, au moment favorable peut-être où plusieurs compagnies ont achevé ou achèvent d'émettre leurs actions. Il va sans dire qu'elle profitera de l'expérience du passé, et résoudra, de la manière la plus satisfaisante, toutes les hautes questions d'intérêt qui se rattachent au but qu'elle se propose d'atteindre.

Pour appeler indistinctement le riche et le pauvre à la même fortune, et donner à son œuvre, en la généralisant, les proportions d'un fait humanitaire, elle a mis le prix de ses actions à CINQ FRANCS. Partant du même principe, elle a divisé ses actions en séries de cinq mille numéros, et a concédé à chacune de ces séries le droit d'envoyer GRATUITEMENT un travailleur au chantier californien.

Son capital social a été élevé au chiffre de un million deux cent mille francs, pour deux motifs : le premier, afin d'asseoir, sans exagération toutefois, la base de ses opérations sur un terrain solide et à l'abri de tout écueil; le second, pour qu'elle pût surtout annexer à l'exploitation des matières métallurgiques la fondation d'un comptoir à San-Francisco, dont les transactions commerciales, négligées sous cette forme jusqu'à ce jour, seront aussi avantageuses aux actionnaires que les produits obtenus par les travailleurs. Elle s'est pourtant demandé si la réalisation de ce capital, quoique élevé à ce chiffre sur les considérations les plus sages, ne paraîtrait pas longue à l'impatience de quelque actionnaire désireux de voir arriver le plus tôt possible le jour du résultat. Cette crainte disparaît vite si l'on songe que, d'après des dispositions prévues par les statuts, une grande quantité d'actions sera appliquée à l'achat des marchandises nécessaires à l'alimentation du comptoir de San-Francisco.

Après ces considérations d'une haute importance, une autre considération non moins importante encore s'est présentée à son esprit : elle s'est préoccupée de ne point abandonner le sort des travailleurs et les résultats de l'expédition à des mains mercenaires qui rarement rendent en services ce qu'elles reçoivent en argent. Dès lors elle a résolu de faire tout par elle-même, et par ses associés; et en cela, favorisée par le dévouement de ses gérants, elle s'est décidée à en envoyer deux en Californie, MM. Raparlier et Grenier, qui seront chargés, l'un de surveiller les travaux avec le concours d'un ingénieur qui est déjà sur les lieux, l'autre de se livrer à San-Francisco, avec un personnel nécessaire, aux opérations du comptoir, qui servira en outre de point intermédiaire entre le chantier des *Placers* et la maison de Paris. Ce dernier touche au moment de son départ, et arrivera sur le sol américain deux mois avant la première expédition, qui trouvera un pied-à-terre tout préparé et des renseignements précis sur les gisements aurifères qu'il convient d'exploiter de préférence et sans retard. Il va sans dire que toutes les autres dispositions de détail nécessaires pour assurer le succès complet de l'entreprise ont acquis aussi le perfectionnement qui résulte des améliorations que nous avons apportées sur les parties fondamentales de l'œuvre : ainsi impulsion puissante et calculée, médecins et médicaments, aumônier et ingénieur, vivres et vêtements, armes, machines et instruments à la main, rien ne manque; toutes les précautions ont été prises pour garantir la position matérielle et morale des travailleurs. Placés dans de semblables conditions, nous osons l'affirmer, les résultats pour nous doivent être certains.

Mais admettons, s'il est possible, la pire de toutes les hypothèses, supposons que nos travailleurs désertent le drapeau de l'association, que les recherches faites pour recueillir le métal précieux soient pour nous, à l'encontre des résultats obtenus jusqu'ici par nos devanciers, complétement infructueuses, eh bien! qu'on nous permette de dire notre dernier mot, c'est bien le cri de l'honneur en face du parjure! Les cinq gérants, dans ce cas extrême, prennent ici l'engagement (et l'opération commerciale, qu'ils ont eu le bon esprit d'annexer à l'extraction de l'or, leur en fournit le moyen) de rembourser dans un temps donné le capital aux actionnaires et de servir à tous, pendant toute la durée des transactions, des dividendes à raison de 5, 10 et peut-être 20 pour 100, selon les résultats des opérations. Tels sont déjà pour nous les avantages de la fondation d'un comptoir à San-Francisco, avantages méconnus jusqu'ici par quelques hommes à vue basse, et qui peuvent pourtant nous faire affronter des périls qui mettraient en

ruine bien d'autres Compagnies californiennes. Nous avons la ferme conviction que de pareilles suppositions sont inadmissibles, nous aurons l'occasion de le démontrer, mais notre dévouement et notre prévoyance n'en seront pas moins compris.

Nous ne pourrions entrer plus avant dans la discussion de notre pacte fondamental sans nous exposer à dépasser les limites que nous nous sommes imposées dans ce premier article. Les longs extraits de nos statuts, que nous publions, permettront d'ailleurs à nos lecteurs de se convaincre des efforts que nous avons faits pour mettre en harmonie tous les intérêts, pour augmenter, autant que possible, la somme des bénéfices et en assurer tout le succès. Qu'il nous soit cependant permis d'ajouter en terminant que notre premier soin a été de nous entourer de toutes les garanties désirables d'honneur et de probité, de toutes les lumières que la science et la prudence peuvent suggérer. Nous avons appelé auprès de nous des hommes recommandables, qui, en se faisant les premiers cessionnaires d'actions, ont formé notre commission de surveillance. Nous ne nous sommes pas dissimulé que le témoignage de sa propre conscience, du savoir et du dévouement ne suffisent pas pour obtenir la confiance que méritent les réputations déjà faites. Il ne nous appartient pas d'insister là-dessus davantage; nous laissons à notre bonne gestion le soin de nous recommander elle-même.

Depuis cette époque, qu'a fait la Compagnie Française et Américaine de San-Francisco? A-t-elle tenu parole? quel chemin a-t-elle parcouru dans cette période de trois mois et demi? réalisera-t-elle les belles espérances qu'elle a fait concevoir?

La reproduction de la circulaire suivante que les Gérants de cette Compagnie viennent tout récemment d'adresser à leurs actionnaires est la meilleure réponse que nous puissions faire à ces questions.

Pour notre compte nous croyons que les résultats obtenus par cette Compagnie ont dépassé jusqu'ici toutes les prévisions et toutes les espérances.

Paris, le 10 juin 1850.

« Monsieur,

« Si grandes qu'aient été la confiance et les garanties de succès dont elle a été entourée dès son début, *la Compagnie française et américaine de San-Francisco*, qui a pris, vers le milieu de février dernier, une part si large et si active à l'exploitation des richesses métallurgiques de la Californie et aux opérations commerciales du littoral de l'Amérique du Nord, ne pouvait s'attendre cependant à un résultat si prompt et si complet. Dans le court espace de trois mois, elle a émis 70,000 titres d'actions; elle a envoyé, par l'*Arche d'Alliance* et le *Pescatore*, 80 travailleurs sur le sol américain, et organisé un troisième convoi qui touche au moment du départ. Tel est, en peu de mots, l'état de sa situation! C'est vous dire assez, Monsieur, que vos espérances ne seront point déçues, et que la confiance dont vous avez bien voulu l'honorer a été partagée par un nombre considérable de personnes qui, comme vous, lui ont adressé leur adhésion.

« En présence d'un succès si éclatant, peut-être même sans exemple, aidés par une expérience dont ils ont donné jusqu'ici des preuves irrécusables, et qui n'a fait que grandir au contact de la pratique, les Gérants, réunis en conseil, viennent de prendre deux décisions trop importantes pour qu'ils ne s'empressent pas de vous les communiquer. Ils croient même de leur devoir de ne pas attendre , pour vous en faire part, l'apparition du cinquième numéro de leur journal, qui vous sera d'ailleurs adressé dans le courant du mois prochain.

« Il a été décidé :

« 1° Qu'il serait présentement acheté, au nom de la Compagnie, un navire du port de 350 à 400 tonneaux, sur lequel sera effectuée notre troisième expédition de travailleurs, et qui sera en outre destiné à faire, conjointement avec un autre navire , dont l'acquisition sera faite plus tard, le transport de nos marchandises des ports de l'Europe à San-Francisco.

« —Pourquoi cette résolution?

« —Le calcul suivant, qui est d'une simplicité élémentaire et d'une rigueur mathématique, en montre jusqu'à la dernière évidence tous les avantages et tout l'à-propos.

« Les ouvertures qui nous sont faites par deux maisons de Nantes et de Bordeaux nous permettent d'affirmer qu'un navire neuf, du tonnage dont nous avons parlé, complétement gréé , y compris les vivres nécessaires à l'équipage et aux passagers, ne coûtera pas au-delà de 70 à 80,000 fr.   80,000 fr.

« Sur lequel nous pourrons embarquer 60 passagers, à raison de 700 fr. l'un dans l'autre, soit.   42,000

« Plus, 125 tonneaux de fret, à raison de 125 le T......, soit   15,625

Ensemble   57,625

« Si nous déduisons cette somme du prix d'achat, nous trouvons qu'après le premier voyage, un navire du prix de 80,000 fr. reste à la Compagnie pour une somme de.   22,375

« Dans ces conditions, personne ne nous blâmera, sans doute, d'avoir pris une mesure qui donne à peu de frais un navire à la Compagnie, et une garantie de plus aux actionnaires, dont le capital reposera, en partie, sur une valeur réelle, palpable et productive.

« Le capitaine est choisi; il se charge d'organiser l'équipage, dont tous les membres contracteront un engagement d'associés-travailleurs. Il n'est que trop temps de s'affranchir et d'échapper aux mains des courtiers et des armateurs.

« 2° Il a été décidé : que l'émission de nos actions ayant atteint un chiffre considérable, chiffre qui sera doublé dans peu de jours; que pouvant d'ailleurs marcher aujourd'hui par nos propres forces, et la dernière moitié de nos actions devant être échangée contre des marchandises, ladite émission *sera irrévocablement close* LE 15 JUILLET.

« Au moment, Monsieur, où tant de fortunes ont été ébranlées par les événements politiques; alors que l'agriculture, le commerce et l'industrie n'ont presque plus de vie; qu'il est si difficile de réparer les désastres ou de se créer une position ; au moment peut-être où les meilleurs placements sont ceux qui reposent sur des opérations faites à l'étranger, la découverte de l'or de la Californie semble être, à tous les points de vue, un fait providentiel. Nous nous reprocherions, dans ces circonstances, de n'avoir point fait entendre en temps utile notre voix, et de n'avoir point surtout porté promptement à votre connaissance notre dernière décision. Nous croyons être d'autant plus en droit de donner ces conseils, que la présence de deux de nos gérants en

pleine exploitation californienne est évidemment la preuve la plus solide et la plus péremptoire de la confiance que nous inspire l'avenir ouvert, par ce grand et riche pays, aux plus légitimes ambitions du continent européen comme à celles du monde tout entier.

« Veuillez agréer, Monsieur, les salutations respectueuses et empressées de vos biens dévoués serviteurs,   « FAUDOT, RAPARLIER et C.
Paris, le 16 avril 1850. »

NOTA. Dans le cas où l'on ne serait pas complétement éclairé, voici la note sommaire des principaux renseignements :

Les actions sont de 5 francs et au porteur; chacune d'elles rapporte, au *minimum*, dans les cinq années, 150 francs,

On peut donc, avec une somme de 500 francs, se procurer, dans cinq années, un capital de 15,000 fr.

Les actions sont classées par séries de cinq mille numéros, compris de 1 à 5,000, de 5,001 à 10,000, etc. Un numéro par chacune de ces séries peut donner droit à une PRIME DE 800 francs en actions ou au départ gratuit d'un travailleur.

Les bénéfices d'un travailleur-associé doivent s'élever, en trois ans, à 275,000 francs, y compris les dividendes des actions de son cautionnement.

Pour contracter un engagement de trois ans, qu'il pourra renouveler pour une durée de deux ans à l'époque de son expiration, l'associé-travailleur devra verser à la caisse sociale une somme de 800 francs en espèces et souscrire une obligation de 400 francs, qui n'est payable qu'à la première répartition des bénéfices. Ces 1,200 francs sont convertis en actions, qui jouissent des mêmes avantages que celles d'un actionnaire ordinaire. L'associé-travailleur doit préalablement fournir des certificats de moralité et de bonne constitution.

De son côté, à partir du jour du départ, la Compagnie s'engage à pourvoir, outre le passage gratuit aller et retour, à tous les besoins physiques et moraux des travailleurs, jusque dans leurs moindres détails, et pendant toute la durée de l'engagement.

De tels résultats ne sont point étonnants, si l'on considère que nous avons appelé à notre aide toutes les ressources de la science et de l'art : aussi avons-nous été heureux d'annoncer, dans le troisième numéro de notre journal, que nous venions d'acquérir, à titre de propriété, la découverte faite par M. l'abbé D'Herens, ancien professeur de sciences dans l'Université. Cette machine nouvelle, qui laisse loin derrière elle toutes celles dont on s'est servi jusqu'à ce jour, résout de la manière la plus heureuse le problème du lavage et de l'amalgamation de l'or, et décuple les produits obtenus par les tables sibériennes, dont on constate, à chaque instant, les résultats.

Les souscriptions d'actions se soldent par des mandats sur la poste, et, si la somme est considérable, par l'envoi de valeurs de banque ou des traites sur de bonnes maisons de Paris.

Les témoignages les plus honorables viennent corroborer le langage des Gérants, et attester toute la confiance que mérite cette compagnie. Nous ne reproduirons seulement ici que deux documents, qui ont été déjà rendus publics ; ils disent assez l'un et l'autre pour qu'ils puissent se passer de commentaire.

Le premier émane de M. l'abbé Blaive, membre de la commission de surveillance, qui, après avoir acquis la certitude du bel avenir réservé à cette compagnie, n'hésite pas à résilier ses premières fonctions pour accepter le poste d'aumônier que la Société lui offre. Le second est une lettre écrite du Havre par un associé-travailleur à un ami.

A messieurs les Gérants de la COMPAGNIE FRANÇAISE
ET AMÉRICAINE DE SAN-FRANCISCO.

Messieurs,

J'ai vu votre entreprise à son début, et la confiance que vous m'avez inspirée a été telle que je n'ai pas hésité à accepter les fonctions de membre du Conseil de surveillance.

Voulant donner à vos adhérents une preuve de votre dévouement pour l'œuvre que vous avez entreprise, vous avez décidé que deux d'entre vous feraient partie du premier convoi de travailleurs que vous expédierez en Californie; vous avez voulu vous trouver, en personne, en face des difficultés imprévues qui pourraient se rencontrer à votre début; c'est là, Messieurs, une preuve de votre bonne foi et de votre probité, et il vous en sera certainement tenu compte.

Pour ma part, je ne saurais mieux vous en témoigner ma satisfaction qu'en répondant aux ouvertures qui m'ont été faites et en acceptant les fonctions d'aumônier de la première expédition. Je résigne donc, Messieurs, mes fonctions de *membre du Conseil de surveillance* pour occuper le poste d'*aumônier* de la Compagnie; poste plus modeste, mais plus conforme aussi à mon caractère et à mes vives sympathies pour nos braves et courageux travailleurs.

Recevez, Messieurs, la nouvelle assurance de mes sentiments affectueux,   D. BLAIVE.

Paris, 12 mars 1850.

« Messieurs les Gérants,'

« Je reçois à l'instant de mon ami Londès, qui fait partie de votre première expédition une lettre très-honorable pour vous et nos associés travailleurs, pour que je ne m'empresse pas de vous la communiquer. En ma qualité d'actionnaire, je me permets de vous en demander, dans notre intérêt commun, l'insertion dans le plus prochain numéro de votre journal.

« Veuillez agréer, etc.

« PAYROL, rue Sainte-Anne, 13. »

Le Havre, ce 15 avril 1850.
A M. PAYROL, RUE SAINTE-ANNE, 13, PARIS.

« Cher ami,

« Je vous ai annoncé, dans ma lettre du 13 courant, notre départ pour le 15. Nous sommes encore au Havre, et je ne puis vous dire exactement le jour où nous pourrons en sortir. La seule cause de ce retard est le vent contraire.

« Le navire est prêt, tout est emménagé et très-bien organisé ; tous les jours nous nous levons avec l'espoir d'y entrer pour ne plus le quitter qu'en Californie. Nous nous trouvons un assez bon nombre de passagers, sans compter plusieurs missionnaires de la maison de Picpus. Je vous déclare que je suis de plus en plus satisfait de la résolution que j'ai prise, et du choix que j'ai fait. Le plus grand ordre, l'entente la plus cordiale règnent parmi nous; nous sommes tous animés du meilleur esprit, et aucun de nous ne faillira , je l'espère, aux obligations de son mandat.

« Nous avons fait notre banquet d'adieu dimanche au soir! il a été magnifique : plusieurs de mes camarades ont porté des toasts qui ont mérité les applaudissements de tous les convives. Les gérants de la compagnie nous ont fait les adieux les plus touchants; ils se sont montrés, au milieu de nous et pendant tout leur séjour au Havre, comme nous les avions jugés à Paris : des hommes expérimentés, énergiques et consciencieux, méritant et obtenant toute notre estime et notre attachement.

« La nourriture du bord est convenable, et l'on n'en saurait demander davantage : de la viande, du vin et du pain frais deux fois la semaine, pendant la traversée ; nous avons du tabac à discrétion, des chaussures chaudes et de bons vêtements; en un mot, tout le nécessaire nous a été délivré, sauf les armes, dont nous ne pouvons disposer qu'au besoin.

« Toutes les dépenses faites au Havre seront au compte de la compagnie, qui les fait avec mesure, mais sans parcimonie ; je n'ai rien vu jusqu'ici qui ait pu me faire regretter de me trouver au nombre de ses émigrants.

« Veuillez remettre à M. Raparlier, qui passera par Panama, une lettre pour moi ; il me sera bien doux de savoir de vos nouvelles en arrivant sur le sol américain. Je vous écrirai toutes les fois que j'en aurai l'occasion ; le zèle que j'y ai mis jusqu'ici doit vous dire assez que je tiendrai parole. Faites mille amitiés de ma part à votre famille. Portez-vous bien, et prospérez autant que je le désire,

          « Votre tout dévoué ami, LONDÈS. »

Il est facile du reste de donner une idée plus exacte encore de la bonne administration de cette Compagnie, et de toutes les garanties dont elle a entouré les intérêts de ses souscripteurs. Nous n'avons pour cela qu'à reproduire les statuts de la Société.

EXTRAIT DES STATUTS

(DISPOSITIONS PRINCIPALES.)

*Formation et objet de la Société; sa durée;
dénomination; raison sociale.*

La Société a pour objet :

1º L'exploitation des mines et rivières de la Californie, par les procédés des mécaniques les mieux perfectionnées;

2º Le transport en Californie des associés travailleurs;

3º L'exportation en France des produits de cette exploitation;

4º L'établissement à San-Francisco d'un comptoir d'exportation et d'importation de marchandises, qui servira de point d'union entre les chantiers des *placeres* et la compagnie de Paris, qui se livrera à toutes espèces de transactions commerciales et de banque.

La durée de la Société est de cinq années consécutives, qui prendront cours à dater de ce jour; elle pourra être prorogée, à l'expiration de ce délai, pour cinq autres années, d'après la décision de l'assemblée générale des actionnaires.

La Société prend le nom de *Compagnie française et américaine de San-Francisco.* La raison sociale est *Faudot, Raparlier et Comp.*

Fonds social; actions.

Le capital social est fixé à un millon deux cent mille francs , représenté par deux cent quarante mille actions de cinq francs chacune, dont le montant sera versé, en souscrivant, dans la caisse sociale.

Les actions sont au porteur; elles sont revêtues de la signature personnelle de trois gérants; elles sont détachées d'un registre à souche, et frappées des timbres de la Société.

Chaque série de cinq mille actions donnera droit aux souscripteurs de ces actions de faire partir un associé travailleur gratuitement, c'est-à-dire aux frais de la Société.

Gérance.

La Société sera administrée par les cinq gérants collectivement; chacun d'eux se réserve une portion du travail administratif.

Des associés-travailleurs.

Pour être admis comme associé travailleur, il faut souscrire un engagement de douze cents francs, dont *huit cents* payables en espèces, et quatre cents francs en retenue sur les premiers dividendes à répartir. Cette somme sera convertie en deux cent quarante actions de cinq francs, lesquelles, tout en leur donnant droit à la répartition des bénéfices comme actionnaires, demeureront dans la caisse de dépôt à titre de cautionnement et de garantie des obligations qu'ils auront prises.

Chaque associé travailleur s'engage à concourir selon ses moyens, et sous les ordres du directeur, au succès de l'entreprise.

Répartitions des bénéfices.

Tous les mois, dès leur arrivée en Californie, les gérants-directeurs de l'expédition devront établir, pour l'envoyer en France, au siège de la Société, l'inventaire des valeurs recueillies, des marchandises reçues et des opérations du comptoir. Cet inventaire sera communiqué au plus tôt à la commission de surveillance.

Ils devront aussi expédier à la Société les résultats de leur exploitation, dont le produit en numéraire sera déposé à la Banque de France jusqu'à l'époque des répartitions.

Sur cette somme, seront prélevés tout d'abord tous les frais de l'exploitation, plus la somme nécessaire pour la formation du fonds de réserve dont il sera ci-après parlé, et le surplus sera réparti de la manière suivante :

40 0[0 sont attribués aux associés travailleurs;

40 0[0 aux actionnaires;

18 0[0 à la gérance ;

2 0[0 aux employés de l'administration, au prorata des émoluments qu'ils auront émargés, et à la condition qu'ils auront au moins un an de service actif dans la Société.

Tout ce qui reviendra aux associés travailleurs et autres intéressés émigrés sera déposé à la Banque de France et tenu à leur disposition ou à celle de leurs ayants-cause.

Il sera prélevé 10 0/0 sur tous les bénéfices pour former un fonds de réserve qui ne sera retiré entièrement de la Banque de France que lors de la liquidation définitive de la Société.

Ce fonds de réserve servira à pourvoir aux besoins de la Société, et, le cas échéant, à fournir des secours aux veuves et orphelins des associés travailleurs.

Commission de surveillance.

Une commission de surveillance est établie auprès de la gérance; ses réunions auront lieu au siège de la Société. Elle se composera de cinq membres nommés par l'assemblée générale des actionnaires.

La commission de surveillance se réunit aussi souvent que les affaires de la Société l'exigent.

La commission de surveillance, sans s'immiscer dans l'administration de la Société, doit néanmoins contrôler toutes les opérations et déférer à l'assemblée générale celles qui paraîtraient contraires aux intérêts des actionnaires. Elle vérifie les comptes présentés par les gérants, ainsi que l'inventaire annuel qu'ils sont tenus de dresser ; elle peut convoquer l'assemblée générale en séance extraordinaire toutes les fois que les besoins de la Société l'exigent; elle fait part à l'assemblée générale de ses observations sur l'ensemble de l'administration de la gérance ; elle vérifie la caisse et le portefeuille, les livres et la correspondance, quand elle le juge à propos.

Assemblées générales.

L'assemblée générale des actionnaires se réunira tous les ans au siège de la Société ou dans tout autre local désigné à cet effet; l'assemblée générale représente l'universalité des actionnaires ; ses décisions seront obligatoires pour tous, même pour les absents.

Pour être admis aux assemblées générales, il faudra être porteur de deux cents actions au moins; ceux qui, porteurs de deux cents actions, voudront y assister, devront déposer leurs actions au siège de la Société, dix jours avant la réunion de l'assemblée; il sera donné un récépissé indiquant les noms et prénoms et la demeure des déposants.

Les porteurs de plus de deux cents actions auront dans la délibération, droit à autant de voix qu'ils auront de fois ce nombre d'actions, sans toutefois que chaque porteur d'actions puisse avoir plus de 4 voix.

La convocation des assemblées générales se fera dans le journal publié par la Société et dans deux autres journaux de Paris, dont la publicité est le plus répandue, un mois au moins avant l'époque fixée.

Au moyen de ces dispositions, l'assemblée générale ainsi convoquée sera régulièrement constituée, quel que soit le nombre des actionnaires présents et celui des actions qu'ils représenteront.

Les délibérations des assemblées générales seront prises à la majorité des voix ; elles seront constatées par procès-verbal transcrit sur un registre tenu à cet effet et signé par le président, le secrétaire et les membres de la commission de surveillance et des gérants présents.

L'assemblée générale arrête et approuve les comptes des gérants, fixe définitivement le montant des dividendes et en arrête la répartition.

Journal des intérêts de la Société.

La Société s'engage à publier un journal mensuel spécial, dans lequel elle rendra compte non seulement de ses opérations générales, mais encore de tout ce qui peut intéresser ses adhérents, soit par la publication des documents officiels du gouvernement, soit par celle de toutes ses correspondances particulières en Californie.

Chaque souscripteur d'actions aura droit à l'envoi franc de port du journal, moyennant une rétribution de deux francs cinquante centimes par année ; cependant il sera envoyé gratuitement et franc de port aux souscripteurs de vingt-cinq actions.

Actions de..... (Voir page 32).

LA RUCHE D'OR

Société constituée par acte passé par-devant Mᵉ Foucher, notaire
à Paris, le 9 avril 1850.

AVANTAGES AUX TRAVAILLEURS.

Passage (et vivres à bord) *gratuit*. — Bonne direction en Californie afin que les produits soient considérables. — Logement en Californie, nourriture et vêtements *gratuits*. — Soins *gratuits* du médecin qui accompagne l'expédition. — Un *quart* brut du travail quotidien. — 40 pour cent dans les bénéfices de la compagnie. — Se hâter d'écrire pour faire partie du nouveau départ composé de cinquante personnes, qui va être effectué prochainement.

AVANTAGES AUX ACTIONNAIRES.

Dix pour cent avant tout partage; — Quarante pour cent dans les bénéfices. — Nul doute que les bases nouvelles adoptées par la Compagnie pour *intéresser* et par conséquent *conserver* ses associés-travailleurs, ne donnent en peu de temps à ses actions la valeur de celles d'Angleterre, cotées à des primes considérables. — ACTIONS de 5 francs et au-dessus

---

Les documents officiels publiés par le Gouvernement français et par celui des Etats-Unis sur la Californie ; les relations très-détaillées, revêtues de tous les caractères d'authenticité que donnent sur ce pays les journaux les plus sérieux de France, d'Angleterre, d'Amérique et de la localité même, c'est-à-dire de San-Francisco, ne permettent plus aux esprits les plus prévenus, les plus sceptiques, de mettre en doute l'existence des trésors immenses que renferme dans son sol l'Eldorado moderne. Pendant longtemps on a pu être ébranlé dans sa croyance au récit de ces fortunes considérables, brillantes et rapides dont la découverte du Pérou et du Mexique, ces mines d'or inépuisables qui ont enrichi les Etats de l'Europe méridionale, n'avaient pas donné d'exemple; mais maintenant que nous avons vu arriver à New-York, à Londres et à Paris pour plus de *cinq cents millions de francs* d'or en poudre, en paillettes, en grains, en pépites; mais maintenant que nous avons vu tous les peuples du globe s'émouvoir et courir faire fortune sur les rives de l'Océan Pacifique; mais maintenant que nous avons vu plus de six mille de nos compatriotes partir résolument pour la Californie, non pour aller y chercher une existence médiocre que la stagnation des affaires leur refusait en France, non pour aller y chercher un bien-être éphémère, mais pour y faire une vraie fortune; le doute, après tant de preuves irréfragables s'appellerait indifférence, et cette indifférence....... nous ne la qualifierons pas.

Convaincus, par l'évidence des faits, de l'existence d'une terre aurifère, on s'est demandé si dans six mois, dans un an, dans deux ans, le précieux métal ne serait pas épuisé et si cette terre fortunée ne deviendrait pas un aride désert, un *champ d'asile*. Non, répondrons-nous, il ne peut en être ainsi si on considère, 1° L'étendue du pays, qui est le double de celle de la France ; 2° Les gisements de l'or, qui sont très-nombreux et disséminés sur tous les points du sol; 3° Que la totalité de l'or recueilli jusqu'à ce jour provient des lits desséchés des nombreux cours d'eau qui sillonnent la contrée; qu'il a été trouvé dans les sables, dans les limons roulés ou déposés par les torrents débordés, et que ces plaines ou ces ravins sablonneux qu'on appelle *placers* redeviennent vierges

d'explorations, chaque année, après la saison des pluies qui dure quatre mois (octobre, novembre, décembre et janvier); 4° Que des filons d'or ont été trouvés, que des mines du précieux métal existent, mais qu'elles n'ont pas été encore attaquées.

Il importe que la France suive le mouvement si heureusement commencé, qu'un grand nombre de ses enfants aille chercher sur cette terre lointaine, mais qui n'offre pas de dangers sérieux, une existence que notre ciel politique rend tous les jours plus difficile, plus problématique; mais il faut aussi que l'émigration soit nombreuse, forte, unie, compacte, dont les travaux, les fatigues, les périls, s'il s'en présente, soient partagés aussi bien que les joies, le bien-être, la fortune; dont les intérêts enfin soient solidaires. L'*association* est donc ici de toute nécessité : elle est à l'*isolement* ce qu'est l'abondance aux privations, la fortune à la pauvreté, la vie à la mort.

Mais l'émigration de cent, deux cents ou trois cents travailleurs qui doivent être transportés à quatre mille lieues, habillés, armés, équipés, nourris pendant trois ans au moins, exige des sommes énormes et n'est possible que pour un très-petit nombre de fortunes, sans doute; aussi n'est-ce pas avec leurs propres ressources que nous entendons faire partir nos travailleurs. Du reste, tout le monde ne peut émigrer, et l'âge, les maladies, la position sociale, de doux liens de famille ne permettent pas au plus grand nombre de faire une aussi longue absence. Cependant nous voulons que tous, hommes et femmes, jeunes et vieux, riches et pauvres, célibataires ou pères de famille participent au festin d'or auquel nous les convions. Les travailleurs, forts, robustes, courageux, s'expatrieront, leurs bras élèveront des monceaux d'or; les *actionnaires* pourvoiront aux besoins des émigrants, paieront leur entretien complet pendant tout le séjour en Amérique, et ainsi, par une sage et équitable combinaison, les uns et les autres, les uns par les autres aboutiront à un résultat commun : la fortune.

Dans cet ordre d'idées, la Compagnie de *la Ruche d'Or*, s'éloignant d'une manière radicale des errements suivis par ses devancières, fait aux travailleurs et aux actionnaires les conditions suivantes :

1° Elle a résolu de recruter ses travailleurs loin des villes, parmi les hommes les plus sains de corps, les plus forts, les plus endurcis au travail, les plus habitués à la vie simple et dure, au faible gain, à l'obéissance et au respect de l'autorité. La Bretagne surtout, où ses gérants ont de longues et honorables relations établies, sera son principal champ de conscription ;

2° Elle n'accepte les travailleurs que sur la production de certificats constatant les antécédents les plus honorables et les plus purs, et sur une déclaration des principaux membres de la famille du travailleur, s'engageant pour lui, d'honneur seulement, il est vrai, à ce que le contrat signé sera exécuté avec bonne foi et pleine loyauté ;

3° Le travailleur n'est engagé que pour trois ans; trois ans juste après le jour de son départ, il doit être rendu à ses foyers : il n'est donc bien réellement obligé qu'à deux années de travail;

4° Outre sa nourriture, son logement, son entretien gratuits pendant les trois années et une très-belle part dans les bénéfices, *il reçoit chaque jour un quart de la quantité d'or qu'il a recueillie;*

5° Il n'est tenu à prendre aucune part d'intérêt dans la compagnie, à ne fournir aucun fonds;

6° Lors du débarquement à San-Francisco, et avant le départ pour les mines, chaque travailleur sera astreint de renouveler, dans la forme et sous l'empire des lois américaines, le contrat signé par lui à Paris.

Les 40 p. 0|0 attribués aux travailleurs dans les bénéfices de l'entreprise sont la seule condition que les autres Compagnies aient prise en leur faveur.

La gratuité du transport et de l'entretien accordée au travailleur a pour objet de rendre absolument celui-ci l'obligé de la Société, et d'autoriser contre lui, en cas de désertion, l'emploi des mesures les plus sévères.

Le but que nous nous proposons, en attribuant à nos engagés le quart du produit de leur travail quotidien, est de les édifier, dès le premier jour, sur l'excellence de l'entreprise ; d'entretenir et de stimuler leur zèle, de leur permettre enfin de faire jouir immédiatement leurs familles des fruits de leur labeur.

L'ensemble de ces mesures aura pour résultat d'assurer à nos travailleurs des avantages beaucoup plus considérables, beaucoup plus sûrs que ceux qu'ils pourraient recueillir de leur travail isolé, et de leur ôter ainsi toute envie de désertion.

Mais, si à raison de l'importance de son concours, nous avons préparé avec tant de soin l'avenir du travailleur, c'est que nos calculs, établis sur les documents officiels, nous permettent de le faire sans que les intérêts non moins légitimes des actionnaires en soient aucunement lésés. Pour assurer à ces derniers des avantages proportionnellement égaux à ceux des travailleurs, il est fait en leur faveur,

1º Un *prélèvement de 10 0|0 du capital social, avant toute répartition de bénéfices ;*

Et ils ont droit, comme les travailleurs,

2º à 40 0|0 dans ces bénéfices.

Ainsi, d'une part, et pour le travailleur, la gratuité du transport et de la vie complète, le quart du produit de son travail quotidien ; d'autre part, pour l'actionnaire, 10 pour cent du capital social avant tout partage : tels sont les avantages particuliers que la compagnie de la *Ruche d'Or* offre à ses adhérents. Elle leur donne, en outre, comme les autres Compagnies, 40 0|0 dans les bénéfices nets.

Des bases si larges, si rationnelles, donnent à notre entreprise toutes les proportions d'un fait humanitaire. Le public, du moins, l'a compris ainsi ; car de nombreuses souscriptions d'actions nous arrivent journellement de toutes parts, et nous comptons les demandes de travailleurs par centaines. Nous ajouterons que, pour déterminer notre choix en leur faveur, un grand nombre de ceux-ci nous ont offert d'eux-mêmes un cautionnement, ou bien une prise d'actions considérable. Quelques-uns, de plus, sont recommandés par de forts actionnaires.

Pour ce qui est du conseil de surveillance, nous n'avons point voulu en imposer un de notre choix. Il nous a paru moral de laisser le soin de son élection aux actionnaires eux-mêmes, et afin de faire concourir le plus grand nombre possible à cette élection, nos statuts confèrent le droit d'y participer à tout propriétaire de *cinquante* actions.

Un journal exclusivement consacré à la Société de la *Ruche d'Or* tiendra les actionnaires au courant de ce qui peut les intéresser, et les mettra sans cesse en communication avec les travailleurs de la Californie ; ce qui leur permettra de suivre eux-mêmes, comme s'ils étaient sur les lieux, les progrès de l'exploitation.

Un comptoir établi à San-Francisco servira d'intermédiaire entre les travailleurs et la Société. Ce sera par lui qu'on recevra toutes les nouvelles, et sa mission sera de servir de point d'appui et de refuge aux colons.

Enfin, un *conseil scientifique*, spécialement composé de chimistes et de géologues, se réunira au siége de la Société, chaque fois que les gérants auront besoin de l'éclairer sur les modifications à apporter, dans l'intérêt général, soit aux procédés mécaniques et métallurgiques, soit au mode d'exploration en usage.

Nous appellerons, en outre, l'attention de nos commanditaires sur ces quelques points principaux :

1º Les Gérants ne se sont attribué aucune part d'action ;

2º Le cinquième dans les bénéfices nets qui leur est afférent, comme fondateurs de la Société, se trouve réduit de fait à moins d'*un vingtième*, par suite des divers prélèvements effectués avant tout partage, en faveur des Actionnaires et des travailleurs ;

3º L'un d'eux au moins se rendra en Californie pour y surveiller les intérêts des Actionnaires ;

4º 25 actions donnent droit de faire partie des assemblées générales et de surveiller par soi-même les intérêts de la Compagnie ;

5º Afin de faire participer les fortunes les plus modestes aux bienfaits de cette riche découverte, ils ont fixé à *cinq francs* seulement le prix de leurs actions ;

6º Enfin ils ont fait imprimer sur le verso de chaque action leurs statuts en entier pour que chaque actionnaire connaisse parfaitement ses droits.

Telles sont nos dispositions générales ; elles sont, croyons-nous, de nature à rassurer même les plus craintifs, à satisfaire même les plus exigeants.

Il nous reste maintenant à faire connaître la situation actuelle de la Compagnie.

Les avantages considérables faits aux travailleurs nous ont donné la possibilité d'effectuer prochainement une expédition de travailleurs robustes et dévoués, qui tous, indépendamment d'une moralité éprouvée, fournissent des cautionnements de *deux* à *cinq* mille francs.

Cette expédition est précédée d'une première colonne de travailleurs, laquelle part sur le navire le *Louisiana*, pour faire les études nécessaires et préparer tout à la fois les travaux et les logements. Nous ferons coïncider ainsi l'époque de nos départs avec celle de la saison des travaux d'exploitation en Californie.

C'est là incontestablement la plus sérieuse garantie de produits certains, de grands et loyaux bénéfices. Tout autre mode de procéder n'aurait pas été moins désastreux pour les intérêts des travailleurs que pour ceux des actionnaires ; les uns et les autres eussent couru de graves dangers. Notre devoir était de les prévenir ; nous avons la confiance de l'avoir consciencieusement rempli.

Des combinaisons si prudentes, en assurant aux actionnaires le concours de nombreux travailleurs intéressés à leur rester fidèles, donneront bientôt à nos actions la valeur de celles des compagnies anglaises, qui sont cotées à des primes énormes.

Nous croyons avoir résolu de la manière la plus prudente, la plus morale et la plus sûre, le problème de l'exploitation des mines d'or de la Californie. L'actionnaire et le travailleur y trouveront les éléments d'une grande et rapide fortune, car la Californie n'est pas un Eldorado chimérique, c'est bien réellement une de ces terres vierges où le métal le plus précieux se trouve répandu à profusion ; il ne faut pour le recueillir que l'intelligence, de la persévérance, une direction sage et éclairée, et c'est à ces différents titres que nous soumettons au public nos projets de Société, que nous faisons appel à ses sympathies, à son actif concours.

Actions de..... (Voir page 32).

LA COMMERCIALE.

Société constituée par acte passé par-devant Mᵉ Pɪ.ᴜᴄʜᴀɴᴛ, notaire à Paris. Juin 1850.

———◆◆◆———

L'esprit de spéculation se porte avec une nouvelle force vers les entreprises californiennes : l'or qui, de San-Francisco, arrive par quantités considérables sur tous les grands marchés du monde ; — le succès des compagnies formées à New-York, à Panama, à Mexico, à Londres, à Liverpool, à Manchester, pour l'exploitation des mines du Sacramento ;—les lettres pressantes des travailleurs qui convient leurs amis à venir les rejoindre , car l'abondance des mines est si grande qu'elle exclut toute idée d'égoïsme;—toutes ces circonstances réunies prouvent que pendant de nombreuses années encore la Californie est destinée à donner les résultats les plus brillants à ceux qui veulent sérieusement exploiter ses richesses.

La facilité avec laquelle les travailleurs recueillent l'or, et la rapidité des fortunes obtenues dans les placers, ayant surtout attiré la spéculation vers l'exploitation proprement dite des mines aurifères, ont fait négliger l'exploitation commerciale et industrielle, qui offre des bénéfices peut-être moins brillants en apparence , mais tout aussi considérables par leurs incessantes répétitions.

Sur les bords du Sacramento, dans les placers riches en produits métalliques, l'or se récolte avec abondance, mais les vivres sont chers, les objets de première nécessité sont hors de prix. Tout ce qui appartient à la vie matérielle, l'habitation, le couchage, se paient à des prix exorbitants, avec le même or qui a été si facilement obtenu ; et les importateurs prélèvent facilement de très-grands bénéfices sur les objets importés.

C'est aussi vers ce côté de l'exploitation des richesses californiennes que la société *la Commerciale*, fondée à Paris par M. Peters, va diriger ses forces.

Nous croyons devoir entrer à ce sujet dans quelques détails sur l'organisation de cette Compagnie :

Comme les autres Compagnies californiennes, elle reçoit des travailleurs qui mettent en communauté leurs efforts et qui rendent à la Société une part proportionnelle du produit de leur travail, en compensation des déboursés que *la Commerciale* a faits pour leur passage, les vivres de la traversée et leur entretien sur les placers.

Elle transporte des passagers libres, auxquels elle garantit des vivres et les objets de première nécessité ;

Elle forme des cargaisons de marchandises appropriées aux besoins de la population de la nouvelle colonie, besoins sur lesquels elle reçoit des renseignements certains.

Elle importe des *habitations*, pouvant se monter et se démonter en quelques heures, et propres à héberger immédiatement les colons, qui aujourd'hui paient des prix exorbitants pour les logements même les moins commodes.

Voilà en quelques mots les principales opérations auxquelles veut se livrer *la Commerciale*. Le simple aperçu que nous venons de donner est déjà très-vaste, et cependant il est à remarquer que le cadre peut s'élargir d'après les besoins nouveaux qui peuvent se révéler.

Les actions sont au porteur. Elles sont de 10, 50, 100 et 500 francs. Cette division a été heureusement imaginée pour permettre aux plus modestes fortunes de s'associer à une entreprise qui offre de grandes chances de succès.

La Commerciale croit que ses capitaux peuvent être fructueusement employés en achats de marchandises dont le placement est certain. Elle garantit, après le prélèvement des intérêts à 5 pour 100, 80 pour 100 aux actionnaires, sur les bénéfices nets.

Pour les esprits sérieux, la simple énonciation de *la Commerciale* a une haute portée : à toutes les sources de bénéfices que possèdent les autres Compagnies, elle joint ceux qui sont inhérents au commerce d'importation et d'exportation, avec des relations sûres dans un pays dont tous les habitants ont en quantité de l'or facilement acquis.

Nous ne pouvons, et surtout nous ne *voulons* faire ici aucune évaluation ; mais les personnes qui ont fait récemment des expéditions pour la Californie de marchandises habilement choisies, en ont retiré des bénéfices très-considérables. On peut donc considérer comme certains les bénéfices que procurera *la Commerciale*.

———◆◆◆———

La Compagnie prend des marchandises contre actions, qu'elle échange de préférence avec les Actionnaires.

Pour s'engager comme travailleur, il faut devenir actionnaire, souscrire et acquitter de suite 9 ou 12 actions de 100 fr. chacune, dont les titres seront remis après l'expiration de l'engagement.

Le passage est gratuit pour les *associés-travailleurs*. La Compagnie fait l'avance de tous les objets nécessaires à leur existence, à leur entretien et à l'exploitation des mines pendant la durée de leur engagement, qui est de deux ans ; ce terme est jugé suffisant pour permettre aux travailleurs d'acquérir une fortune honnête.

50 p. % de l'or trouvé revient aux travailleurs, et 50 p. % à la Compagnie.

La Compagnie fait de grands approvisionnements de conserves alimentaires et fait construire des maisons en bois qui serviront de comptoir, magasins pour les marchandises et vivres, d'habitation et de dépôt pour le minerai d'or que les travailleurs auront recueilli.

Les travailleurs emporteront par le prochain départ plusieurs machines d'amalgamation ainsi que tout le matériel nécessaire à l'exploitation des terrains aurifères.

Pour faciliter la direction, il est urgent de s'engager le plus tôt possible afin qu'elle puisse apporter un soin paternel à l'aménagement et au choix des vivres, etc.

Le départ des associés-travailleurs et du personnel du comptoir de San-Francisco aura lieu du Havre prochainement.

M. A. Loison, homme d'énergie et d'une probité reconnue , fournira un cautionnement de 70,000 fr. pour garantie de sa bonne gestion de Directeur-

Gérant à San-Francisco ; il prendra la direction de l'expédition.

----•••----

Extrait des Statuts.

Pardevant M⁰ Pluchart et son collègue, notaires à Paris, soussignés, a comparu

M. Peters (Henri), négociant, demeurant à Paris, boulevart Montmartre, n° 2.

Lequel a dit :

Que son intention est de fonder une Société commerciale dont le but sera ci-après expliqué.

FORMATION.

Il est formé par ces présentes une Société en commandite par actions, entre M. Henri Peters, d'une part, comme gérant responsable ;

Et, d'autre part, les personnes qui adhéreront aux présents Statuts, en devenant porteurs des actions dont il sera ci-après parlé.

BUT.

Exploitation des mines d'or et de toute autre nature de tous les pays, transports de passagers, de travailleurs, de marchandises, construction de maisons, plus particulièrement en bois et en fer, commerce en général, exportation et importation, recouvrements, enfin toutes affaires qui paraîtront présenter au Gérant un bénéfice pour la Société.

La raison sociale sera : H. Peters et Cⁱᵉ.

La Société portera le titre de : La Commerciale.

CONSTITUTION ET DURÉE DE LA SOCIÉTÉ.

Le capital social est fixé à *deux millions* de francs, représenté par des actions au porteur, par séries de 10, de 50, de 100, et de 500 francs (chaque série numéroté séparément), est ampillées, signées par le Gérant, et extraites de registres à souches.

Les actions participeront, proportionnellement à leur valeur, aux intérêts, bénéfices, et à l'actif de la Société.

Aucun actionnaire ne peut être tenu au-delà du montant de ses actions. Tout appel de fonds, rapport d'intérêt ou de dividende distribué sont interdits, et ne pourront être demandés sous quelque prétexte que ce soit.

Tout porteur d'action est réputé, de plein droit, avoir adhéré aux stipulations résultant du présent acte.

Le Gérant pourra suspendre l'émission des actions, afin que pour toute émission subséquente les actions soient émises à un prix plus élevé que leur prix nominal. Cette plus-value sera fixée par la majorité de l'assemblée générale, et profitera à tous les actionnaires.

Par suite d'une délibération prise en assemblée générale, le capital social pourra être augmenté. Les porteurs d'actions auront le droit, avant tout étranger à la Société, de prendre de ces nouvelles actions, en observant le délai qui sera prescrit par ladite assemblée, laquelle fixera les conditions de l'émission des actions nouvellement créées.

M. Peters déclare par ces présentes que la Société est constituée ; sa durée est de cinquante années à dater de ce jour ; elle pourra être prorogée par décision de l'assemblée générale des actionnaires.

M. Peters est seul gérant responsable.

Le gérant sera obligé de donner au conseil de surveillance (dont il sera ci-après parlé) tous les renseignements que ce conseil pourra lui demander ainsi que la communication de ses livres, portefeuille et comptes de caisse.

Le gérant dressera l'inventaire de la Société le 1ᵉʳ juillet de chaque année à partir de mil huit cent, cinquante et un ; cet inventaire contiendra l'état de toutes créances, objets, marchandises, ameublement, etc., constituant l'actif de la Société.

L'évaluation des marchandises sera faite d'après le prix de revient.

Toutes les obligations ainsi que les engagements contractés par le gérant dans l'intérêt de la Société constitueront le passif.

Ledit inventaire sera en juillet de chaque année, à partir de mil huit cent cinquante et un, présenté au conseil de surveillance pour qu'il puisse faire son rapport à l'assemblée générale.

S'il résulte, d'après le bilan, que les bénéfices nets de la Société aient produit plus que les intérêts payables à cette époque, l'excédant sera partagé en dividendes comme suit :

80 % aux actionnaires, 20 % au gérant.

Le dividende sera calculé d'après prélèvement des intérêts de 5 % par an sur les actions émises à cette époque et après déduction faite de tous les frais sans aucune exception.

Les intérêts et le dividende seront chaque année payables, dès le quinze août mil huit cent cinquante et un, au siége de la Société.

CONSEIL DE SURVEILLANCE.

Il sera établi un conseil de surveillance composé de trois membres au moins, sur la proposition qu'en fera le gérant aux porteurs d'actions convoqués par lui à cet effet. Les membres de ce conseil nommeront un président parmi eux.

S'il s'élevait contre le gérant de graves sujets de plaintes, sa révocation sera suivie devant arbitres nommés par le tribunal de commerce du département de la Seine, à la diligence du conseil de surveillance, en vertu d'une décision prise par l'assemblée générale des actionnaires spécialement convoqués à ce sujet.

Dans le cas de décès, déconfiture, faillite, absence constatée, ou toute autre incapacité d'un actionnaire, d'un membre du conseil de surveillance, leurs créanciers personnels, ou leurs ayants-cause, ne pourront, à quelque titre que ce soit, s'immiscer dans les affaires de la Société, ou de la liquidation, requérir aucune apposition des scellés, inventaire, ni provoquer la licitation ou la discussion des biens sociaux ; ils devront s'en rapporter pour la liquidation de leur droit au dernier inventaire de la Société.

JUGEMENT DES DIFFICULTÉS PAR DES ARBITRES.

En cas de contestation entre les actionnaires, soit à l'expiration de la Société ou à cause de la liquidation, et généralement sur l'interprétation de l'exécution du présent acte, elles seront jugées par-devant trois arbitres nommés par le tribunal de commerce du département de la Seine, à la requête de la partie la plus diligente.

Ces arbitres ainsi constitués prononceront comme amiable compositeur en dernier ressort, sans rappel, recours en cassation, ni requête.

Actions de...... (Voir page 32).

LA BRETONNE

Société constituée par acte passé par-devant Mᵉ AUMONT-THIÉ-VILLE, notaire à Paris, le 20 mars 1850.

LA BRETONNE s'est formée sous les auspices de plusieurs propriétaires de la Bretagne qui ont en vue de donner une nouvelle impulsion à l'agriculture en l'introduisant sur le sol de la Californie.

Le but de la Compagnie est d'envoyer des travailleurs en Californie pour y recueillir le précieux minerai d'or que renferme son sol ; mais en même temps que la direction *envoie des travailleurs à la recherche de l'or*, elle veut leur assurer le bien-être et les moyens de faire promptement fortune.

Pour arriver à ce double résultat, elle a pensé que le meilleur moyen était de fonder d'abord un établissement agricole qui permettrait aux travailleurs chercheurs d'or de vivre à bon marché, dans un pays où les produits sont cotés aux prix les plus exagérés, et cela par l'absence complète de culture.

Il fallait donc remédier à cet inconvénient, et, en même temps que les travailleurs allaient chercher l'or, on devait aussi leur garantir la réalisation de grands bénéfices qui profiteraient à tous les intéressés.

Cette pensée a été le guide des fondateurs de la Société, et pour la mettre à exécution la Direction de LA BRETONNE envoie à ses frais des cultivateurs dirigés par un habile agriculteur, ancien élève de la ferme modèle de Grand-Jouan (Loire-Inférieure), munis de charrues dites *Dombasle* et de tous les instruments aratoires propres à la culture.

Ces hommes expérimentés vont fonder en Californie l'établissement agricole dont nous venons de parler, et demander à la terre les productions qui doivent nourrir ses enfants ; ils vont, les premiers, planter les jalons de la fortune sur ces rivages autrefois déserts et pourtant si fertiles !

Les encouragements qu'ils reçoivent des hommes sérieux qui s'occupent des classes laborieuses sont un sûr garant de leur dévouement envers la Société, dont ils deviendront le plus ferme appui.

Dans quelques mois, sous la main laborieuse de ces hommes de cœur, le sol californien aura donné à ses habitants les céréales, les légumes et toutes les productions nécessaires à la subsistance de l'homme ; ils auront ainsi réalisé la première condition de succès : vivre en travaillant et s'enrichir par l'économie.

Ce résultat obtenu, la Direction de LA BRETONNE organisera des départs réguliers d'associés travailleurs qui iront à leur tour demander au sol de la Californie, non plus ses richesses agricoles, mais ses richesses aurifères, qui sont immenses dans le pays.

Les travailleurs chercheurs d'or n'auront point à se préoccuper de leurs moyens d'existence ; la colonie agricole y aura pourvu d'avance, et ils trouveront dans ce pays des ressources qui, jusqu'alors, sont restées inconnues à ceux qui l'habitent.

Chaque expédition de travailleurs aura à sa tête un chef habile chargé de diriger et guider les hommes en Californie ; un ingénieur, un comptable et deux conducteurs de travaux feront également partie de l'expédition. La Société établira une ambulance à laquelle seront attachés un médecin, un aumônier et plusieurs sœurs de charité.

La Compagnie fournit des outils, des ustensiles, des armes, des vivres, des vêtements, des maisons en bois, etc., etc. ; de même qu'elle met à la disposition des travailleurs des machines à amalgamation pour le lavage de l'or, qui décuplent les produits tout en facilitant le travail.

Nous ne nous étendrons pas longuement sur ce point, désormais acquis, que l'or abonde en Californie ; à l'heure qu'il est, le doute n'est plus permis : il y a de l'or !... beaucoup d'or !...

Les moyens d'exploitation mis en usage font facilement découvrir ce précieux métal, et le travailleur devient bientôt riche ; mais aussi, que de privations à endurer, si une administration intelligente et prévoyante n'a su parer à toutes les nécessités de la vie !

Cet or, si abondant qu'il soit, suffit à peine aux dépenses journalières, car, dans ce pays inculte, rien n'existe, rien n'est créé pour nourrir l'habitant ; il faut demander à l'étranger et devenir son tributaire pour ce qui a trait aux moyens d'existence. La spéculation impose et des droits exorbitants : là cherté des vivres, la difficulté de s'en procurer, tout cela réuni fait qu'en gagnant beaucoup, le travailleur est obligé d'abandonner les *Placers* pour venir habiter les villes du littoral ; dans ces mois de chômage, les dépenses sont plus grandes, et, comme nous le disions plus haut, la spéculation s'étant emparée de toutes les denrées, il devient impossible de s'en procurer, si ce n'est à des prix fabuleux. On est obligé de subir la loi des accapareurs, qui pèse d'une manière si fatale sur le travail et l'activité de l'homme.

Les associés travailleurs de la Compagnie LA BRETONNE n'auront à redouter aucun de ces inconvénients ; la Direction a tout prévu. L'établissement agricole pourvoira abondamment à tous leurs besoins, et dans les moments de chômage ils viendront augmenter le personnel de la colonie agricole, où ils trouveront un abri et des distractions de toutes sortes.

Ils pourront encore contribuer au succès de l'entreprise, en se livrant à des travaux de culture dont le produit leur appartiendra.

Il y aura association mutuelle de tous les travailleurs entre eux : l'agriculteur nourrira le chercheur d'or, et celui-ci enrichira le cultivateur en s'enrichissant lui-même.

Ainsi, dans quelques années, sans avoir subi les privations auxquelles ont été soumis les premiers émigrants, les associés travailleurs de la Compagnie LA BRETONNE reviendront dans leur patrie jouir de la fortune qu'ils auront si honorablement acquise ; et les actionnaires dont les capitaux auront tant aidé à la prospérité de l'entreprise auront fait un placement certain. La Société appelle le travailleur et le capitaliste à profiter de toutes les richesses californiennes en les faisant participer tous deux aux bénéfices de l'exploitation agricole et des mines d'or ; le commerce, de son côté, trouvera un nouveau débouché à ses productions, car la Compagnie accepte des marchandises contre des actions.

C'est la Compagnie qui fait l'avance de tout ce qui est nécessaire aux travailleurs pour la nourriture, les vêtements, les armes, le logement, etc., etc. ; elle s'en rembourse sur les bénéfices de façon à ce que l'ouvrier n'a rien à débourser pour cet objet.

La répartition des produits recueillis se fera de la manière suivante :

Cinquante pour cent aux associés travailleurs, avant tout prélèvement, et *cinquante pour cent* à la Société.

Le partage, pour les travailleurs, s'opérera en Californie tous les trois mois, par les soins du Comptable nommé par la Direction.

La part revenant à la Société sera envoyée ; toujours par les soins du Comptable, à la Direction générale, à Paris, qui, après prélèvement de tous les frais et dépenses généralement quelconques, en fera la répartition de la manière suivante :

Quatre-vingt pour cent aux Actionnaires,
Dix pour cent à la Gérance,
Cinq pour cent au Conseil de surveillance.
Et cinq pour cent aux employés de l'Administration

qui l'auront mérité par leur zèle et leur aptitude.

De cette façon, le capital est associé au travail, et chacun participe aux bénéfices de l'entreprise dans une proportion équitable.

Un conseil de surveillance est établi auprès de la gérance ; il est composé d'hommes honorables, qui offrent toutes les garanties aux personnes qui viendront s'intéresser dans la Compagnie que nous venons de fonder sur les bases les plus solides et les plus vraies.

Pour devenir actionnaire de la Société, il suffit de souscrire une ou plusieurs actions, qui sont de 10 fr. chacune, et d'envoyer le montant, *soit en espèces* ou *en marchandises*, au Directeur-Gérant à Paris, ou aux sous-directeurs en province.

Le travailleur, aux termes de l'engagement dont copie est à la suite du présent prospectus, doit verser 800 fr. espèces, qui sont convertis en quatre-vingts actions de la Société, donnant droit au partage de tous les bénéfices sociaux ; cette somme est affectée au prix du passage du travailleur, y compris la nourriture pendant la traversée.

On souscrit et l'on donne tous les renseignements au siége de la Société, et chez les représentants de la Compagnie en province.

La Société a été constituée suivant acte en date du 20 mars 1850, déposé chez M⁰ Aumont - Thiéville, notaire à Paris, boulevard Saint-Denis, 19. La publication en a été faite conformément à la loi dans les journaux judiciaires et au tribunal de commerce de la Seine.

La Société est formée pour la culture des terres et l'exploitation des *Mines d'or en Californie.*

La raison sociale est Alphonse Fasquelle et Cⁱᵉ. La durée de la Société est fixée à huit années, à partir du 20 mars 1850. Son capital social est de 800,000 fr. divisé en 80,000 actions de 10 fr. chacune.

Le Gérant ne peut disposer des fonds provenant des actions que pour les besoins de la Société, et il doit justifier de leur emploi par des pièces comptables soumises au contrôle de surveillance.

Les actions sont au porteur ; elles sont signées du Directeur-Gérant et revêtues du timbre de la Société.

Les actions donnent droit à 80 p. 100 sur les bénéfices nets dont la répartition se fait de la manière suivante : 80 p. 100 aux Actionnaires, 10 p. 100 au DirecteurGérant, 5 p. 100 au Conseil de surveillance, 5 p. 100 aux employés et représentants de la Cⁿ.

Un conseil de surveillance suit et surveille toutes les opérations de la Société et tous les actes du Gérant ; il vérifie la caisse, le portefeuille, les livres et les pièces comptables.

Il sera fait chaque année un inventaire qui sera soumis au Conseil de surveillance et à l'approbation définitive de l'assemblée générale des actionnaires.

Les actionnaires seront convoqués aux assemblées par insertions dans les journaux, et s'ils le veulent, ils peuvent se faire représenter.

Le paiement des dividendes s'opère au siége de la Société, sur la simple présentation du titre d'action.

Le Directeur-Gérant est seul responsable.

Les actionnaires ne sont que simples *commanditaires*, et comme tels, ils ne peuvent jamais être engagés au delà du prix de leurs actions, et ne sont sujets à aucuns rapports pour les dividendes qu'ils ont touchés.

L'acte qui constitue la Société *la Bretonne* a été signé le 20 mars 1850, et publié conformément à la loi le 27 du même mois.

Dès le 17 mai suivant, un convoi de trente émigrants, organisé par ses soins, quittait le Havre sur le navire le *Pescatore.*

Aucune entreprise du même genre n'avait encore accompli aussi rapidement une expédition d'associés-travailleurs. Les émigrants de *la Bretonne* ont acheté eux-mêmes, avec les fonds de la Société, maison, tentes, outils, machines à lavage de l'or, instruments de toutes sortes ; vêtements, lits, matelas, draps, couvertures, chaussures, vivres, graines, pharmacie, fusils de chasse, instruments de pêche, etc., etc., dont ils ont été abondamment pourvus.

C'est en accomplissant avec cette libéralité les conditions de son contrat avec les travailleurs que *la Bretonne* est sûre de constituer en Californie une agrégation de chercheurs d'or et d'agriculteurs d'autant plus compacte et d'autant plus productive pour ses actionnaires qu'elle sera maintenue par le lien le plus puissant de tous : l'intérêt personnel.

Ce n'est pas toutefois qu'elle ait cru pouvoir négliger les liens moraux si nécessaires à toute association, et la présence d'un respectable aumônier, qui sera bientôt secondé par un autre ecclésiastique, donnera aux familles des émigrants toutes les garanties possibles sur la direction de l'entreprise. Les mesures qu'elle a prises à cet égard lui ont valu déjà des sympathies précieuses qu'elle tiendra toujours à justifier.

Seule jusqu'à présent, *la Bretonne* a songé à tirer parti de l'élément agricole en Californie, où de vastes terrains, d'une fertilité inouïe, se concèdent à moins d'un dollar (5 fr. 35 c.) l'acre. — Une ample provision de semences de fourrages et de légumes, expédiée par le *Pescatore,* mettra les émigrants à même de se procurer des fourrages — et par le fourrage des bestiaux — des légumes — et par la culture potagère des vivres frais tous les jours, au grand avantage de la santé des travailleurs et à la grande économie des capitaux de la Société.

La ferme de *la Bretonne,* qui prendra nécessairement plus tard de vastes proportions, ne pouvait être situé aux *Placers,* dont le terrain est impropre à la culture et dont l'emplacement varie d'ailleurs d'après le choix et les découvertes des travailleurs ; mais, placée à 12 ou 15 milles (4 ou 5 lieues) du centre des recherches d'or, cette ferme deviendra un lieu de refuge précieux pour les émigrants qu'une indisposition pourrait atteindre.

Les ressources commerciales que présente la Californie, devenue pour de longues années le marché le plus animé et le plus profitable de l'univers, n'ont point échappé à l'attention des fondateurs de *la Bretonne,* et des ordres ont été donnés à l'un des chefs de la deuxième expédition partie par le *Pescatore,* d'établir à San-Francisco un comptoir de vente et d'échange où la Compagnie pourra opérer le placement des marchandises qui lui sont offertes de toutes parts. — Les vins, les spiritueux, les étoffes et les substances alimentaires trouvent en Californie un placement assuré à des prix très-élevés. Le second convoi parti par le *Ferrière,* capitaine Grielen, magnifique navire de 1,300 tonneaux, emporte déjà des consignations qui fourniront un premier aliment à ce comptoir.

Après la troisième expédition que la Compagnie liée par des engagements de travailleurs, ne peut se dispenser d'effectuer sous très-peu de jours par le *Joseph,* elle mettra un intervalle de deux mois au moins entre les départs.

Le Directeur de *la Bretonne,* assuré des beaux résultats réservés à son entreprise, dont le succès a été d'une rapidité sans exemple, croit devoir s'abstenir de toute évaluation anticipée de ses bénéfices ; il compte sur le bon sens public pour faire justice et de certaines promesses exagérées et des dénigrements intéressés contre les opérations californiennes.

La lettre suivante a été adressée au directeur de la

Bretonne, par les émigrants partant sur le *Pescatore*.

Havre, 16 mai 1850.

Monsieur Fasquelle,

Au moment de nous séparer pour quelques années, nous devons, pour notre satisfaction personnelle, vous remercier cordialement des soins qui on présidé à l'organisation de notre Société. Nous savons tous qu'il y a à peine six semaines que votre Compagnie est organisée; mais ce dont nous devons vous remercier, c'est que vous avez fait ce qu'il y avait humainement de possible. Quand dans un temps aussi restreint vous avez organisé et pourvu *largement* notre Société, nous vous devons un remercîment cordial. Aussi veuillez agréer notre reconnaissance la plus profonde pour tant de soins.

Adieu, monsieur Fasquelle, gardez le souvenir de la plus profonde reconnaissance de braves garçons qui comptent sur vous. Comptez sur nous aussi, car nous ne faillirons pas à l'engagement que nous avons contracté. Confiance pleine et entière en nous. Nous comptons sur vous.

Signé: Henri Razoux, ancien capitaine d'artillerie, directeur de l'association; l'abbé Maréchaux, aumônier de l'expédition; Stanislas Jean, ancien receveur des domaines, comptable de l'expédition; Edgard de Dion, propriétaire; Eugène Boutillier-Cassin, ancien directeur des postes; Renson; Terdie; Alfred Décaudin; Cartier; Alphonse Décaudin; Alamelle; Fortuné Oassin, pour eux et les autres émigrants.

Ce certificat lui a aussi été adressé par les émigrants partant sur le *Ferrière* :

Nous, Travailleurs-associés de la société la *Bretonne*, soussignés, partant par le *Ferrière*, aujourd'hui 22 juin, déclarons n'avoir qu'à nous louer de M. Fasquelle, notre directeur, et que par son zèle et son activité, il a assuré le succès de notre entreprise. Notre Directeur peut donc compter sur nous pour justifier la reconnaissance que nous lui devons ainsi qu'à la Société.

Fait à bord du *Ferrière*, le 22 juin 1850.

Signé: Boullager, propriétaire à Gemonzac; Ruffin fils, faubourg Poissonnière, 12, J. Ruffin, rue de l'Echiquier, 46; N. Ruffin, id.; Bagard, propriétaire à Moustaché, près Sens; Hartiman, cultivateur à Altkirch; Geoffroy, ancien conducteur de travaux du chemin de fer de Strasbourg, pour eux et les autres émigrants.

Actions de...... (Voir page 32).

LE COMPTOIR

DES

DEUX MONDES.

S'il fut jamais une entreprise destinée à un brillant avenir, c'est sans contredit celle créée sous le titre de *Comptoir des Deux Mondes.* Il appartenait à des hommes versés dans les affaires commerciales et industrielles, connaissant jusque dans leurs coins les plus reculés les pays d'outre-mer, ayant des relations sérieuses, solides, dans tous les ports, dans toutes les capitales, dans toutes les villes de l'Amérique, au courant des meilleurs, des plus expéditifs, des moins onéreux moyens de transport; en relations avec toutes les compagnies de chemins de fer anglais, avec toutes les administrations des steamers transatlantiques, il appartenait, disons-nous à ces hommes de mettre à exécution le grand projet de relier pas des liens commerciaux solides, l'Amérique à l'Europe, à la France surtout.

Le *Comptoir des Deux-Mondes* va résoudre un grand problème pour l'industrie et le commerce français, le problème de lutter avec succès contre l'étranger depuis malheureusement si longtemps en possession du marché américain. Contrairement à l'opinion des Anglais et des Allemands, nous disons que les Français n'ont pas de rivaux pour leurs produits,—la plupart des étrangers qui viennent visiter nos manufactures et nos ateliers sont de notre avis, —et conséquemment que, dans un temps donné et prochain, ces produits seront estimés à leur valeur et recherchés là même où ils sont encore tout à fait inconnus.

Pour arriver à ce but grandiose, le *Comptoir des Deux Mondes* a commencé par étudier à fond le terrain sur le quel il voulait s'engager, et par se bien rendre compte des coutumes, des mœurs, des habitudes de chaque pays où il a l'intention d'opérer; puis ces travaux préliminaires accomplis, il a établi cinquante agences principales sur les cinquante points les plus saillants de l'Amérique, et près de deux cents agences secondaires rayonnant autour des premières. A la tête des cinquantes principales agences, sont des hommes actifs, probes, intelligents, solvables, des hommes *marchands* surtout, comme disent les Anglais. Les agents auxiliaires sont sous la direction et sous la responsabilité des agents principaux.

Cette organisation, fruit de longues années de travail, répondrait à elle seule du succès de l'entreprise, si le succès pouvait être mis en doute.

Le *Comptoir des Deux Mondes* a pour but principal d'acheter, de transporter et de vendre toute espèce de marchandises.

Ses grands comptoirs étant établis dans les colonies françaises, anglaises et espagnoles, au Mexique, dans la Plata, au Brésil, dans toutes les républiques du centre de l'Amérique, du Pérou, au Chili, dans l'Equateur et en Californie notamment, ce sont les marchandises ayant un débouché assuré dans ces pays qu'il achète de préférence.

Il transporte et vend pour compte des marchands et fabricants, moyennant commission, ou part des bénéfices, avec ou sans responsabilité.

Il transporte à destination donnée toutes marchandises qui lui sont confiées soit par navires français, soit par steamers anglais. Il assure des passages pour tous les pays d'outre-mer, et se charge de tous recouvrements dans les villes où il a établi des sous-comptoirs.

Enfin, il vend sur les marchés d'Europe les produits qui lui sont adressés d'Amérique, tels que sucres, cafés, cacaos, cochenille, cuirs, cotons, laines, bois, etc., etc. Comme on le voit, son cadre d'opérations est colossal, et des bénéfices immenses lui sont assurés.

La création du *Comptoir des Deux Mondes* a produit en Angleterre une grande sensation. Immédiatement la compagnie de Panama, qui compte à sa tête comme directeurs des hommes considérables : MM. Dunlop, directeur de la banque coloniale ; les banquiers Masterman, les directeurs de mines Wilson, William, Thornl, Thomas, les grands négociants Mollet, Applety, Eaton et beaucoup d'autres notabilités, a sollicité la création de relations d'intérêts avec le nouveau Comptoir, et a demandé que son siége social devînt le sien à Paris. Les compagnies des paquebots et des chemins de fer anglais ont également offert immédiatement des réductions de prix pour les transports. Au Havre, à Anvers, la même faveur a salué la naissance du Comptoir des Deux Mondes, sur l'avenir brillant duquel aucun homme compétent n'a le moindre doute.

Le *Comptoir des Deux Mondes* est créé au capital de 1,800,000 fr. Ses actions ont été mises à la portée de toutes les fortunes ; elles sont de 10, de 50, de 100 et de 500 francs payables immédiatement, soit en enchères, soit en marchandises, acceptées et réduites au cours de la commission.

Elles se délivrent au siége social, rue Laffitte, n° 44.

La compagnie de Panama, créée au capital de 30 mille liv. ster., divisé en 6,000 actions, a immédiatement placé sans publicité aucune 4,000 de ces actions. 1,000 titres sont tenus en réserve. Quant aux mille autres, le directeur du Comptoir des Deux Mondes les a réclamés pour être placés en France, afin de faciliter les relations commerciales françaises avec l'Océan Pacifique. Ces 1,000 actions lui ont été accordées ; la moitié environ est encore en sa possession et sera délivrée de préférence aux actionnaires du Comptoir. Les actions de *Panama* sont de 5 liv. ster. dont 3 exigibles, savoir 1 livre, soit 25 fr. 80 c. en souscrivant, 1 livre un mois après, enfin la troisième le 15 novembre.

Les prospectus de la compagnie de Panama se distribuent rue Laffitte, 44, au Comptoir des Deux Mondes.

Actions de..... (Voir page 32).

LE NOUVEAU MONDE

Société constituée par acte passé par-devant M^e notaire à Paris, le   juin 1849.

Les fondateurs de la Compagnie Franco-Anglaise du Nouveau-Monde n'ont pas cédé à l'entraînement général, et se sont défendus longtemps contre l'attrait souvent trompeur des choses nouvelles.

Ils auraient pu fonder depuis un an l'entreprise qu'ils inaugurent aujourd'hui. Plusieurs d'entre eux appartenaient à une compagnie de colonisation déjà établie à Paris, et se trouvaient mieux placés que beaucoup d'autres pour profiter du mouvement industriel et commercial qui se rattache à la découverte des richesses minérales de la Californie. Mais pour ne rien livrer au hasard, et pour se donner le temps d'étudier mûrement toutes les questions soulevées par cette grande découverte, ils ont préféré attendre les documents officiels et les résultats des premières explorations.

Ces résultats ont dépassé les espérances les plus exagérées et convaincu les consciences les plus incrédules.

La quantité d'or que recèlent les terrains aurifères du Sacramento, du San-Joaquin et du Stanislaüs suffisent pour occuper et pour enrichir pendant plusieurs siècles des millions de travailleurs.

La Californie, deux fois grande comme la France, et qui ne compte pas plus de 100,000 individus, appellera longtemps toutes les populations exubérantes de l'Europe, et leur offre, indépendamment de ses richesses minérales, un sol admirable, dont la colonisation est encore une mine d'or. Son climat, tempéré comme le nôtre, et qui a plus d'une analogie avec la température de Paris, n'expose les colons français à aucune épreuve sanitaire, à aucune influence endémique.

Les immenses travaux récemment entrepris dans l'isthme de Panama pour relier l'Atlantique au Grand-Océan vont bientôt rapprocher la Californie de notre hémisphère et diminuer de plus de moitié la distance et les difficultés de la navigation.

Tout se réunit pour inviter les hommes actifs et laborieux à profiter de cette chance providentielle, et à prendre leur part dans cette nouvelle libéralité de la nature. Le moment est donc venu, même pour les esprits les plus sérieux et les plus circonspects, de fonder sur des bases solides une grande entreprise qui embrassera les trois branches d'industrie qui s'offrent d'elles-mêmes à l'association du travail et du capital :

1° La recherche de l'or ;
2° La colonisation ;
3° Le commerce.

Tel est le triple but que se propose d'atteindre la Compagnie Franco-Anglaise du Nouveau-Monde.

Fondée à l'instar et sur le modèle des grandes compagnies anglaises, elle n'a pas cru devoir borner ses opérations à une exploration passagère du sol californien, et à quelques fouilles superficielles des terrains aurifères.

C'est à une œuvre plus sérieuse et plus durable qu'elle consacrera ses efforts.

Etablir une communication permanente entre la France et la Californie, au moyen de comptoirs spéciaux et de relations continues ;

Acquérir, aux meilleures conditions possibles, des terres et des terrains dont la valeur s'augmentera en proportion des arrivages et de l'accroissement des populations ;

Faire fructifier ces possessions en ajoutant à la fertilité naturelle du territoire le puissant aliment de l'agriculture et de la colonisation ;

Profiter de toutes les chances favorables que peut présenter un pays neuf en établissant entre l'Amérique, l'Angleterre et la France un échange continuel d'exportation et un service régulier de transports ;

Ouvrir à l'activité française de vastes débouchés dans un moment où elle s'épuise sur le terrain de la concurrence, et où tant de familles ruinées par les révolutions ne savent plus à quelle industrie se vouer :

Tel est le plan adopté par les fondateurs de la Compagnie, et qui promet aux actionnaires, indépendamment d'une part considérable dans la récolte de

l'or, des dividendes réguliers pendant toute la durée de la Société, c'est-à-dire pendant cinquante ans.

Grâce aux diverses combinaisons de travail qu'elle fera marcher parallèlement, elle pourra, dans un bref délai, couvrir ses commanditaires de leurs avances, et leur servir, pendant un demi-siècle, des intérêts bénéficiaires qui s'accroîtront chaque année par la marche naturelle des choses.

C'est donc une rente considérable qu'on peut se promettre d'acquérir gratuitement en plaçant aujourd'hui un capital dans les mains de la Compagnie Franco-Anglaise.

C'est une loterie à coup sûr, dans laquelle chacun est certain de recouvrer sa mise et de gagner un lot.

Aussi a-t-on vu en Angleterre les capitalistes les plus prudents concourir à la fondation de plusieurs compagnies du même genre, dont les succès dépassent déjà toutes les prévisions.

Ainsi, les actions de la société d'East-Wheel-Rose, émises à 50 livres sterling (1,260 fr.), se négocient déjà à la Bourse de Londres à 15,500 fr. : *douze capitaux pour un !*

Celles du Sud-Caradan, émises à 5 livres sterling (125 fr.) se négocient à 3,750 fr. : *trente capitaux pour un!!*

Celles de Great-Consols, sur lesquelles on n'a versé que 25 fr., se négocient à 3,275 fr. : *cent trente capitaux pour un!!!*

Ces bénéfices fabuleux, auxquels on ne pourrait croire s'ils n'étaient certifiés par des documents authentiques, sont d'ailleurs en rapport avec les résultats obtenus en moins de 18 mois par une foule de travailleurs qui sont déjà revenus de Californie et qui rapportent en France, les uns 200,000 fr., les autres 500, et jusqu'à 800,000 fr. !

Or, si le travail d'un homme seul, arrivé sans appui, sans renseignements, sans secours, a pu produire de tels bénéfices en si peu de temps, qu'on juge de ce que pourra produire pendant 50 ans le travail d'une Compagnie puissante, aidée d'un capital considérable et munie des instruments de travail les plus perfectionnés !

Mais tout raisonnement devient superflu devant le document officiel suivant que nous empruntons au *Journal des Débats* des 23, 24 et 27 mai courant; nous copions textuellement :

« Les nouvelles de la Californie vont jusqu'au 1er avril; l'or est plus abondant que jamais.

« La législation de la Californie a passé un bill qui impose une taxe de 25 dollars (132 fr. 50 c.) par mois à tout étranger qui travaille aux mines.

« 25 dollars, *c'est à peu près la valeur d'une journée et demie de travail.*

« Près d'un lieu nommé Fremont's Camp, on a trouvé un lingot d'or du poids de huit livres et demie; à Carew-Creek, il en aurait été découvert un bien plus merveilleux encore, il pèserait, dit-on, *quatre-vingt-treize livres.* Sa valeur serait de 150,000 *francs environ.* »

Que pourrait-on ajouter à l'évidence et à l'importance de ces preuves?

Par une autre dépêche du 7 mai, datée de New-York, il est constaté officiellement que l'or de Californie reçu dans les hôtels de monnaie depuis le 1er avril seulement, s'élève à treize millions sept cent mille dollars (69 millions de francs), dont onze millions deux cent mille dollars à Philadelphie.

C'est pour procurer à toutes les classes de la société les moyens de prendre part aux avantages incalculables de cette entreprise que la Compagnie du *Nouveau-Monde* a cru devoir créer des actions au porteur, de mille, de cent et de dix francs, qui permettront au pauvre comme au riche de s'associer à ses opérations.

Pour répondre aux besoins du commerce, et faciliter à MM. les négociants, manufacturiers, fabricants et artisans, fermiers et agriculteurs, l'écoulement de leurs marchandises et produits, elle s'est fait autoriser à recevoir le paiement des actions, soit en espèces, soit en bonnes valeurs, soit en marchandises, denrées, ustensiles, etc., etc., livrés sur facture à prix débattu, et à la convenance de la Compagnie.

Quant aux travailleurs de toutes classes, de toutes professions qui voudraient tenter la fortune en Californie, la Compagnie, fidèle à l'esprit philanthropique auquel elle doit son origine, tant en France qu'en Angleterre, n'exigera d'eux aucun apport de fonds, et ne leur demandera que du zèle et de la probité. Dans quelque position qu'il se trouve, l'honnête homme sans fortune pourra donc s'adresser avec confiance à la Compagnie du *Nouveau-Monde*, qui s'est donné pour mission de concilier, dans une juste mesure, les droits du travail avec ceux du capital, et d'ouvrir aux classes pauvres et laborieuses le chemin du travail et de la fortune.

Pour propager autant que possible dans les autres classes de la société les sentiments de fraternité et de charité chrétienne qui, mieux que les discussions politiques, contribueront à guérir les plaies de l'humanité, elle assure aux souscripteurs d'un intérêt de mille francs le droit de faire partir un travailleur pour la Californie, et procure ainsi à toutes les communes de France qui se préoccupent du sort de leurs pauvres l'occasion de les placer avantageusement, et de les enrichir, en les confiant au patronage de la Compagnie.

C'est sous ce rapport surtout que la Compagnie du *Nouveau-Monde* se recommande plus spécialement à l'attention de MM. *Préfets, Sous-Préfets, Maires et Adjoints, Conseillers Généraux, Municipaux et Communaux, aux Evêques, aux Curés, aux Membres des bureaux de Bienfaisance, en général à tout le clergé et à tous les fonctionnaires de l'ordre administratif*

A l'exemple de ce qui se passe déjà en Allemagne et en Irlande, toutes les familles de France et d'Angleterre qui ont un parent pauvre et sans travail voudront se cotiser entre elles pour faciliter son transport en Californie et pour s'associer à sa fortune.

Ce sera pour les membres d'une même famille une bonne affaire, en même temps qu'une bonne action.

Les chefs de famille qui se préoccupent du sort de leurs enfants peuvent donc s'adresser avec confiance à la Compagnie du *Nouveau-Monde*, dont les statuts offrent toute garantie aux capitaux, et font à la bienfaisance une part aussi large que possible.

Actions de...... (Voir page 32).

LA MOISSON D'OR

Société constituée par acte passé par-devant M^e
notaire à Paris, le   juin 1850.

OPPORTUNITÉ DE LA SOCIÉTÉ, SON OBJET.

Les immenses et inépuisables richesses que renferment les terrains aurifères de la Californie, mises en doute pendant quelque temps par des esprits incrédules, sont prouvées aujourd'hui d'une manière incontestable par les grandes quantités d'or qui ont été apportées de ce pays. Le terrain aurifère a même été reconnu beaucoup plus étendu et plus riche qu'on ne l'avait supposé, et quel que soit le nombre considérable de personnes qui se sont rendues en Californie depuis deux ans et qui y ont fait une fortune rapide, les émigrans y trouveront pendant encore un très-grand nombre d'années le moyen prompt et certain de s'enrichir.

Les circonstances sont même plus favorables et plus encourageantes qu'elles ne l'ont jamais été pour l'émigration. Ce pays est aujourd'hui gouverné régulièrement, les choses nécessaires à l'existence y sont suffisamment abondantes, les terres sont explorées et défrichées, les moyens d'exploitation sont expérimentés, la propriété est protégée, en un mot les garanties de bien-être et de succès sont assurées.

EXPLOITATION DES MINES D'OR.

La compagnie, s'étant rendu un compte exact de toutes les expériences qui ont été faites pour la recherche et l'extraction de l'or, possède les moyens les plus économiques et les plus efficaces pour opérer avec succès sur une grande échelle l'exploitation de l'or californien.

De nouveaux appareils brevetés feront produire à 10 travailleurs autant qu'à 100 par les procédés ordinaires.

Il en sera de la Californie comme de presque toutes les entreprises : LES DERNIERS VENUS PROFITERONT DES TRAVAUX DE LEURS DEVANCIERS ET RÉCOLTERONT CE QUE D'AUTRES AURONT EU LA PEINE DE SEMER.

COMMERCE D'EXPORTATION.

L'exploitation des riches mines d'or avait d'abord attiré seule l'attention des voyageurs, mais on reconnut bientôt qu'elle n'était qu'une des ressources qu'offrait la Californie pour faire fortune. Le grand nombre de personnes qui accourent de tous les pays vers la Californie donna bientôt naissance à un commerce important qui permet de faire participer aux bénéfices qu'il procure tous ceux qui, sans se déplacer, confient leurs capitaux aux compagnies formées pour l'entreprendre.

La compagnie la *Moisson d'Or*, pour satisfaire aux vœux de tous ses adhérents, fera marcher de front la recherche de l'or et le commerce d'exportation.

Le commerce d'exportation en Californie, aventureux dans le principe, est devenu aussi régulier que dans les autres pays, sans rien perdre des avantages qu'il a procurés aux premiers armateurs. Maintenant que le climat est mieux connu, que les besoins de la localité sont appréciés, en n'envoyant que les marchandises façonnées d'une manière convenable, on est certain de réaliser sans chance de perte des bénéfices très-considérables. La compagnie, munie des renseignements les plus récents et les plus authentiques, s'est mise en rapport avec des fabricants d'objets appropriés aux besoins des habitants de la Californie. Elle est à même d'envoyer par le prochain navire une cargaison d'objets de choix et d'une vente assurée.

AGRICULTURE, COLONISATION.

Pour compléter son œuvre la compagnie fondera des colonies agricoles où les travailleurs trouveront une diversion à leurs travaux d'exploitation des mines, en cas de maladie ou d'infirmités un lieu de repos et de retraite. Ces colonies seront en outre pour la société une nouvelle source de prospérité.

Dans les pays vierges comme la Californie la culture des terres est doublement avantageuse, comme exploitation actuelle et comme placement d'avenir. Il y a dans certaines parties de l'Amérique des terres acquises dans le principe au prix de 2 fr. l'acre qui valent maintenant plus de 500 fr. La Californie est certainement appelée sous ce rapport à un avenir au moins aussi brillant.

Les procédés de culture les plus perfectionnés seront mis en pratique par les élèves les mieux notés de la colonie de Petit-Bourg, auxquels on accordera à titre de récompense la faveur de faire partie de l'expédition. La compagnie fera ainsi tout à la fois une bonne spéculation et une bonne œuvre.

AVANTAGES QUE PRÉSENTE LA SOCIÉTÉ.

En combinant avec sagesse et prudence les trois opérations d'exploitation de mines d'or, de commerce et de colonisation, la compagnie se prête à tous les besoins, à tous les intérêts et à toutes les positions sociales. Travailleur, commerçant ou agriculteur selon ses goûts, sa santé, son âge ou ses convenances de famille, l'associé dans la compagnie la *Moisson d'Or* profitera de tous les avantages que la société recueillera de cette mutualité et de cette solidarité d'opérations.

POSITION PARTICULIÈRE FAITE AUX TRAVAILLEURS.

Les travailleurs émigrants trouveront ainsi à leur disposition dans le sein même de la société tout ce qu'ils pourront désirer : nourriture, abri, vêtements, moyens de transports, facilités de correspondance, soins, protection, occupation variée et chances multiples de succès et de fortune.

À partir de l'époque fixée dans leur engagement les travailleurs sont pourvus abondamment de tout ce qui leur est nécessaire. On leur remet des vêtements, des provisions de bouche, tous les outils utiles pour leurs travaux, des tentes, des objets de campement et en un mot tout ce qui peut contribuer à faciliter et alléger leurs travaux.

Un aumônier, un médecin-chirurgien, un pharmacien, un ingénieur et un directeur accompagneront l'expédition.

Le premier départ est fixé au 20 août prochain.

COMBINAISON FINANCIÈRE.

Le capital social est fixé à UN MILLION.

Chaque action est de 20 fr.

Les actions auront droit : 1° à 6 0/0 d'intérêt; 2° à une part proportionnelle dans les bénéfices; 3° à une part proportionnelle dans la propriété des terrains aurifères qui seront acquis par la société; 4° à une part proportionnelle dans la propriété des colonies agricoles qui seront fondées par la compag.

Les bénéfices seront répartis comme suit : 80 0/0 aux intéressés; 20 0/0 à la direction pour être équitablement répartis.

Le produit des travaux de recherche et d'exploitation de l'or appartiendra, savoir : 50 0/0 aux travailleurs; 50 0/0 à la compagnie.

Le Directeur général fournit un cautionnement de 25,000 fr. en actions, qui devra être porté à 50,000 f.

Actions de........ (Voir page 32).

LA FORTUNE

Société constituée par acte passé par-devant Me Planchat, notaire à Paris, le 6 avril 1850.

La richesse des terrains aurifères de la Californie n'est plus aujourd'hui un doute pour personne. Ce qui pouvait, il y a quelques mois encore, paraître chimérique est désormais une vérité incontestable, surtout depuis que la France et l'Angleterre ont retiré de ce pays privilégié plusieurs centaines de millions. Ces chiffres ne paraîtront nullement exagérés quand on saura que les terrains qui renferment de l'or ont une étendue de plus de **500 lieues**; c'est-à-dire qu'ils occupent un espace plus grand que la France.

Les Sociétés qui nous ont devancés dans le même but n'ont pu mettre à la disposition de leurs travailleurs que des machines déjà en usage depuis longtemps. La Compagnie **La Fortune** a dû rechercher les moyens les plus nouveaux et les plus efficaces pour retirer le plus d'or de la terre; et ce qui la distingue essentiellement des autres Sociétés, c'est qu'elle possède des machines nouvelles, *brevetées en France et aux États-Unis*, et dont les résultats, prouvés par de nombreuses expériences, sont constatés par des procès-verbaux authentiques.

Nous croyons intéresser le public en l'instruisant des avantages positifs que nous devons tirer de nos machines. Il résulte d'expériences faites que cinq travailleurs obtiennent facilement, en un jour, avec une de nos machines, le même résultat que cent hommes isolés opérant avec les procédés préexistants. Nous ajouterons que le travailleur isolé *ne recueille que deux dixièmes de l'or, tandis qu'avec nos procédés mécaniques on en recueille les neuf dixièmes*; de plus, nos procédés garantissent les travailleurs du contact incessant de l'eau, cause principale des fièvres si fréquentes en Californie; ils permettent enfin de ne pas interrompre le travail aux *placers* pendant la saison des pluies.

La Compagnie **La Fortune** dispose, dès à présent, de quatre machines représentant chacune la force de 100 hommes, et qui, mises en activité, donneront par jour 2 kilogrammes d'or l'une, ci. **6,000** fr.

Soit pour les quatre ensemble 8 kilogrammes d'or par jour, ci. **24,000**

Et pour l'année de travail (huit mois). **5,770,000**

D'après ces chiffres, il reviendra à chaque action de 10 fr. par an. . **80**

A chaque action de 50 fr., par an. **400**

Et à chaque travailleur, par an. **70,000**

Bien que ces résultats paraissent extraordinaires, leur authenticité ne peut être contestée, puisqu'elle s'appuie sur des rapports officiels émanant du ministère de l'Agriculture et du Commerce; d'ailleurs, l'empressement avec lequel les actions des Compagnies californiennes sont recherchées en Angleterre suffirait, à défaut d'autre preuve, pour convaincre les esprits les plus incrédules. Ainsi, les actions de la Société d'East-Wheel-Rose, émises à 50 liv. sterl. (**1,250** fr.), se négocient à la Bourse de Londres, **15,500** fr.; celles de Sud-Caradan, émises à 5 liv. sterl. (**125** fr.), se négocient à **3,750** fr.; celles de Great-Consols, sur lesquelles on n'a versé que **25** fr., se négocient à **3,275** fr.

Nous citerons encore à l'appui de ce que nous avançons ces hardis travailleurs qui, partis pour la Californie il y a 18 mois, sont de retour en France après avoir réalisé, les uns **400,000** fr., les autres **600,000** et **800,000** fr.

Nous terminerons en disant que la compagnie **La Fortune** n'a admis au nombre de ses travailleurs que des hommes dont la moralité, la bonne conduite et le courage sont attestés par les certificats les plus honorables.

(Extrait des Statuts.)

Suivant acte passé devant Me Planchat et son collègue, notaires à Paris, le 6 avril 1850, il a été formé entre M. G. Thibault, comme gérant, et toutes les personnes qui deviendront propriétaires d'actions, une société en commandite, sous la dénomination de la Fortune, Compagnie des mines d'or de la Californie, au capital de 300,000 francs, divisé en 15,000 actions de 10 francs et 3,000 actions de 50 fr. chacune dont le montant sera versé en souscrivant dans la caisse sociale.

Les actions sont au porteur; elles seront signées par le gérant; elles porteront un timbre sec et humide, et seront détachées d'un registre à souche. Leur émission devra servir à la première expédition de trente travailleurs. Il ne pourra être fait une nouvelle émission d'actions qu'en cas de nécessité de départ d'autres travailleurs, et avec l'autorisation du conseil de surveillance.

Les fonds provenant de la souscription seront déposés à la Banque de France, et ne pourront y être retirés que pour les besoins de la Société.

La Société fera l'exploitation des mines et rivières de la Californie, par *des moyens mécaniques* brevetés *en France et aux États-Unis*, et créés à l'effet du draguage des rivières et cours d'eau, et du lavage des terres et sables aurifères, avec l'application d'un *système d'amalgamation également* breveté en France et aux États-Unis.

La durée de la Société est de cinq années, et elle pourra être prolongée de cinq autres années par décision de l'assemblée générale des actionnaires.

La Société est constituée à partir du 6 avril 1850.

Le gérant a nommé un ingénieur directeur qui aura pour mission de diriger l'expédition en Californie par lui-même, sans pouvoir se faire remplacer.

Un médecin sera attaché à l'expédition.

Pour être admis comme travailleur dans la Compagnie, il faut verser dans la caisse sociale une somme de 1,000 francs, qui sera convertie immédiatement en 20 actions de 50 francs; de plus, le travailleur sera tenu de contracter envers la Société une obligation de 10,000 francs, pour la dédommager dans le cas de désertion. Les actions souscrites par les travailleurs resteront déposées dans la caisse de dépôt établie au siége social, à titre de garantie de l'exécution de l'engagement qui sera contracté par chacun des travailleurs.

Tout travailleur a droit à son transport (aller et retour), à son logement, à sa nourriture, à son entretien et aux soins du médecin, le tout gratuitement.

La durée de l'engagement d'un travailleur est de trois années entières et consécutives, à dater du jour où le navire prendra la haute mer; à son expiration, il aura le droit de contracter un nouvel engagement.

Une fois par mois au moins, le directeur de l'expédition en Californie devra expédier à la Société les produits des opérations, qui seront déposés immédiatement à la Banque de France, pour être repartis aux intéressés quatre fois par an, après déduction faite des frais généraux, et dans les proportions suivantes : *deux cinquièmes aux actions souscrites et réalisées; deux cinquièmes aux travailleurs de la Société; un cinquième aux gérants et fondateurs.*

Les actionnaires sont représentés dans leurs rapports sociaux par un conseil de surveillance. Ce conseil sera composé de sept membres élus en assemblée générale, pris parmi les actionnaires porteurs d'au moins dix actions; ils choisiront entre eux un président et un secrétaire.

Pour être admis en assemblée générale, il faut être propriétaire de dix actions de 10 francs ou de deux actions de 50 francs, et les titres doivent être déposés à la caisse sociale, contre récépissé, huit jours avant celui de la réunion; le jour de la réunion sera annoncé par lettres, et dans les trois journaux d'annonces légales, quinze jours à l'avance

Chaque actionnaire aura autant de voix qu'il aura de fois dix actions de 10 francs ou deux actions de 50 francs, sans toutefois qu'il puisse avoir plus de trois voix.

Toutes les délibérations des assemblées générales seront obligatoires pour tous les porteurs d'actions.

Les actionnaires, en aucun cas, ne peuvent être soumis, sous quelque prétexte que ce soit, à un appel de fonds, ni à aucun rapport de dividendes perçus.

Il y aura une assemblée générale extraordinaire des actionnaires, quinze jours avant le départ des travailleurs.

En cas de décès du gérant ou intéressé, ou de la femme de l'un d'eux, les héritiers ne pourront, en aucun cas, faire apposer les scellés sur les titres, papiers ou biens de la Compagnie; ils devront s'en rapporter au dernier inventaire, qui établira les droits de chacun.

Le succès de la compagnie la *Fortune* n'a pas tardé à justifier les prévisions de ses fondateurs.

Depuis sa création, ses machines ont été soumises à des expériences publiques devant un nombreux concours de notabilités scientifiques, et chacune de ces expériences est venue démontrer, de la façon la plus concluante, tous les résultats qu'on en obtient sur les terrains Californiens.

Nous croyons utile de placer sous les yeux de nos lecteurs un certificat signé par plus de cent personnes qui ont assisté à la dernière expérience, ainsi qu'une lettre de l'un des actionnaires, qui nous parait avoir parfaitement compris la situation particulière de cette compagnie.

Procès-verbal de l'Expérience faite au siége de l'administration de la Compagnie la Fortune.

Les soussignés, ayant assisté à l'expérience faite ce jour, au siége de la société la Fortune, reconnaissent que sur dix grammes d'or mêlés en leur présence à une quantité indéterminée de sable de rivière, il a été retiré neuf cent quatre-vingt-dix centièmes de ce métal, et que cette opération a été faite au moyen de la machine dont le dessin a été reproduit sur le premier numéro du journal de cette Société, portant la date du mois de juin.

En foi de quoi, nous avons signé le présent, pour attester la vérité.

Paris, le 4 juillet 1850.

Suivent les signatures:

Actions de...... (Voir page 32).

AVIS AUX PERSONNES

QUI VEULENT PARTIR POUR LA CALIFORNIE.

Les personnes qui désirent partir pour la Californie peuvent s'adresser (par *lettres seulement*) à M. Philippart, rue Dauphine, 18, Paris.—Ces lettres doivent être affranchies. Elles devront indiquer si on veut partir comme *passager* ou comme *travailleur-associé*.

Il sera répondu à ces lettres par retour du courrier.

Ce premier numéro reproduit les Extraits de Statuts, Prospectus, etc., de :

La Californienne Actions de 100 et de 1000 fr. A effectué quatre départs (plus de 450 travailleurs), et servi des intérêts aux actionnaires.

Compagnie Française-Américaine Actions de 5 fr. et de 25 fr. — A effectué deux départs.

La Bretonne Actions de 10, de 50, de 100 et de 500 fr. A effectué deux départs.

La Ruche d'Or Actions de 5, de 25 et de 50 fr.

La Fortune Actions de 10 et de 50 fr.

Comptoir des Deux Mondes Actions de 10, de 50, de 100 et de 500 fr.

La Commerciale (plus spécialement pour les opérations commerciales), maisons en bois, objets meublants, etc. Actions de 10, de 50, 100 et 500 fr.

La Moisson d'Or Actions de 20 fr.

Le Nouveau Monde Actions de 10, de 100 et de 1,000 fr.

Les actions des Compagnies californiennes n'étant presque toutes que de quelques francs chacune, il est indispensable, pour s'éviter les frais et embarras de correspondance, de s'adresser à Paris à un CORRESPONDANT qui puisse, *sans augmentation de prix*, les fournir toutes *indistinctement*, — et qui, si on ne lui désigne pas les Compagnies, soit en position de placer au mieux des intérêts des demandeurs, en DIVISANT la somme entre ces Compagnies.

Il vaut donc mieux diviser son argent entre les meilleures Compagnies que de le placer dans *une seule*, — car malgré l'assurance donnée par les Compagnies de faire produire plusieurs capitaux pour un par an, il est à présumer que toutes ne donneront pas ce résultat, — et, en divisant son argent entre celles qui offrent le plus de garanties, la chance de réaliser des bénéfices est plus grande.

Pour augmenter les chances de bénéfices, *diviser* le placement d'argent, et, pour le *diviser*, il suffit d'adresser à M. PHILIPPART, éditeur de la *Bibliothèque pour tout le monde*, rue Dauphine, 48, à Paris, un mandat pris à la poste de *cinq francs* seulement : on ne paiera l'excédant du montant de la demande qu'en recevant les actions, *qui sont au porteur*. — Si l'on veut placer 25 fr., 50 fr., 100 fr. *et plus*, il ne faut, d'abord, *envoyer que cinq francs*: ce n'est qu'en recevant les actions demandées qu'on paiera le surplus. — (*Désigner* les actions qu'on désire, — et si on ne les *désigne pas*, M. Philippart *divisera* la somme entre les Compagnies qui lui paraîtront offrir les garanties les plus sérieuses.)

(Lire l'article placé à la page 7.)

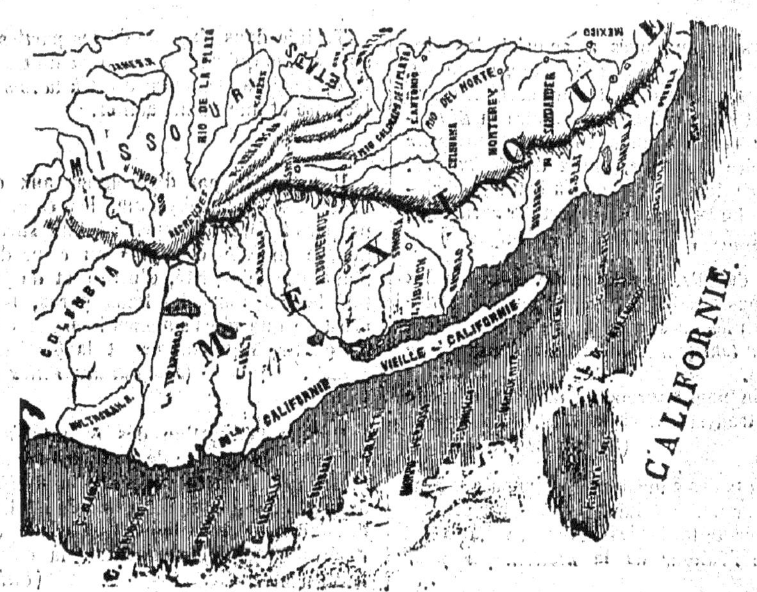

Le Gérant, GUERNET.

LE COURRIER

DE LA

CALIFORNIE

N° **1** contenant

1ᵉʳ ET 2ᵐᵉ RAPPORTS OFFICIELS

adressés au Gouvernement américain ;

Combinaisons sur lesquelles sont basées les Sociétés,

LEURS STATUTS, ETC.

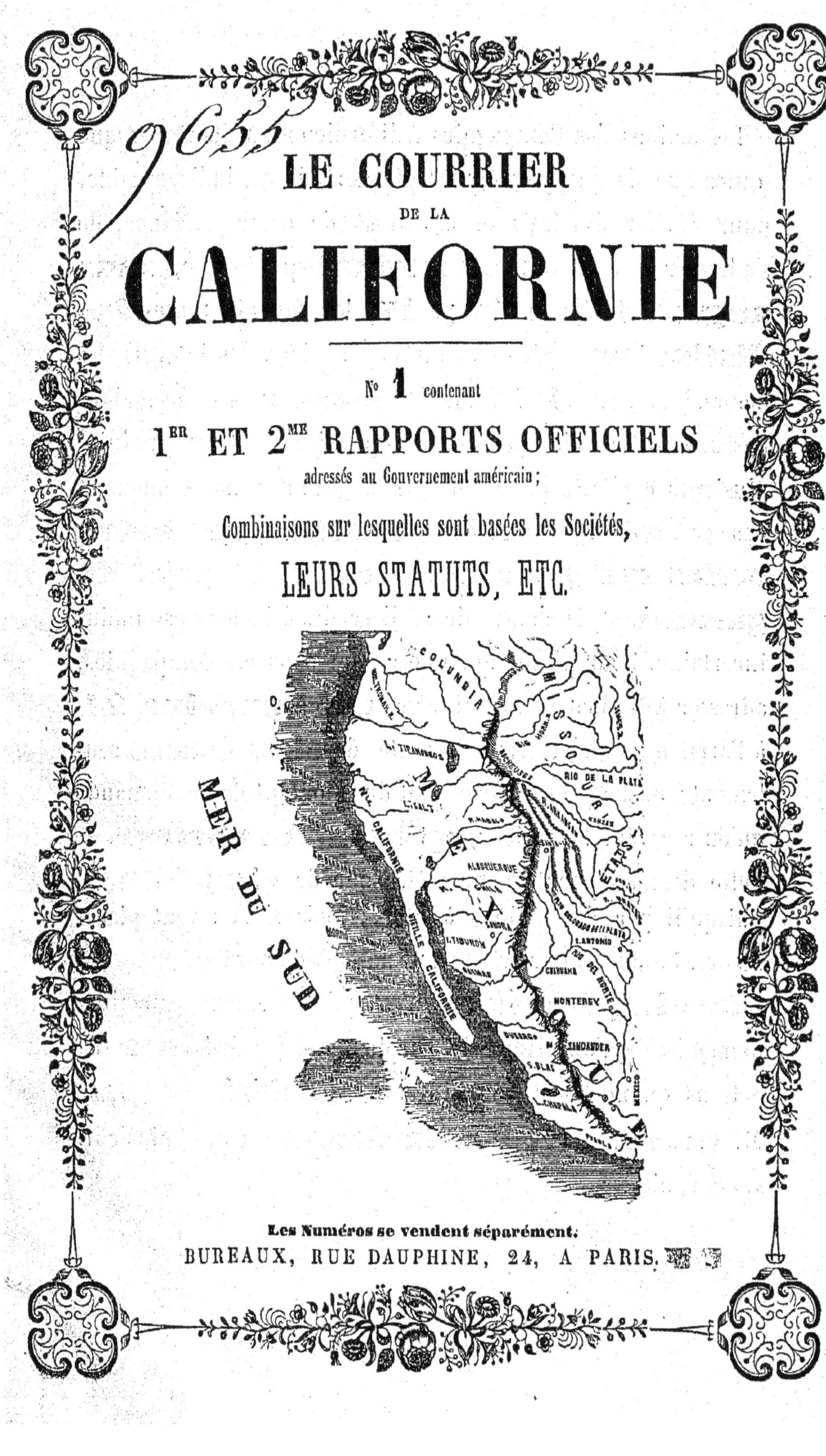

Les Numéros se vendent séparément.

BUREAUX, RUE DAUPHINE, 24, A PARIS.

Les actions des Compagnies Californiennes n'étant presque
outes que de quelques francs chacune, il est indispensable,
pour s'éviter des frais et embarras de correspondance, de
s'adresser à un **Correspondant** qui puisse, **sans
augmentation de prix,** les fournir toutes **indistinctement,** — et placer au mieux des intérêts des
demandeurs, en **divisant la somme,** — car malgré
l'assurance donnée par les compagnies de faire produire
plusieurs capitaux pour un par an, toutes ne donneront
pas ce résultat. En **divisant son argent entre
celles qui paraissent offrir le plus de
garanties,** la chance de réaliser des bénéfices est moins
incertaine. Pour placer quelque argent dans ces Compagnies,
adresser à M. Philippart, libraire, **rue Dauphine, 24,**
à Paris, un mandat pris à la poste, de **cinq francs** seulement; on ne paiera l'excédant du montant de la demande
qu'en recevant les actions, **qui sont au porteur.** —
Cette demande peut même n'être que de **cinq francs,**
puisqu'il y a des actions à 5 fr.; mais si l'on veut placer
25 fr., 50 ou 100 fr. et plus, il ne faut d'abord **envoyer
que cinq francs :** ce n'est qu'en recevant les actions
demandées qu'on paiera le surplus. — (**Désigner** les
actions qu'on désire, et si on ne les **désigne pas,**
M. Philippart **divisera la somme** entre plusieurs
Compagnies.

CALIFORNIE

DOCUMENTS OFFICIELS

EXTRAIT

D'UN PREMIER RAPPORT OFFICIEL

Adressé au

GOUVERNEMENT AMÉRICAIN

« On savait, à l'époque de la découverte de la Californie, qu'il s'y trouvait beaucoup de mines de métaux précieux. Des découvertes récentes autorisent à croire que ces mines sont plus étendues et plus précieuses qu'on ne l'avait pensé d'abord. *Les récits sur l'abondance de l'or dans ce pays sont si extraordinaires, qu'on les croirait à peine s'ils n'étaient confirmés par des rapports authentiques de fonctionnaires publics qui ont visité le district minéral pour y faire des observations personnelles.*

« L'officier qui commande nos forces dans la Californie, hésitant à ajouter foi aux bruits qui circulaient sur l'abondance de l'or, visita, au mois de juillet dernier, le district minéral pour y recueillir des renseignements précis. Je soumets au congrès son rapport au département de la guerre, sur le résultat de son examen, ainsi que les faits constatés sur les lieux. Lorsqu'il visita ce pays, quatre mille personnes étaient occupées à extraire de l'or. Il y a de justes raisons de croire que ce nombre a augmenté depuis. Les explorations déjà faites permettent de croire que ces mines sont abondantes et que l'or se trouve en divers endroits sur une vaste étendue du pays.

« Les effets produits par la découverte de ces riches dépôts minéraux et le succès des travaux entrepris ont amené un changement étonnant dans l'état des affaires de la Californie. Le taux des salaires est exorbitant, et toute autre occupation que la recherche de l'or est abandonnée. Presque toute la population du pays est allée dans le district des mines.

. . . .
. . . .

« L'abondance de l'or et la recherche de ce métal, qui est la préoccupation de tout le monde, ont déjà occasionné dans la Californie une hausse extraordinaire dans le prix des denrées nécessaires à la vie.

« Pour que nous puissions entrer plus promptement et d'une manière plus complète en jouissance de la richesse de ces mines, il est de la plus haute importance que l'établissement d'une succursale de la monnaie des États-Unis soit autorisé, pendant votre présente session, pour la Californie. »

2ᵐᵉ RAPPORT

LE COLONEL MASSON AU GOUVERNEMENT AMÉRICAIN

« J'ai l'honneur de vous informer qu'accompagné du lieutenant Sherman, mon aide de camp, je suis parti le 12 juin dernier pour visiter le nord de la Californie. Mon principal objet était d'aller voir par moi-même les mines d'or qu'on venait de découvrir dans la vallée du Sacramento. Nous arrivâmes à San-Francisco le 20, et, à notre grand étonnement, nous trouvâmes que toute ou du moins presque toute la population mâle était partie pour les mines d'or. La ville, qui, peu de temps auparavant, présentait une activité si remarquable, se voyait maintenant presque déserte.

« Le 25, nous reprîmes notre route, par Bodega et Sonoma, pour le fort de Sutter, où nous arrivâmes le 2 juillet au matin. Sur toute notre route, nous ne vîmes que maisons désertes, fermes abandonnées, moulins inoccupés, champs et récoltes livrés aux troupeaux, aux animaux errants. Au fort de Sutter, on voyait un peu plus d'activité et d'affaires. Des bateaux déchargeaient leurs cargaisons; des charrettes transportaient des marchandises au fort, où déjà sont établis quelques magasins, un hôtel, etc. Le capitaine Sutter n'avait pu cependant conserver que deux ouvriers à son service, un carrossier et un forgeron, qu'il payait alors au prix de 10 dollars par jour (53 fr.). Les marchands lui paient à lui-même 100 dollars (530 fr.) par mois pour une seule chambre ; et tandis que j'étais sur les lieux, j'ai vu louer une petite maison du fort au prix de 500 dollars (2,650 fr.) par mois.

« Sollicité par un grand nombre de personnes ; je suis resté au fort pour y célébrer l'anniversaire de l'indépendance nationale, et je n'en suis parti que le 5 juillet. Ce jour-là, je fis vingt-cinq milles, qui me conduisirent à la Fourche américaine, lieu connu aujourd'hui sous le nom de *Lower-Mines* (les Mines-Basses) ou *Mormon-Diggens* (Fouilles des Mormons). Les flancs des collines étaient, en cet endroit, couverts de tentes en toile ou d'abris provisoires en branchages ; on y voyait aussi un magasin et plusieurs cantines en plein air. La chaleur du jour était étouffante. Deux cents hommes cependant travaillaient sous les rayons d'un soleil ardent, lavant le sable pour en extraire l'or, armés les uns de casseroles, les autres de paniers indiens d'un tissu très-serré ; le plus grand nombre opérait à l'aide d'un appareil très-grossier, connu sur les lieux sous le nom de *cradle* (berceau). Il est porté, comme les chevaux de bois ou les berceaux d'enfants, sur une bascule ; il a six ou huit pieds de long, est ouvert par le bas et garni dans le haut d'une grille ou d'un crible grossier ; le fond est arrondi et traversé, de distance en distance, par des baguettes de bois qui, à vrai dire, font l'office de filtre.

« Il faut quatre hommes pour travailler avec cette machine : l'un enlève le sable sur le bord de la rivière ; l'autre le jette dans l'appareil, sur la grille ; le troisième tient la machine en mouvement ; le quatrième, enfin, puise de l'eau et la précipite avec le sable. La grille empêche les pierres d'entrer dans l'appareil ; le courant d'eau délaye la terre, et le sable descend au fond de la machine, laissant l'or mêlé à un sable noir sur les baguettes qui traversent le fond de l'appareil. L'or et le sable, ainsi mélangés, sont retirés à la main de l'appareil, et séchés au soleil, et enfin séparés en vannant le sable à l'air libre. Quatre hommes armés de cet appareil gagnaient alors environ 100 dollars (530 fr.) par jour. Les Indiens et ceux qui n'ont que des casseroles ou des paniers de jonc font le lavage à la main, extraient d'abord les grains, et font ensuite sécher le sable mêlé à la poudre d'or selon le procédé que j'ai décrit. L'or des *Lower-Mines* est d'un titre élevé, et j'en envoie avec cette dépêche plusieurs échantillons.

« En remontant la branche méridionale de la Fourche américaine, le pays devient de plus en plus montagneux, et, à la scierie mécanique, établie à vingt-cinq milles des derniers lavages d'or, c'est-à-dire à cinquante milles du fort Sutter, la hauteur des montagnes est d'environ 1,000 pieds au-dessus de la vallée du Sacramento. Là commence à croître une espèce de pins dont l'exploitation a été la cause de la découverte de l'or. Le capitaine Sutter, voulant entreprendre le commerce des planches, passa, en septembre dernier, marché avec un M. Marshall, pour faire construire en ce lieu une scierie mécanique, mise en mouvement par une chute d'eau. Le moulin fut construit pendant l'hiver dernier ; mais, quand on voulut lâcher l'eau sur la roue, il se trouva que le sas de la roue était trop étroit pour laisser échapper le volume d'eau qu'on lui apportait. M. Marshall, pour épargner la main-d'œuvre et les frais, laissa tout simplement à la chute d'eau le soin de se creuser elle-même un passage en approfondissant le sas de la roue. Il en résulta qu'au bout d'un peu de temps un monceau de sable et de détritus se forma au pied de la chute.

« Or, un jour où M. Marshall venait examiner le résultat de l'opération, il remarqua, dans le sable accumulé quelques particules brillantes, qu'il ramassa, et dont, après examen, il reconnut la valeur. Il raconta sa découverte au capitaine Sutter, et tous deux se promirent bien de la tenir secrète ; mais, précaution inutile ! Le bruit s'en répandit comme par enchantement. Les merveilleux succès des premiers explorateurs attirèrent, en quelques semaines, des centaines d'hommes. Au moment de mon voyage, il y avait à peine trois mois que la découverte était connue, et déjà l'on estimait à plus de quatre mille le nombre des gens qui s'étaient lancés dans les déserts à la recherche de l'or. Auprès du moulin, on voit un magnifique banc de sable aurifère, que l'on respecte comme la propriété du capitaine Sutter, bien que lui-même n'y prétende aucun droit. M. Marshall demeurait, lui, auprès du moulin, et il m'apprit que beaucoup de gens travaillaient au-dessus et au dessous de lui, recueillant environ d'une à trois onces par jour et par homme. Cet or est un peu moins pur, que celui des *Lower-Mines*.

« Le 7 juillet, je partis du moulin et passai sur les bords d'un petit ruisseau qui se décharge dans la Fourche américaine, à trois ou quatre milles en avant du moulin. Je l'ai traversé au lieu connu aujourd'hui sous le nom de Webers'-Creek, et où MM. Sanol et compagnie ont établi présentement leurs lavages. Ils emploient une trentaine d'Indiens, qu'ils paient en marchandises. Je vous adresse quelques échantillons de l'or ramassé par ces messieurs ; il est d'un titre très-élevé, comme celui des *Lower-Mines*.

« De là, après avoir remonté le ruisseau l'espace d'environ dix milles, nous rencontrâmes une grosse masse de peuple, Indiens et autres, explorant le cours d'eau ou celui des ravins qui l'alimentent en hiver. Ces ravins sont excessivement riches, et l'on y recueillait alors, en moyenne, environ deux onces d'or par homme et par jour. On me signala une crevasse assez longue, d'une centaine de yards sur quatre pieds de large et deux ou trois de profondeur, comme le lieu où deux hommes, W. Dirly et Perry Mac-Coon, ont, en peu de jours, recueilli de l'or pour une valeur de 17,000 piastres (90,000 fr.). Le capitaine Weber m'apprit que ces messieurs avaient employé quatre blancs et une centaine d'Indiens, et qu'après une semaine de travail ils avaient pu payer leurs hommes en gardant pour eux 10,000 dollars (53,000 fr.). Un autre petit ravin, qui me fut montré, a produit de même 12,000 dollars. Il y a des centaines, des milliers de ravins de cette espèce, qui n'ont pas encore été explorés et qui, selon toute vraisemblance, sont aussi riches.

« Je pourrais citer des centaines d'exemples du même genre ; mais, pour donner une idée des quantités d'or qui affluent dans les poches de tout le monde, je vous raconterai ce que j'ai vu sous mes yeux, au lieu dit le *Magasin-de-Weber*. Ce magasin n'est, à proprement parler, qu'une hutte en branchages, sous laquelle le capitaine a créé une boutique d'épicerie et de mercerie. J'ai vu un homme qui, ayant découvert dans la boutique une bouteille de poudre de Sedlitz, voulait l'acheter ; le capitaine répondit que la bouteille n'était pas à vendre. « J'en offre une once d'or. —Non ; d'ailleurs, elle ne me coûte que 1/2 dollar (2 fr. 65 c.). —Alors, en voulez-vous une once d'or et demie. » Le capitaine se laissa faire. D'après cela, vous jugez si tout y est hors de prix. Eh bien ! les Indiens, qui, il y a quelques mois, n'avaient pas même de haillons pour se couvrir, sont tous, aujourd'hui, chamarrés d'étoffes éclatantes.

« Le 8 juillet, je retournai à *Lower-Mines*, et je me préparais à aller visiter les rivières Feater, Yubah et Bear, lorsque je fus rappelé à Monterey par d'importantes dépêches du capitaine A. A. Long. Avant de partir cependant, j'ai acquis la certitude qu'il avait été découvert de l'or dans le lit de chacune des rivières et dans la plupart des petits ruisseaux qui coulent entre le Bear et la Fourche américaine, comme aussi dans les consummes, au sud de la Fourche.

« M. Sinclair, dont le *rancho* (la ferme) est situé à trois milles au-dessus du fort Sutter, emploie environ cinquante Indiens. Quand je l'ai vu, il y avait presque cinq semaines qu'il travaillait, et ses Indiens n'employaient que des paniers d'un tissu très-serré ; cependant sa part de bénéfice, que j'ai vue, se montait à la valeur d'environ 16,000 piastres (85,000 fr.). Il me fit voir le résultat de son travail pour la semaine qui venait de s'écouler : 14 livres avoir-de-poids d'or bien lavé.

« Le principal magasin du fort Sutter, celui de Brannan et Comp., a reçu, depuis le 1er mai jusqu'au 10 juillet, pour une somme d'environ 36,000 dollars (190,800 fr.) d'or nouvellement découvert. D'autres négociants n'en ont pas moins reçu. Tous les jours, on expédiait de là côte pour les mines de grandes quantités de marchandises : car les Indiens, autrefois si pauvres et si misérables, sont des consommateurs importants.

« Si beaucoup, si le plus grand nombre des fermiers ont abandonné les travaux de la terre pour se jeter sur les mines, il n'en est point ainsi du capitaine Sutter, qui vient de rentrer une importante récolte de 40,000 boisseaux de grains. La farine se vend déjà au fort 35 dollars le baril ; elle sera bientôt à 50. A moins qu'on ne nous expédie de très-grandes quantités de denrées alimentaires, nous devons craindre la disette. Cependant, comme tout le monde est aujourd'hui capable de payer des prix élevés, nous devons espérer que du Chili et de l'Orégon on nous enverra des provisions en quantité suffisante pour nous permettre de passer l'hiver.

« La découverte de ces riches dépôts a changé complétement l'aspect de la Haute-Californie. Ses habitants, occupés exclusivement, il y a quelques mois encore, aux travaux de l'agriculture, sont tous allés aux mines. Les ouvriers de toutes professions ont abandonné leurs métiers et les commerçants leurs boutiques ; les marins désertent aussitôt qu'ils arrivent. Il y a maintenant deux ou trois navires qui sont mouillés dans la baie de San-Francisco, et n'ont pas un homme à bord. La même cause a entraîné beaucoup de désertions dans les troupes. Pendant quelques jours le mal a été si menaçant, que j'ai dû craindre de voir la garnison de Monterey déserter en masse. Il faut le dire, la tentation est si grande ! peu de danger d'être repris, l'assurance d'un salaire énorme, double en un jour de la paie d'un soldat pour un mois ! Pour les appointements d'un lieutenant ou même d'un capitaine (c'est au moins 500 fr. par mois aux Etats-Unis), on ne peut pas avoir un domestique.

« Un charpentier, un ouvrier de quelque profession que ce soit, ne loue pas ses services à moins de 15 ou 20 dollars (80 à 106 fr. par jour). Que faire dans une situation pareille ? Maintenant, d'ailleurs, il n'est plus, en Californie, possible à un officier de vivre avec sa solde ; l'argent a si peu de valeur, les prix des objets manufacturés et ceux des denrées alimentaires sont si élevés, et la main-d'œuvre est si chère, que ceux-là seulement peuvent avoir un domestique ou un cuisinier qui gagnent 40 à 50 dollars ! Cet état de choses ne peut pas durer.

« Une foule de lettres particulières ont annoncé, avant moi, aux Etats-Unis, l'importance des découvertes qui viennent d'être faites, et peut-être s'étonnera-t-on que je n'aie pas écrit plus tôt sur le même sujet. Ma réponse sera facile : Je ne pouvais pas croire aux merveilleux rapports que je recevais avant d'avoir visité le pays moi-même.

« Mais aujourd'hui je n'hésite pas à dire qu'il y a plus d'or dans les vallées arrosées par le Sacramento et le San-Joaquin qu'il n'en faut pour payer et payer cent fois tout ce qu'a pu coûter la guerre avec le Mexique. Et, pour mettre ces mines en valeur, il n'y a pas de capital à dépenser : un pic, une pelle et un plat de terre, c'est tout ce qu'il faut pour recueillir le précieux métal.

« M. Dye, habitant de Monterey, homme instruit et digne de confiance, revient aujourd'hui même des explorations faites sur la rivière Feather. Il me raconte que la Compagnie à laquelle il appartient, après avoir travaillé sept semaines et deux jours, en employant environ cinquante Indiens par jour, a recueilli, comme produit brut, 273 livres pesant d'or. Pour sa part (un septième), il a reçu, après tous frais payés, 57 livres pesant, qu'il vient d'apporter à Monterey et de me montrer. Je ne vois personne revenir sans rapporter ses 2, 3 ou 4 livres d'or. Un soldat d'artillerie, qui avait obtenu un congé de vingt jours, vient de nous rentrer avec 1,500 dollars (7,950 fr.), et son voyage lui a pris onze jours, de sorte qu'il n'a réellement travaillé que neuf jours, qui lui ont rapporté plus qu'un engagement au service de l'Etat. Tous ces faits paraissent incroyables, et cependant ils sont vrais.

« On donne pour certain qu'il a été découvert

de l'or sur le versant occidental de la Sierra-Nevada. Quand j'étais moi-même au *Gold-Distreet*, j'ai appris d'un Mormon, homme intelligent, qu'il avait été trouvé de l'or près du grand lac Salé par quelques-uns de ses frères. Presque tous les Mormons ont quitté aujourd'hui la Californie pour se rendre au lac Salé, et certainement ils ne le feraient pas s'ils n'étaient pas sûrs d'y trouver pour le moins autant d'or qu'ils en peuvent recueillir maintenant sur les rives du Sacramento.

« Le gisement d'or situé près de la mission de San-Fernando est connu depuis longtemps, mais le défaut d'eau a empêché de l'exploiter. C'est un rayon détaché de la Sierra-Nevada, c'est-à-dire de la chaîne où l'on vient de découvrir tout-à-coup tant de richesses. Il y a donc lieu de croire que, dans l'espèce intermédiaire de cinq cents milles, complétement inexplorés aujourd'hui, il doit se trouver beaucoup de richesses cachées.

« Avant de quitter cet intéressant sujet, je dois dire qu'à mon retour du Sacramento, je me suis arrêté au Nouvel Almaden, à la mine de mercure de M. Alexandre Forbes, consul de Sa Majesté britannique, à Tepic. Cette mine se trouve sur un éperon des montagnes, situé à un millier de pieds au-dessus du niveau de la baie de San-Francisco. Elle est éloignée d'environ douze milles. et dans la direction du sud, du Pueblo de San-José.

« Le minerai (cinabre) se présente sur une grande veine qui s'enfonce dans la montagne en décrivant un angle très-ouvert avec l'horizon. On emploie des ouvriers mexicains à l'extraire par des galeries d'environ six pieds de haut sur sept de large, et qui suivent les contours de la veine. Les fragments de roc et de minerai sont enlevés à dos d'Indiens, dans des sacs de cuir. A la sortie de la mine, on charge le minerai sur des tombereaux qui le descendent dans une vallée bien fournie de bois et d'eau, et où s'élèvent les fourneaux. Ils sont de la construction la plus simple, exactement semblables au four ordinaire des boulangers. Au sommet, ils sont couronnés par une marmite de baleinier, à laquelle une autre marmite renversée sert de couvercle; une ouverture pratiquée à ce couvercle conduit, par un canal en brique, à une chambre, au fond de laquelle est placé un chaudron de fer. Cette chambre a une bonne cheminée.

« Tous les matins, on remplit les marmites de minerai concassé et mêlé de chaux, puis on allume le feu et on l'entretient jusqu'à la nuit. Le mercure se volatilise, passe dans la chambre, se condense sur ses parois, et retombe dans le récipient qui lui a été préparé. On n'emploie pas d'eau pour opérer la condensation.

« Lors d'une visite qu'au printemps dernier j'ai faite à cette mine, quatre fours, comme celui que je viens de décrire, étaient en activité, et, pendant les deux jours que j'ai passés sur les lieux, ils ont produit 656 livres pesant de mercure, qui se vendait alors 1 dollar 80 c. (9 fr. 75 c.) la livre à Mazatlan. M. Walkinshaw, le directeur actuel des travaux, me mande que la veine est devenue beaucoup plus abondante, et qu'elle rend assez pour lui permettre de garder ses ouvriers, même dans ces temps extraordinaires.

« Cette mine est très-précieuse par elle-même, et l'est d'autant plus, qu'on emploie le mercure à l'extraction de l'or et de l'argent. On ne l'emploie pas en Californie pour cet objet, mais il faudra bientôt y avoir recours. Quand j'ai visité cette mine, on faisait des recherches aux environs pour découvrir d'autres veines, mais on n'a encore rien trouvé d'important. Cependant la couleur du sol, tout aux alentours, ne permet pas de douter qu'il ne renferme des gisements considérables. Au 15 juillet dernier, le magasin de M. Forbes contenait environ 2,500 livres pesant de mercure.

« J'envoie, joints à ce rapport, treize échantillons d'or qui m'ont été fournis pour être offerts au gouvernement par les personnes dont les noms sont mentionnés sur les enveloppes des paquets. J'y ajoute deux cent trente onces d'or achetées par mon ordre à San-Francisco, que je vous adresse comme échantillon des produits donnés par les mines du Sacramento. C'est un mélange de tous les ors fournis par les diverses parties du *Gold-Distreet*.

« Signé : R.-B. Masson. »

Quartier-général de Monterey, le 10 septembre.

Après la reproduction des pièces officielles, nous avons cru devoir mettre sous les yeux du public les *Prospectus*, etc. des *diverses Sociétés*, afin de faire connaître les combinaisons sur lesquelles elles sont basées.

Dans ces *prospectus, statuts,* etc., chaque Société a exposé elle-même ses moyens d'action, ses combinaisons. Nous n'avons pas qualité pour nous ériger en juges entre ces différentes combinaisons : le public a sous les yeux les éléments qui peuvent former sa conviction : c'est à lui qu'il appartient de choisir les entreprises qui semblent lui présenter le plus d'éventualités de succès,

SOCIÉTÉ GÉNÉRALE

Des MINES D'OR et du COMMERCE de la CALIFORNIE.

Les découvertes qui ont eu le plus d'influence sur les destinées des nations ont eu toutes des causes d'une simplicité extrême. Celle qui vient d'avoir lieu en Californie est assurément de ce nombre.

Un ex-officier de la garde royale, le capitaine Sutter, que la révolution de 1830 avait décidé à aller s'établir dans cette contrée, a fondé un établissement non loin de Monterey. L'importance de cet établissement ayant nécessité l'adjonction d'une scierie, M. Marshall fut chargé de cette construction.

Cet ouvrier, rencontrant un obstacle au percement du sol, employa un moyen qui fit jaillir une source d'eau. Des paillettes brillantes couvrirent tout-à-coup la terre ; le charpentier y découvrit de l'or.

Des expériences nouvelles se firent, des recherches plus attentives eurent lieu, et bientôt on fut convaincu que la plaine qui longe le fleuve était une vaste mine métallique. Pour faire comprendre toute l'importance du fait qui venait de s'accomplir et qui doit exercer une si puissante influence sur le sort des peuples civilisés, qu'il nous soit permis d'esquisser la description du pays qui fait l'objet de cet article. Cette description géographique sera, en outre, utile à l'intelligence plus complète des nouvelles qui nous parviennent chaque jour des régions aurifères.

La Haute-Californie se divise en deux parties : l'une à l'est, l'autre à l'ouest.

La première s'étend depuis les Montagnes Rocheuses jusqu'à la grande Cordillère de la Sierra-Nevada ; elle est complétement déserte. La seconde est au couchant de la grande Cordillère de Sierra-Nevada et s'étend jusqu'à l'océan Pacifique. Cette partie est la seule où soit entrée l'armée américaine lors de la guerre avec le Mexique ; c'est également la seule avec laquelle les Américains aient eu, de tous temps, des relations commerciales.

La Sierra-Nevada est une portion de la Cordillère, cette chaîne de montagnes qui, sous différents noms, forme une ligne parallèle à la côte depuis la péninsule de la Basse-Californie jusqu'à l'Amérique russe. Cette Cordillère partage la Californie en exerçant une influence directe sur le climat, le sol et les productions de chacune de ces deux parties.

D'un côté, elle reçoit sur ses flancs les vents chauds et humides venant de l'océan Pacifique ; et de l'autre, des vents froids et secs qui traversent le Désert ; de là la différence des deux régions, l'une chaude et fertile, l'autre froide et stérile.

Du côté de l'est, pendant le mois de décembre, les rivières sont gelées, les plantes mortes, les arbres dépourvus de leurs feuilles, tandis que du côté de l'ouest, à la même époque, l'atmosphère est tiède et la végétation avancée. D'un côté c'est le mois de décembre, et de l'autre le mois d'avril.

C'est à l'ouest, entre la Sierra-Nevada et la mer, que se trouve la Californie ; c'est la seule habitée.

Après ces détails géographiques, l'ouvrage que nous venons de citer ajoute :

« Dès le seizième siècle, on connaissait l'existence des mines ; mais, par des circonstances peut-être providentielles, ces mines échappèrent à la rapacité des Espagnols, pour venir, trois siècles plus tard, mettre le comble à la fortune des États-Unis, ce peuple neuf, appelé à de si hautes destinées.

« Depuis longtemps, les Américains du Nord enviaient cette contrée, dont ils ignoraient les richesses matérielles, mais dont ils envisageaient l'heureuse situation.

« En 1846, dès que la guerre eut éclaté entre les Mexicains et les Américains, ces derniers se portèrent immédiatement vers la Californie, et s'emparèrent de Monterey pendant que le général Taylor se dirigeait vers la Vera-Cruz.

« La guerre ne fut pas longue, et les Mexicains se trouvèrent heureux d'y pouvoir mettre un terme en abandonnant à leurs vainqueurs le nouveau Mexique et la Californie. Le traité est du 2 février 1848, et c'est peu de temps après qu'eut lieu l'importante découverte du capitaine Sutter, dont il a été question plus haut.

« Les terrains contenant de l'or occupent une étendue d'environ cent cinquante lieues du nord au midi, et de soixante lieues de l'est à l'ouest.

« On trouve l'or dans les sources, dans les lits des rivières, sur les montagnes.

« Les endroits où l'or est le plus abondant sont parsemés de gros graviers et couverts d'une terre jaune qui semble annoncer aussi le voisinage de l'or.

« L'or fin se rencontre dans le bas des sources, à l'état d'écailles légères ou de paillettes, et à mesure qu'on remonte ces sources, les morceaux deviennent plus volumineux ; — il abonde dans les crevasses des roches, dans les lits desséchés des torrents, d'où il suffit d'une bêche pour le retirer. — Nous avons également remarqué des veines métalliques traversant dans toutes les directions des roches entières.

« Il est impossible d'apprécier par des calculs l'étendue des dépôts d'or de la Californie ; on en retire en énorme quantité de presque toutes les rivières, Fexter, Yuba, Bear, Furk-Américain, comme sur les bords du Cosummes, du Stanislaüs et du San-Joaquin ; on l'a trouvé à Rodiga, sur la côte comme sur le sommet des montagnes.

« On peut donc considérer les mines de la Californie comme inépuisables, l'or y étant tellement mêlé à la terre qu'il semble faire partie du sol ; ce qui résulte évidemment de l'affaissement des montagnes et de la dissolution de leurs éléments principaux.

« La finesse de l'or varie de 892 à 897 millièmes. »

Dernièrement encore, une illustration du professorat français, M. Blanqui, les répétait devant un auditoire nombreux, au Conservatoire des Arts-et-Métiers. Pour donner une grande autorité à ses paroles, le savant professeur a montré plusieurs échantillons d'or californien, en exprimant le regret de ne pouvoir soumettre à l'assistance un morceau pesant trente livres, et que la ville de Lille venait d'acquérir pour son Musée.

L'or, malgré son extrême abondance, son incroyable abondance, puisque M. Blanqui a déclaré dans son cours que les récits, malgré leur merveilleux, étaient encore au-dessous de la réalité, n'est pas la seule richesse que possède la Californie. Faisons encore un emprunt à la brochure excellente qui nous a déjà été si utile, comme on a pu le voir plus haut :

« Le résultat des essais faits à la monnaie de Philadelphie sur l'or envoyé de la rivière du Sacramento est de plus en plus satisfaisant. Mais une nouvelle source de richesse a été découverte aussi sur ces bords privilégiés. C'est le cinabre, que l'on y recueille en très-grande abondance, et dont la qualité paraît très-supérieure. Les expériences du directeur de la monnaie prouvent que ce cinabre natif donne, à la distillation, plus de 40 pour 100 de mercure.

« La Californie possède aussi des mines d'argent et de platine dont l'abondance est incontestable, et tous ceux qui ont parcouru ces parages affirment qu'il y a sur les côtes des bancs d'huîtres perlières de la plus grande richesse.

« Dès le seizième siècle, les voyageurs signalèrent la beauté des perles dont les Indiens du littoral se paraient les bras et le cou. On ne peut donc hésiter à croire que s'il s'établissait sur les côtes de la Californie des pêches sérieuses, on y trouverait des monceaux de perles d'autant plus riches que, les Indiens ayant déserté la côte, elles ont dû s'y accumuler. »

Après ces citations, nous ne pouvons résister au désir d'en faire une autre qui donnera une idée des procédés employés par les indigènes pour recueillir l'or ; cette citation prouve que, si l'exploitation actuelle est aussi féconde que cela est établi par les documents officiels, elle le sera bien davantage par des procédés tels que l'art sait en appliquer. Nous citons :

« Le plus grand nombre des Indiens opère à l'aide d'un appareil grossier appelé boiceau, porté sur une bascule, ayant six à huit pieds de long et garni d'une grille ou d'un crible grossier.

« Il faut quatre hommes pour travailler avec une machine ; l'un d'eux enlève le sable sur le bord de la rivière, l'autre le jette dans l'appareil, le troisième tient la machine en mouvement, le quatrième puise de l'eau et la précipite sur le sable.

« L'or ainsi lavé se détache facilement ensuite, en le vannant, du sable fin auquel il aurait pu rester adhérent.

« D'autres se bornent à recueillir le sable aurifère dans des sébiles ou des casseroles ; ils le jettent dans des paniers à jours, à l'aide desquels ils opèrent un lavage grossier qui leur permet d'extraire d'abord les grains d'un certain volume ; ensuite ils font sécher le sable mêlé de poudre d'or et le vannent comme nous l'avons dit plus haut. Par ce dernier mode, il y a encore des Indiens qui en recueillent pour cent dollars par jour, *somme égale à environ cent trente francs.*

« Voici une troisième manière : — Pour séparer l'or de la terre qui l'enveloppe, on le jette dans des écuelles d'étain remplies d'eau, ou dans tout autre vase qu'on peut y substituer. — On imprime à ces écuelles ou à ces vases un mouvement circulaire qui fait détacher les parties les plus fines de la terre qui absorbe le liquide, tandis que le gravier forme une couche facile à enlever avec la main.

« L'or reste au fond de l'écuelle avec un sable noir et ferrugineux qui conserve la couleur et l'apparence de la poudre à sécher l'encre. — Ce qui demeure (or et sable) s'étend sur des morceaux de drap au soleil, jusqu'à ce que le tout soit entièrement séché ; alors on chasse le sable avec la bouche ou bien avec un soufflet, et l'or, étant une matière plus lourde que la poussière, reste sur les morceaux de drap.

« Cette dernière méthode offre un grand inconvénient ; car la vivacité du souffle peut enlever et disperser une grande quantité d'or très-fin qui se trouve perdu. »

Comme on le voit par les détails qui précèdent, la Californie offre un vaste champ à une exploitation active et intelligente. On l'a compris déjà. Depuis un an des émigrants nombreux se dirigent vers cette terre féconde en richesses de tous les genres. La Californie, inhabitée, presque inconnue il y a deux années, à peine parcourue par des tribus indiennes, voit s'élever de toutes parts sur son sol des villes et des villages. Tout annonce que d'ici à vingt ans une population de mineurs et de cultivateurs changera en vastes champs d'exploitations diverses une région jusque-là improductive. D'ici à cette époque, un nombre immense d'émigrants y aura rencontré la fortune, poursuivie en vain dans la patrie par des existences laborieuses et à travers de stériles privations.

La Californie est comme tous les pays qui, par des causes différentes, sont demeurés inaccessibles à la civilisation. Les tribus qui la parcourent n'ont établi nulle part la trace d'une habitation permanente. C'est à peine si on trouve çà et là de rares villages placés à des distances souvent d'une ou de deux journées. Il est bien entendu que nous ne parlons pas ici de San-Francisco et de Monterey, espèces de termes plantés comme pour attester dans ces régions la puissance des races européennes.

Les émigrants n'ont donc pas à espérer d'y rencontrer un toit pour les abriter pendant leur sommeil ; ou si le hasard leur en présente un, c'est au prix de sacrifices qui absorbent une partie considérable de leurs gains. Les émigrants se voient donc forcés de passer leurs nuits sur la terre, exposés à tous les inconvénients d'une température toujours froide et humide. Cette situation toute nouvelle, tout exceptionnelle, ne tarde pas à provoquer des fièvres violentes dont les suites sont meurtrières pour la plupart du temps.

Cet inconvénient, déjà très-grave, n'est assurément pas le seul qui soit particulier à la Californie. Dans ce pays, tout le monde est mineur ; nul n'est agriculteur, nul n'est producteur industriel. Il en résulte une absence continuelle de vivres, de vêtements, d'outils, et généralement de tous ces objets qui sont d'une impérieuse nécessité. L'émigrant peut parfaitement mourir de faim et de froid à côté des plus volumineuses pépites d'or.

Il y a cependant depuis quelques mois de nombreux navires qui échangent contre les minerais des aliments consistant ordinairement en mauvais biscuits et en viandes salées. Ce genre de nourriture, joint à l'obligation de coucher presque nu sur la terre, est la cause la plus active des maladies subites qui frappent et déciment les émigrants.

M. Blanqui a fort bien constaté ces dangers en les signalant à l'attention des personnes qui ont le désir de tenter un voyage en Californie. On ne saurait le nier, ils sont de nature à effrayer les volontés les plus énergiques, et à les éloigner d'un projet que les résultats connus ont rendu si naturel. Mais ces dangers sont-ils insurmontables ?

Ils ne peuvent exister que pour les *travailleurs isolés*, exposés, en raison de leur isolement, à tous les accidents. Distribués par groupes, ils peuvent se placer dans la situation d'une armée d'occupation temporaire. S'ils ont eu la précaution de se placer sous le patronage, avant de partir de France, d'une compagnie spéciale, ils sont assurés d'avoir constamment des vivres, des vêtements, des outils, des machines, et surtout un toit.

Il est vrai qu'en s'affiliant à une entreprise de cette nature, on n'a plus le droit de garder pour soi tout ce qu'on rencontre d'or, mais on est certain d'être protégé, d'être nourri, d'être vêtu et d'être au moins abrité dans une demeure saine contre les intempéries d'un climat étranger. Et d'ailleurs, cet inconvénient ne disparaît-il pas quand on songe qu'on ne perd qu'un cinquième, et que pour l'emploi de machines on peut recueillir deux fois plus de métal avec beaucoup moins de peine ?

Actions de....... — (Voir page 32.)

LA CALIFORNIENNE

———◆———

La Société a été définitivement constituée le 16 avril 1849, par acte passé devant M⁰ Thion de la Chaume, notaire, rue Laffitte, n° 3, à Paris, et le dépôt de cet acte et sa publication ont été faits au greffe du Tribunal de commerce de la Seine, à Paris, le 24 avril 1849.

La Société est formée pour le commerce d'exportation, et l'exploitation des mines d'or et autres de la Californie.

La raison sociale est Ch. Hochgesant et compagnie.

Sa durée est fixée à 50 années, à partir du premier janvier 1849.

Le Capital social est fixé provisoirement à cinq millions de francs, divisés en 60,000 Actions de 100 francs chacune.

Les fonds provenant des Actions sont déposés à la Banque de France. Le Directeur général ne peut en disposer que pour les besoins de la Société, et il doit, par des pièces comptables, justifier de leur emploi au Conseil de surveillance.

Les Actions sont nominatives ou au porteur. Le titre définitif de l'Action n'est remis qu'après le paiement intégral de l'Action.

Il sera donné des titres définitifs d'Actions, entièrement libérées, contre des marchandises propres à l'exportation.

Les Actions donnent droit à un intérêt annuel de 5 0/0, après un prélèvement de 10 0/0, pour fonds de réserve, sur les bénéfices réservés aux Actions; le surplus est réparti comme dividende de la manière suivante :

75 0/0 aux Actionnaires;
15 0/0 au Directeur général ;
5 0/0 au Conseil de surveillance ;
5 0/0 aux Employés et aux Représentants de la Compagnie.

Le Directeur général fournit un cautionnement de cinquante mille francs en Actions.

Un Conseil de surveillance, composé d'Actionnaires, suit et surveille toutes les opérations de la Société, tous les actes du Directeur général; il vérifie la caisse, le portefeuille, les livres, la correspondance, quand il le juge à propos.

Un inventaire sera fait chaque année, au 31 mars, soumis à l'examen du Conseil de surveillance et à l'approbation définitive de l'Assemblée générale des Actionnaires, ayant lieu le 5 mai de chaque année, à deux heures de relevée, et pour la première fois le 5 mai 1850, au siège de la Société.

Les Actionnaires propriétaires de 50 Actions, de même que plusieurs Actionnaires réunissant ensemble 40 Actions, pourront se faire représenter, s'ils le veulent, aux Assemblées générales, par un mandataire, pourvu que celui-ci soit lui-même propriétaire de 10 Actions, et que, muni de celles de ses mandants, il les ait déposées avec les siennes au siége de la Société, deux jours au moins avant la réunion de l'Assemblée générale.

Les Actionnaires ont droit à autant de voix qu'ils ont de fois 50 Actions : toutefois, un Actionnaire ne pourra avoir plus de dix voix, quel que soit le nombre des Actions qu'il possède ou qu'il représente.

Les réunions des Actionnaires en Assemblées générales ordinaires ou extraordinaires se constitueront sous la présidence du Président du Conseil de surveillance, et en son absence sous celle du plus âgé des membres de ce Conseil.

Départ du Havre pour la Californie effectué par la société la Californienne de Paris.

On lit dans le *Journal du Havre* :

« Deux jours avant la sortie du *Jacques-Laffitte*, dont le départ pour la Californie vient d'être effectué, une fête de famille avait eu lieu dans nos murs : les travailleurs-associés de la Compagnie *la Californienne de Paris* s'étaient réunis au nombre de soixante dans un banquet qu'ils ont offert au Directeur général de Paris, M. Ch. Hochgesangt, et à leur chef d'expédition, M. Gaillard, ancien maire de Saint-Grégoire-d'Ardennes (Charente-Inférieure).

« Cette fête, où se trouvaient réunis des hommes qui, pour la plupart, ne se connaissaient point quelques jours auparavant, et qui devenaient, à partir de ce moment, des amis et des frères, s'est terminée par une bonne action.

« Une collecte a été faite entre les travailleurs et les Directeurs: le produit s'est élevé à la somme de 102 francs 50 cent., qui a été remise à M. le maire du Havre, pour être distribuée aux pauvres de cette ville.

« Le lendemain, dimanche, toute l'Association s'est rendue en corps à l'église Notre-Dame, pour entendre une messe d'intercession à la Vierge.

« L'office terminé, M. Herval, vicaire de Notre-Dame, a adressé quelques paroles de remercîment aux travailleurs pour leur bonne œuvre envers les pauvres.

« Les associés-travailleurs de la Société mutuelle *la Californienne*, embarqués sur le *Jacques-Laffitte*, ont adressé la lettre suivante à leur directeur :

A M. *le Directeur de* LA CALIFORNIENNE.

« Monsieur le Directeur,

« Les associés-travailleurs de *la Californienne* quitteraient avec peine la France s'ils partaient sans vous exprimer leur reconnaissance pour les soins que vous avez apportés à l'organisation de la Société et ceux dont vous avez entouré leur départ. Ils ont confiance dans la réussite d'une entreprise à laquelle vous aurez si largement contribué. Comptez sur leur concours et leur union pour assurer, dans la proportion de leurs forces, un succès commun.— Recevez, Monsieur le Directeur, l'assurance de notre estime et de notre confiance.

« Signé : Dupont jeune, Grassat, Brizevin, Gambert, *Délégués des travailleurs partant sur le navire* le Jacques-Laffitte. »

On lit dans *le Constitutionnel* :

« Nous avons annoncé le départ pour la Californie du navire *le Grétry*, ayant à bord 90 passagers, expédiés par la compagnie *la Californienne*, C'est le deuxième départ d'associés-travailleurs effectué par cette compagnie.

« Jamais entreprise de ce genre n'aura été tentée, d'ailleurs, dans de meilleures conditions de sécurité. La compagnie *la Californienne* a mis à la disposition des travailleurs tous les moyens qui peuvent assurer le succès de l'entreprise; rien n'a été non plus négligé par la Compagnie de ce qui pouvait, pendant le voyage, assurer le comfort et le bien-être des émigrants. La lettre suivante, adressée à M. Hochgesangt, en fournit un honorable témoignage :

« Monsieur le Directeur,

« Au moment de quitter le sol de la mère-patrie, permettez-nous de vous exprimer notre reconnaissance, pour les soins intelligents que vous avez apportés à la bonne organisation de l'expédition.

« Les associés-travailleurs soussignés, au nom de leurs camarades, vous adressent leurs sincères remercîments; croyez-bien qu'ils contribueront, par leur union et leur zèle, dans toute la mesure de leurs forces, à rendre votre tâche plus facile pour assurer le succès de l'entreprise dont vous êtes le digne organisateur.

« Nous vous embrassons de tout cœur.

« ROBIN, chevalier de la Légion-d'Honneur, ex-capitaine du 22ᵉ bataillon de la garde mobile. —DUTINTRE, propriétaire (Sarthe).—BOUCHARD, propriétaire (Ardèche).—DE LARIVIÈRE, ancien négociant, à St-Ouen, près Paris.—TRIGALET, émigrant belge, *délégués par leurs camarades.* »

Extrait du rapport de M. Ch. Hochgesangt, directeur de la Californienne présenté aux Actionnaires réunis en Assemblée générale.

MESSIEURS,

J'ai l'honneur de vous présenter le compte des opérations de *la Californienne*. Dès son début, notre entreprise a été pénible, difficile : on n'était pas bien fixé sur la richesse des terrains aurifères de la Californie; les capitaux se hasardaient timidement dans une entreprise qui devait s'exécuter à plus de trois mille lieues de Paris ; on craignait aussi que les travailleurs de la Compagnie n'allassent travailler pour leur propre compte.

Aujourd'hui, Messieurs, la situation est complétement rassurante : on connaît d'une manière authentique la grande richesse des gisements aurifères de la Californie. Les lettres des maisons de commerce, les nombreux travailleurs revenus de ce pays avec de grandes quantités d'or, amassées en quelques mois, témoignent de la véracité des récits merveilleux des journaux.

Quant à nos travailleurs, leur propre intérêt doit nous les attacher et les retenir : sans les bienfaits de l'Association, ils n'auront ni matériel, ni vivres, ni machines décuplant le produit de leurs travaux. Par la division du travail, bien organisé, l'Association offre des ressources qu'ils ne trouveraient pas isolément. Et si quelques-uns d'entre eux se détachaient de la Société ou se faisaient expulser, la compagnie n'y perdrait rien : les actions qui leur ont été données en échange de la somme versée par eux pour leur passage redeviendront la propriété de la Société, en vertu des contrats qu'ils ont signés, et qui les rendent aussi passibles de dommages et intérêts s'ils n'exécutent pas leurs engagements : mais un règlement sévère, quoique paternel, assure l'accomplissement de leurs devoirs.

L'Association mutuelle des travailleurs en Californie est confiée à la direction d'un homme d'énergie, de loyauté, qui réunit les conditions nécessaires pour une semblable mission. J'ai la confiance la plus entière dans M. H. Gaillard, appartenant à une des plus honorables familles de la Charente-Inférieure, et jouissant d'une belle fortune en biens-fonds; il a donné sa démission des fonctions de maire de sa commune et de membre du conseil de son arrondissement, pour aller diriger notre exploitation en Californie. Il sera parfaitement secondé dans sa tâche, pour l'organisation et l'exécution, par M. Pommier, ingénieur d'un mérite reconnu et d'une aptitude toute spéciale pour l'exploitation des mines. J'espère que M. Fournier, sous-ingénieur, M. Chatelier, conducteur des ponts-et-chaussées, M. Vancrombrughe, comptable, partis aussi par la première expédition, faciliteront à MM. Gaillard et Pommier l'accomplissement de leurs mandats : —et M. l'abbé Renaut, du diocèse d'Agen, maintiendra l'harmonie et la concorde dans notre jeune colonie.

Les cent quarante-quatre associés-travailleurs embarqués sur le *Jacques-Laffitte* et le *Grétry*, formant la première et la deuxième expéditions, sont partis animés des sentiments les plus dévoués pour la Société. Ils avaient compris que de leur union dépendait leur bien-être, leur fortune future; aussi les lettres qu'ils ont adressées à la Direction expriment-elles leur entier dévouement à la Compagnie.

J'ai la confiance la plus entière dans le résultat que doivent produire ces deux expéditions, et la somme que j'ai envoyée à M. Gaillard, depuis son départ, jointe à celle qu'il aura réalisée par la vente des marchandises désignées dans les connaissements que je lui ai remis, sera plus que suffisante pour satisfaire aux premiers besoins de nos travailleurs à leur arrivée.

Pour donner une grande extension aux opérations de *la Californienne*, j'ai envoyé dans les chefs-lieux de départements des inspecteurs chargés d'établir des agences.

Les pays étrangers ont aussi été l'objet de mon attention. La Belgique a dépassé les espérances que j'avais conçues. La Compagnie a engagé dans ce pays beaucoup d'émigrants et elle y a obtenu une grande quantité de marchandises; mais ces résultats elle les doit en grande partie à l'activité et à l'intelligence de M. Mailliet, son agent général en Belgique. La Compagnie possède aujourd'hui des agences en Hollande, en Allemagne, en Suisse, en Italie et en Espagne. Elle a obtenu des souscriptions en Angleterre, malgré le grand nombre de sociétés qui s'y sont formées, et sans y avoir établi d'agence.

Trois nouveaux départs formant les 3ᵉ, 4ᵉ et 5ᵉ expéditions, se préparent sur trois navires *entièrement affrétés* par la Société. Jusqu'à ce jour, aucune des autres compagnies n'a fait un seul affrétement pour son propre compte. Le navire le *Uncas*, formant la 3ᵉ expédition, et qui mettra à la voile sous quelques jours du port d'Anvers, a son chargement presque complet en passagers et en marchandises (ces dernières appartiennent presque toutes à la Société).

La *Louisiana*, du Havre, va effectuer le quatrième départ vers le 15 juin prochain. La cinquième expédition, qui aura lieu d'Amsterdam, sur le navire le *Graff van Nassau*, du port de 1,400 tonneaux, se fera immédiatement après.

La situation de la Compagnie, qui compte à peine une année d'existence, est aujourd'hui, Messieurs, des plus satisfaisantes. Elle avait émis, au 31 mars dernier, 5,636 actions, représentant une somme de *cinq cent soixante-trois mille six cents francs*. D'ici quelques mois, j'espère recevoir des produits du travail des associés-travailleurs de notre première expédition.

J'ai l'honneur, Messieurs, de soumettre à votre approbation les comptes de la Société.

L'Assemblée a approuvé à l'unanimité les comptes de la gérance. Trois nouveaux membres du Conseil de surveillance ont été nommés : M. le général baron Dupin, M. l'abbé Chiapini, d'Asnières (Seine-et-Oise) et M. le comte Polydore de la Rochefoucauld.—Il a été décidé que les intérêts des actions émises avant le 31 mars dernier seraient payés à bureau ouvert. La situation prospère de la Compagnie permettant une prochaine suspension d'émission d'actions, le Gérant a été autorisé à ne plus en émettre sous peu de temps

---

Un troisième départ vient d'avoir lieu d'Anvers portant à plus de 300 les travailleurs de la *Californienne*, qui va effectuer un quatrième départ du Havre, de plus de 150 travailleurs.

Actions de...... (voir page 32).

L'AURIFÈRE

Les doutes ne sont plus permis sur la Californie ; ses produits fabuleux, ses immenses richesses, naguère contestés, sont aujourd'hui reconnus et constatés, jusqu'à la dernière évidence, tant par les documents officiels que par la correspondance et les récits des voyageurs, qui, tous, s'accordent pour confirmer, de la manière la plus positive, les premières informations qui nous sont parvenues, c'est-à-dire que le nouvel Eldorado renferme des richesses cent fois plus abondantes que toutes celles connues jusque là, qu'elles sont d'un accès facile, et qu'il suffit pour se les approprier d'entreprendre avec intelligence courage et une résolution persévérante l'exploitation des terrains aurifères.

Et cependant, il faut l'avouer, toutes les nations du globe nous ont devancés dans cette pacifique et riche conquête ; les Anglais d'abord, et, après eux, les divers peuples civilisés des deux Amériques ; les Chinois même, ce peuple si éminemment stationnaire, les Chinois se sont émus aux récits de tant de merveilles, et déjà de nombreuses émigrations s'élancent du céleste Empire, traversent les mers du sud pour aller réclamer leur part de cette moderne Toison d'or.

La France, hier encore, railleuse et sceptique, est aujourd'hui attentive ; la vue des richesses acquises par ses voisins lui fait enfin comprendre qu'elle ne peut plus longtemps méconnaître ses intérêts matériels, et déjà quelques milliers de nos hardis travailleurs se rendent sur les fortunés rivages du Sacramento.

Comme l'évidence éclate à tous les yeux, la confiance s'infiltre dans les esprits : le moment est donc venu de seconder cette légitime ambition, ce mouvement, qui entraînent nos courageux compatriotes à ce rendez-vous de tous les peuples du monde.

C'est à ce point de vue, et pour répondre à de nombreux et honorables encouragements, que nous avons fondé la Compagnie l'AURIFÈRE.

Pour atteindre ce but, nous faisons appel à l'association intelligente du capital et du travail.

La Compagnie l'AURIFÈRE se produit d'ailleurs dans des conditions qui ne peuvent manquer de lui être favorables, puisqu'elle reprend, en quelque sorte, la suite des opérations de son aînée, la Compagnie *dite des Mines d'Or*, dont le capital est réalisé, la souscription close, le succès assuré, et que ses principaux éléments, ses bases d'organisation, sont adoptés par celle-ci.

Ajoutons que la direction supérieure de la Compagnie est confiée à M. Thévelin, ancien contrôleur des dépenses de la Maison d'Orléans, et, du reste, déjà bien connu par les nombreux souscripteurs de la Compagnie qui nous précède en sa qualité de Président du Conseil de surveillance, et dont les lumières et l'expérience sont pour l'*Aurifère* un gage de prospérité.

Comme nous l'avons dit, la Compagnie s'est constituée pour organiser, dès à présent, un premier convoi de cent travailleurs qui partiront dans le courant du mois de mars prochain.

L'expédition sera pourvue de mécaniques ou tables sibériennes pour le lavage et l'amalgamation des sables aurifères. Ces tables fonctionnent et donnent aujourd'hui, en Californie, des résultats considérables ; nous pouvons, sans crainte d'exagération, d'après les derniers documents arrivés de San-Francisco, donner un aperçu des bénéfices qu'on peut obtenir.

100 travailleurs dans la proportion de 1 à 20 (au lieu de 1 à 82 que les machines obtiennent réellement) représentent, en Californie, 2,000 hommes, en évaluant la journée moyenne d'un chercheur d'or isolé à 30 grammes ; celle de 100 travailleurs sera de 60 kilogrammes ; pour un mois de 24 jours de travail, le produit serait de 1,800 k., et pour l'année de huit mois (déduction faite de la mauvaise saison), 14,400 kil., à 3,000 francs le kil.,

	fr.	c.
produiraient une somme de	43,200,000	»
Frais supposés. 500,000		
A déduire 10 p. 100 pour la répartition annuelle des primes. . . . 4,320,000		
	4,320,000	»
Reste net. . .	38,380,000	»

Les 2/5 appartenant aux cent travailleurs seront de	15,352,000	»
Soit pour chacun et pour un an .	153,520	»
Et pour les deux années de son engagement.	307,040	»
Les 2/5 à répartir aux 30,000 actions réalisées.	15,352,000	»
Donnent, pour chaque action et pour un an.	511	73
Et pour les six années que doit durer la Société.	3,070	38
Dans le cas de prorogation prévue par les Statuts le produit d'une action peut s'élever au double, soit. .	6,140	76

Outre les avantages qui précèdent, tout Souscripteur de cinq actions a droit :

1° Au *Bulletin* ou *Journal mensuel* qui sera publié aussitôt l'expédition du premier convoi. Ce journal a pour objet de transmettre aux Actionnaires toutes les informations qui peuvent les intéresser sur les opérations progressives de la Compagnie, la correspondance, les renseignements, documents officiels et autres se rattachant à l'exploitation des mines ;

2° A l'une des primes résultant de l'art. 23 des Statuts, et dont la répartition aura lieu, chaque année, en assemblée générale. Ces primes seront de 1,500, 1,000, 800, 500, 300 et 200 francs ;

3° Tout Souscripteur de cinquante actions recevra, à titre de prime, deux actions ;

4° Enfin, tout Souscripteur de cent actions recevra, au même titre, cinq actions ; les Travailleurs sont nécessairement compris dans cette catégorie.

Les Travailleurs recommandés par les Actionnaires sont acceptés de préférence.

MM. les Actionnaires sont priés de propager la souscription dans l'intérêt de l'entreprise.

MM. les Souscripteurs sont priés de donner lisiblement leurs nom, commune, bureau de poste et leur département, s'ils veulent recevoir exactement leurs titres par le retour du courrier.

Tout Souscripteur recevra les Statuts et règlements des Travailleurs imprimés séparément.

Suivant acte passé devant Mꝭ Dentend et son collègue, notaires à Paris, le 26 janvier 1850, il a été formé entre M. Thévenin, comme Gérant, et toutes les personnes qui deviendront propriétaires d'actions, une Société en commandite sous la dénomination de l'Aurifère, Compagnie universelle des Mines d'or de la Californie, au capital de 800,000 francs, divisé en 80,000 actions de 10 francs chacune, dont le montant sera versé en souscrivant dans la caisse sociale.

Les actions sont au porteur, elles seront signées par les Gérants ; elles porteront un timbre sec et humide, et seront détachées d'un livre à souche.

Une première émission sera faite de 30,000 actions,

devant servir à la première expédition de Travailleurs. Il ne sera fait d'autre émission qu'en cas de nécessité absolue et avec l'autorisation du Conseil de surveillance; ces 30,000 actions seront divisées en 6,000 séries de cinq actions chacune.

Les fonds provenant de la souscription seront déposés à la Banque de France ou dans une caisse du Trésor public, et ne pourront être retirés que pour les besoins de la Société et avec l'autorisation de deux membres du Conseil de surveillance, qui seront délégués à cet effet; les Gérants pourront avoir en caisse un roulement de 5,000 francs au plus.

La Compagnie fera l'exploitation des mines et rivières de la Californie par des moyens mécaniques créés à l'effet du draguage des rivières et cours d'eau, et du lavage des terres d'alluvions et sables aurifères avec l'application du système d'amalgamation.

La durée de la Société est de six années, et elle pourra être prorogée de six autres années par décision de l'Assemblée générale des Actionnaires.

La Société est constituée à compter du 26 janvier 1850.

Il sera alloué, à titre de prime, à tout Souscripteur de cinquante actions, deux actions; et à ceux de cent actions, cinq actions.

Les Gérants nommeront un Directeur qui aura pour mission de diriger l'expédition en Californie par lui-même, sans pouvoir se faire remplacer.

Cette expédition sera accompagnée d'un Aumônier, d'un Ingénieur, d'un Médecin.

Pour être admis comme Travailleur de la Compagnie, il faut verser dans la caisse sociale une somme de 1,000 francs qui sera convertie immédiatement en cent actions de 10 francs, lesquelles resteront déposées dans la caisse du dépôt établie au siége social à titre de garantie des obligations qui seront prises par chacun des Travailleurs.

Tout Travailleur a droit à son transport, aller et retour, à sa nourriture, à son entretien, le tout gratuitement.

La durée de l'engagement d'un Travailleur sera au moins de deux années entières et consécutives à dater du jour où le navire quittera le port; à son expiration il aura le droit de renouveler son engagement.

Tous les mois, le Directeur de 'expédition en Californie devra expédier à la Société les produits des opérations, qui seront répartis, après déduction faite des frais généraux, dans le mois qui suivra la réception des valeurs, de la manière suivante: deux cinquièmes aux actions souscrites et réalisées, deux cinquièmes aux Travailleurs de la Société, un cinquième à la Gérance, dans laquelle sont compris les Gérants, Directeur, Ingénieur, Médecin, Aumônier, etc.

Il sera prélevé dix pour cent sur les bénéfices généraux pour former un fonds de réserve qui sera réparti à titre de prime tous les ans entre les 6,000 séries émises et réalisées dans des proportions déterminées par les Gérants et agréées par le Conseil de surveillance.

Il sera distribué des secours aux veuves et orphelins des Travailleurs et autres attachés décédés.

Les Actionnaires sont représentés dans leurs rapports sociaux par un Conseil de surveillance. Ce Conseil sera composé de sept membres élus en assemblée générale, pris parmi les Actionnaires porteurs d'au moins cinquante actions: ils choisiront entre eux un président et un secrétaire.

Pour être admis en assemblée générale, il faut être propriétaire de cinquante actions au moins, et les titres doivent être déposés à la caisse sociale, contre récépissé, huit jours avant celui de la réunion qui, lui-même, sera annoncé par lettres, et dans les trois journaux d'annonces légales quinze jours à l'avance.

Chaque Actionnaire aura autant de voix qu'il aura de fois cinquante actions, sans toutefois qu'il puisse avoir plus de trois voix.

Toutes les délibérations des assemblées générales seront obligatoires pour tous les porteurs d'actions.

Les Actionnaires, en aucun cas, ne peuvent être soumis, sous quelque prétexte que ce soit, à un appel de fonds ni à aucun rapport de dividendes perçus.

En cas de décès d'un Gérant ou intéressé, ou de la femme de l'un d'eux, les héritiers ne pourront, en aucun cas, faire apposer les scellés sur les titres, papiers ou biens de la Compagnie; ils devront s'en rapporter au dernier inventaire qui établira les droits du défunt.

Actions de...... (voir page 32).

LA BRETONNE

———◇———

La Bretonne s'est formée sous les auspices de plusieurs propriétaires de la Bretagne qui ont en vue de donner une nouvelle impulsion à l'agriculture en l'introduisant sur le sol de la Californie.

Le but de la Compagnie est d'envoyer des travailleurs en Californie pour y recueillir le précieux minerai d'or que renferme son sol ; mais en même temps que la direction *envoie des travailleurs à la recherche de l'or*, elle veut leur assurer le bien-être et les moyens de faire promptement fortune.

Pour arriver à ce double résultat, elle a pensé que le meilleur moyen était de fonder d'abord un établissement agricole qui permettrait aux travailleurs chercheurs d'or de vivre à bon marché, dans un pays où les produits sont cotés aux prix les plus exagérés, et cela par l'absence complète de culture.

Il fallait donc remédier à cet inconvénient, et, en même temps que les travailleurs allaient chercher l'or, on devait aussi leur garantir la réalisation de grands bénéfices qui profiteraient à tous les intéressés.

Cette pensée a été le guide des fondateurs de la Société, et pour la mettre à exécution la Direction de La Bretonne envoie à ses frais des cultivateurs dirigés par un habile agriculteur, ancien élève de la ferme modèle de Grand-Jouan (Loire-Inférieure), munis de charrues dites *Dombasle* et de tous les instruments aratoires propres à la culture.

Ces hommes expérimentés vont fonder en Californie l'établissement agricole dont nous venons de parler, et demander à la terre les productions qui doivent nourrir ses enfants ; ils vont, les premiers, planter les jalons de la fortune sur ces rivages autrefois déserts et pourtant si fertiles !

Les encouragements qu'ils reçoivent des hommes sérieux qui s'occupent des classes laborieuses sont un sûr garant de leur dévouement envers la Société, dont ils deviendront le plus ferme appui.

Dans quelques mois, sous la main laborieuse de ces hommes de cœur, le sol californien aura donné à ses habitants les céréales, les légumes et toutes les productions nécessaires à la subsistance de l'homme ; ils auront ainsi réalisé la première condition de succès : vivre en travaillant et s'enrichir par l'économie.

Ce résultat obtenu, la Direction de La Bretonne organisera des départs réguliers d'associés travailleurs qui iront à leur tour demander au sol de la Californie, non plus ses richesses agricoles, mais ses richesses aurifères, qui sont immenses dans le pays.

Les travailleurs chercheurs d'or n'auront point à se préoccuper de leurs moyens d'existence ; la colonie agricole y aura pourvu d'avance, et ils trouveront dans ce pays des ressources qui, jusqu'alors, sont restées inconnues à ceux qui l'habitent.

Chaque expédition de travailleurs aura à sa tête un chef habile chargé de diriger et guider les hommes en Californie ; un ingénieur, un comptable et deux conducteurs de travaux feront également partie de l'expédition. La Société établira une ambulance à laquelle seront attachés un médecin, un aumônier et plusieurs sœurs de charité.

La Compagnie fournit des outils, des ustensiles, des armes, des vivres, des vêtements, des maisons en bois, etc., etc. ; de même qu'elle met à la disposition des travailleurs des machines à amalgamation pour le lavage de l'or, qui décuplent les produits tout en facilitant le travail.

Nous ne nous étendrons pas longuement sur ce point, désormais acquis, que l'or abonde en Californie ; à l'heure qu'il est, le doute n'est plus permis : il y a de l'or !... beaucoup d'or !...

Les moyens d'exploitation mis en usage font facilement découvrir ce précieux métal, et le travailleur devient bientôt riche ; mais aussi, que de privations à endurer, si une administration intelligente et prévoyante n'a su parer à toutes les nécessités de la vie !

Cet or, si abondant qu'il soit, suffit à peine aux dépenses journalières, car, dans ce pays inculte, rien n'existe, rien n'est créé pour nourrir l'habitant ; il faut demander à l'étranger et devenir son tributaire pour ce qui a trait aux moyens d'existence. La spéculation impose et des droits exorbitants : la cherté des vivres, la difficulté de s'en procurer, tout cela réuni fait qu'en gagnant beaucoup, le travailleur est obligé d'abandonner les *Placers* pour venir habiter les villes du littoral ; dans ces mois de chômage, les dépenses sont plus grandes, et, comme nous le disions plus haut, la spéculation s'étant emparée de toutes les denrées, il devient impossible de s'en procurer, si ce n'est à des prix fabuleux. On est obligé de subir la loi des accapareurs, qui pèse d'une manière si fatale sur le travail et l'activité de l'homme.

Les associés travailleurs de la Compagnie La Bretonne n'auront à redouter aucun de ces inconvénients ; la Direction a tout prévu. L'établissement agricole pourvoira abondamment à tous leurs besoins, et dans les moments de chômage ils viendront augmenter le personnel de la colonie agricole, où ils trouveront un abri et des distractions de toutes sortes.

Ils pourront encore contribuer au succès de l'entreprise, en se livrant à des travaux de culture dont le produit leur appartiendra.

Il y aura association mutuelle de tous les travailleurs entre eux : l'agriculteur nourrira le chercheur d'or, et celui-ci enrichira le cultivateur en s'enrichissant lui-même.

Ainsi, dans quelques années, sans avoir subi les privations auxquelles ont été soumis les premiers émigrants, les associés travailleurs de la Compagnie La Bretonne reviendront dans leur patrie jouir de la fortune qu'ils auront si honorablement acquise ; et les actionnaires dont les capitaux auront tant aidé à la prospérité de l'entreprise auront fait un placement certain. La Société appelle le travailleur et le capitaliste à profiter de toutes les richesses californiennes en les faisant participer tous deux aux bénéfices de l'exploitation agricole et des mines d'or ; le commerce, de son côté, trouvera un nouveau débouché à ses productions, car la Compagnie accepte des marchandises contre des actions.

C'est la Compagnie qui fait l'avance de tout ce qui est nécessaire aux travailleurs pour la nourriture, les vêtements, les armes, le logement, etc., etc. ; elle s'en rembourse sur les bénéfices de façon à ce que l'ouvrier n'a rien à débourser pour cet objet.

La répartition des produits recueillis se fera de la manière suivante :

Cinquante pour cent aux associés travailleurs, avant tout prélèvement, et *cinquante pour cent* à la Société.

Le partage, pour les travailleurs, s'opérera en Californie tous les trois mois, par les soins du Comptable nommé par la Direction.

La part revenant à la Société sera envoyée, toujours par les soins du Comptable, à la Direction générale, à Paris, qui, après prélèvement de tous les frais et dépenses généralement quelconques, en fera la répartition de la manière suivante :

Quatre-vingt pour cent aux Actionnaires,
Dix pour cent à la Gérance,
Cinq pour cent au Conseil de surveillance,
Et *cinq pour cent* aux employés de l'Administration

qui l'auront mérité par leur zèle et leur aptitude.

De cette façon, le capital est associé au travail, et chacun participe aux bénéfices de l'entreprise dans une proportion équitable.

Un conseil de surveillance est établi auprès de la gérance; il est composé d'hommes honorables, qui offrent toutes les garanties aux personnes qui voudront s'intéresser dans la Compagnie que nous venons de fonder sur les bases les plus solides et les plus vraies.

Pour devenir actionnaire de la Société, il suffit de souscrire une ou plusieurs actions, qui sont de 10 fr. chacune, et d'envoyer le montant, *soit en espèces* ou *en marchandises*, au Directeur-Gérant à Paris, ou aux sous-directeurs en province.

Le travailleur, aux termes de l'engagement dont copie est à la suite du présent prospectus, doit verser 800 fr. espèces, qui sont convertis en quatre-vingts actions de la Société, donnant droit au partage de tous les bénéfices sociaux; cette somme est affectée au prix du passage du travailleur, y compris la nourriture pendant la traversée.

On souscrit et l'on donne tous les renseignements au siége de la Société, et chez les représentants de la Compagnie en province.

La Société a été constituée suivant acte en date du 20 mars 1850, déposé chez Mᵉ Aumont-Thiéville, notaire à Paris, boulevard Saint-Denis, 19. La publication en a été faite conformément à la loi dans les journaux judiciaires et au tribunal de commerce de la Seine.

La Société est formée pour la culture des terres et l'exploitation des *Mines d'or en Californie*.

La raison sociale est Alphonse Fasquelle et Cⁱᵉ. La durée de la Société est fixée à huit années, à partir du 20 mars 1850. Son capital social est de 800,000 fr. divisé en 80,000 actions de 10 fr. chacune.

Le Gérant ne peut disposer des fonds provenant des actions que pour les besoins de la Société, et il doit justifier de leur emploi par des pièces comptables soumises au contrôle de surveillance.

Les actions sont au porteur; elles sont signées du Directeur-Gérant et revêtues du timbre de la Société.

Les actions donnent droit à 80 p. 100 sur les bénéfices nets dont la répartition se fait de la manière suivante : 80 p. 100 aux Actionnaires, 10 p. 100 au Directeur-Gérant, 5 p. 100 au Conseil de surveillance, 5 p. 100 aux employés et représentants de la Cⁱᵉ.

Un conseil de surveillance suit et surveille toutes les opérations de la Société et tous les actes du Gérant; il vérifie la caisse, le portefeuille, les livres et les pièces comptables.

Il sera fait chaque année un inventaire qui sera soumis au Conseil de surveillance et à l'approbation définitive de l'assemblée générale des actionnaires.

Les actionnaires seront convoqués aux assemblées par insertions dans les journaux, et s'ils le veulent, ils peuvent se faire représenter.

Le paiement des dividendes s'opère au siége de la Société, sur la simple présentation du titre d'action.

Le Directeur-Gérant est seul responsable.

Les actionnaires ne sont que simples *commanditaires*, et comme tels, ils ne peuvent jamais être engagés au delà du prix de leurs actions, et ne sont sujets à aucuns rapports pour les dividendes qu'ils ont touchés.

L'acte qui constitue la Société *la Bretonne* a été signé le 20 mars 1850, et publié conformément à la loi le 27 du même mois.

Dès le 17 mai suivant, un convoi de trente émigrants, organisé par ses soins, quittait le Havre sur le navire le *Pescatore*.

Aucune entreprise du même genre n'avait encore accompli aussi rapidement une expédition d'associés-travailleurs. Les émigrants de *la Bretonne* ont acheté eux-mêmes, avec les fonds de la Société, maison, tentes, outils, machines à lavage de l'or, instruments de toutes sortes; vêtements, lits, matelas, draps, couvertures, chaussures, vivres, graines, pharmacie, fusils de chasse, instruments de pêche, etc., etc., dont ils ont été abondamment pourvus.

C'est en accomplissant avec cette libéralité les conditions de son contrat avec les travailleurs que *la Bretonne* est sûre de constituer en Californie une agrégation de chercheurs d'or et d'agriculteurs d'autant plus compacte et d'autant plus productive pour ses actionnaires qu'elle sera maintenue par le lien le plus puissant de tous : l'intérêt personnel.

Ce n'est pas toutefois qu'elle ait cru pouvoir négliger les liens moraux si nécessaires à toute association, et la présence d'un respectable aumônier, qui sera bientôt secondé par un autre ecclésiastique, donnera aux familles des émigrants toutes les garanties possibles sur la direction de l'entreprise. Les mesures qu'elle a prises à cet égard lui ont valu déjà des sympathies précieuses qu'elle tiendra toujours à justifier.

Seule jusqu'à présent, *la Bretonne* a songé à tirer parti de l'élément agricole en Californie, où de vastes terrains, d'une fertilité inouïe, se concèdent à moins d'un dollar (5 fr. 35 c.) l'acre. — Une ample provision de semences de fourrages et de légumes, expédiée par le *Pescatore*, mettra les émigrants à même de se procurer des fourrages — et par le fourrage des bestiaux — des légumes — et par la culture potagère des vivres frais tous les jours, au grand avantage de la santé des travailleurs et à la grande économie des capitaux de la Société.

La ferme de *la Bretonne,* qui prendra nécessairement plus tard de vastes proportions, ne pouvait être située aux *placers*, dont le terrain est impropre à la culture et dont l'emplacement varie d'ailleurs d'après le choix et les découvertes des travailleurs; mais, placée à 12 ou 15 milles (4 ou 5 lieues) du centre des recherches d'or, cette ferme deviendra un lieu de refuge précieux pour les émigrants qu'une indisposition pourrait atteindre.

Les ressources commerciales que présente la Californie, devenue pour de longues années le marché le plus animé et le plus profitable de l'univers, n'ont point échappé à l'attention des fondateurs de *la Bretonne*, et des ordres ont été donnés à l'un des chefs de la deuxième expédition partie par le *Pescatore*, d'établir à San-Francisco un comptoir de vente et d'échange où la Compagnie pourra opérer le placement des marchandises qui lui sont offertes de toutes parts. — Les vins, les spiritueux, les étoffes et les substances alimentaires trouvent en Californie un placement assuré à des prix très-élevés. Le second convoi parti par le *Ferrière*, capitaine Grielen, magnifique navire de 1,300 tonneaux, emporte déjà des consignations qui fourniront un premier aliment à ce comptoir.

Après la troisième expédition que la Compagnie, liée par des engagements de travailleurs, ne peut se dispenser d'effectuer du 20 au 25 juillet par le *Joseph*, elle mettra un intervalle de deux mois au moins entre les départs.

Le Directeur de *la Bretonne*, assuré des beaux résultats réservés à son entreprise, dont le succès a été d'une rapidité sans exemple, croit devoir s'abstenir de toute évaluation anticipée de ses bénéfices; il compte sur le bon sens public pour faire justice et de certaines promesses exagérées et des dénigrements intéressés contre les opérations californiennes.

Actions de...... (voir page 32).

LA COMMERCIALE.

Extrait des Statuts.

Pardevant M⁰ Pluchart et son collègue, notaires à Paris, soussignés, a comparu

M. Peters (Henri), négociant, demeurant à Paris, boulevart Montmartre, n° 2.

Lequel a dit :

Que son intention est de fonder une Société commerciale dont le but sera ci-après expliqué.

FORMATION.

Il est formé par ces présentes une Société en commandite par actions, entre M. Henri Peters, d'une part, comme gérant responsable ;

Et, d'autre part, les personnes qui adhéreront aux présents Statuts, en devenant porteurs des actions dont il sera ci-après parlé.

BUT.

Exploitation des mines d'or et de toute autre nature de tous les pays, transports de passagers, de travailleurs, de marchandises, construction de maisons, plus particulièrement en bois et en fer, commerce en général, exportation et importation, recouvrements, enfin toutes affaires qui paraîtront présenter au Gérant un bénéfice pour la Société.

La raison sociale sera : H. Peters et Cⁱᵉ.

La Société portera le titre de : La Commerciale.

SIÉGE SOCIAL.

Le siége de la Société est établi à Paris, boulevart Montmartre, n° 2.

CONSTITUTION ET DURÉE DE LA SOCIÉTÉ.

Le capital social est fixé à *deux millions* de francs, représenté par des actions au porteur, par séries de 10, 50, 100, et 500 francs (chaque série numérotée séparément), estampillées, signées par le Gérant, et extraites de registres à souches.

Les actions participeront, proportionnellement à leur valeur, aux intérêts, bénéfices, et à l'actif de la Société.

Aucun actionnaire ne peut être tenu'au-delà du montant de ses actions. Tout appel de fonds, rapport d'intérêt ou de dividende distribué sont interdits, et ne pourront être demandés sous quelque prétexte que ce soit.

Tout porteur d'action est réputé, de plein droit, avoir adhéré aux stipulations résultant du présent acte.

Le Gérant pourra suspendre l'émission des actions, afin que pour toute émission subséquente les actions soient émises à un prix plus élevé que leur prix nominal. Cette plus-value sera fixée par la majorité de l'assemblée générale, et profitera à tous les actionnaires.

Par suite d'une délibération prise en assemblée générale, le capital social pourra être augmenté. Les porteurs d'actions auront le droit, avant tout étranger à la Société, de prendre de ces nouvelles actions, en observant le délai qui sera prescrit par ladite assemblée, laquelle fixera les conditions de l'émission des actions nouvellement créées.

M. Peters déclare par ces présentes que la Société est constituée ; sa durée est de cinquante années à dater de ce jour ; elle pourra être prorogée par décision de l'assemblée générale des actionnaires

M. Peters est seul gérant responsable.

Pour être en aide au commerce et à l'industrie, plus particulièrement à tous ceux qui seront porteurs d'actions de la Société, il pourra être en paiement des actions pris des marchandises et tous objets de quelque nature qu'ils soient, dont le gérant croira pouvoir obtenir un placement profitable aux intérêts de la Société.

Le gérant sera obligé de donner au conseil de surveillance (dont il sera ci-après parlé) tous les renseignements que ce conseil pourra lui demander ainsi que la communication de ses livres, portefeuille, et comptes de caisse.

Le gérant dressera l'inventaire de la Société le 1ᵉʳ juillet de chaque année à partir de mil huit cent cinquante et un ; cet inventaire contiendra l'état de toutes créances, objets, marchandises, ameublement, etc., constituant l'actif de la Société.

L'évaluation des marchandises sera faite d'après le prix de revient.

Toutes les obligations ainsi que les engagements contractés par le gérant dans l'intérêt de la Société constitueront le passif.

Ledit inventaire sera en juillet de chaque année, à partir de mil huit cent cinquante et un, présenté au conseil de surveillance pour qu'il puisse faire son rapport à l'assemblée générale.

S'il résulte, d'après le bilan, que les bénéfices nets de la Société aient produit plus que les intérêts payables à cette époque, l'excédant sera partagé en dividendes comme suit :

80 % aux actionnaires, 20 % au gérant.

Le dividende sera calculé d'après prélèvement des intérêts de 5 % par an ; sur les actions émises à cette époque et après déduction faite de tous les frais sans aucune exception.

Les intérêts et le dividende seront chaque année payables, dès le quinze août mil huit cent cinquante et un, au siége de la Société.

CONSEIL DE SURVEILLANCE.

Il sera établi un conseil de surveillance composé de trois membres au moins, sur la proposition qu'en fera le gérant aux porteurs d'actions convoqués par lui à cet effet. Les membres de ce conseil nommeront un président parmi eux.

S'il s'élevait contre le gérant de graves sujets de plaintes, sa révocation sera suivie devant arbitres nommés par le tribunal de commerce du département de la Seine, à la diligence du conseil de surveillance, en vertu d'une décision prise par l'assemblée générale des actionnaires spécialement convoqués à ce sujet.

Dans le cas de décès, déconfiture, faillite, absence constatée, ou toute autre incapacité d'un actionnaire, d'un membre du conseil de surveillance, leurs créanciers personnels, ou leurs ayants-cause, ne pourront, à quelque titre que ce soit, s'immiscer dans les affaires de la Société, ou de la liquidation, requérir aucune apposition des scellés, inventaire, ni provoquer la licitation ou la discussion des biens sociaux ; ils devront s'en rapporter pour la liquidation de leur droit au dernier inventaire de la Société.

JUGEMENT DES DIFFICULTÉS PAR DES ARBITRES.

En cas de contestation entre les actionnaires, soit à l'expiration de la Société ou à cause de la liquidation, et généralement sur l'interprétation de l'exécution du présent acte, elles seront jugées par-devant trois arbitres nommés par le tribunal de commerce du département de la Seine, à la requête de la partie la plus diligente.

Ces arbitres ainsi constitués prononceront comme amiable compositeur en dernier ressort, sans rappel, recours en cassation, ni requête.

Actions de...... (voir page 32).

LA FORTUNE

La richesse des terrains aurifères de la Californie n'est plus aujourd'hui un doute pour personne. Ce qui pouvait, il y a quelques mois encore, paraître chimérique est désormais une vérité incontestable, surtout depuis que la France et l'Angleterre ont retiré de ce pays privilégié plusieurs centaines de millions. Ces chiffres ne paraîtront nullement exagérés quand on saura que les terrains qui renferment de l'or ont une étendue de plus de **500 lieues**; c'est-à-dire qu'ils occupent un espace plus grand que la France.

Les Sociétés qui nous ont devancés dans le même but n'ont pu mettre à la disposition de leurs travailleurs que des machines déjà en usage depuis longtemps. La Compagnie **La Fortune** a dû rechercher les moyens les plus nouveaux et les plus efficaces pour retirer le plus d'or de la terre; et ce qui la distingue essentiellement des autres Sociétés, c'est qu'elle possède des machines nouvelles, *brevetées en France et aux États-Unis*, et dont les résultats, prouvés par de nombreuses expériences, sont constatés par des procès-verbaux authentiques.

Nous croyons intéresser le public en l'instruisant des avantages positifs que nous devons tirer de nos machines. Il résulte d'expériences faites que cinq travailleurs obtiennent facilement, en un jour, avec une de nos machines, le même résultat que cent hommes isolés opérant avec les procédés préexistants. Nous ajouterons que le travailleur isolé *ne recueille que deux dixièmes de l'or, tandis qu'avec nos procédés mécaniques on en recueille les neuf dixièmes*; de plus, nos procédés garantissent les travailleurs du contact incessant de l'eau, cause principale des fièvres si fréquentes en Californie; ils permettent enfin de ne pas interrompre le travail aux *placers* pendant la saison des pluies.

La Compagnie **La Fortune** dispose, dès à présent, de quatre machines représentant chacune la force de 100 hommes, et qui, mises en activité, donneront par jour 2 kilogrammes d'or l'une, ci. **6,000** fr.

Soit pour les quatre ensemble 8 kilogrammes d'or par jour, ci. **24,000**

Et pour l'année de travail (huit mois). **5,770,000**

D'après ces chiffres, il reviendra à chaque action de 10 fr. par an. . **80**

À chaque action de 50 fr., par an. **400**

Et à chaque travailleur, par an. **70,000**

Bien que ces résultats paraissent extraordinaires, leur authenticité ne peut être contestée, puisqu'elle s'appuie sur des rapports officiels émanant du ministère de l'Agriculture et du Commerce; d'ailleurs, l'empressement avec lequel les actions des Compagnies californiennes sont recherchées en Angleterre suffirait, à défaut d'autre preuve, pour convaincre les esprits les plus incrédules. Ainsi, les actions de la Société d'East-Wheel-Rose, émises à **50** liv. sterl. (**1,250** fr.), se négocient à la Bourse de Londres, à **15,500** fr.; celles de Sud-Caradan, émises à **5** liv. sterl. (**125** fr.), se négocient à **5,750** fr.; celles de Great-Consols, sur lesquelles on n'a versé que **25** fr., se négocient à **5,275** fr.

Nous citerons encore à l'appui de ce que nous avançons ces hardis travailleurs qui, partis pour la Californie il y a 18 mois, sont de retour en France après avoir réalisé, les uns **400,000** fr., les autres **600,000** et **800,000** fr.

Nous terminerons en disant que la compagnie **La Fortune** n'a admis au nombre de ses travailleurs que des hommes dont la moralité, la bonne conduite et le courage sont attestés par les certificats les plus honorables.

Suivant acte passé devant Me Planchat et son collègue, notaires à Paris, le 6 avril 1850, il a été formé entre M. G. Thibault, comme gérant, et toutes les personnes qui deviendront propriétaires d'actions, une société en commandite, sous la dénomination de la Fortune, Compagnie des mines d'or de la Californie, au capital de 300,000 francs, divisé en 15,000 actions de 10 francs et 3,000 actions de 50 fr. chacune dont le montant sera versé en souscrivant dans la caisse sociale.

Les actions sont au porteur; elles seront signées par le gérant; elles porteront un timbre sec et humide, et seront détachées d'un registre à souche. Leur émission devra servir à la première expédition de trente travailleurs. Il ne pourra être fait une nouvelle émission d'actions qu'en cas de nécessité de départ d'autres travailleurs, et avec l'autorisation du conseil de surveillance.

Les fonds provenant de la souscription seront déposés à la Banque de France, et ne pourront y être retirés que pour les besoins de la Société.

La Société fera l'exploitation des mines et rivières de la Californie, par *des moyens mécaniques* BREVETÉS *en France et aux États-Unis*, et créés à l'effet du draguage des rivières et cours d'eau, et du lavage des terres et sables aurifères, avec l'application d'un *système d'amalgamation également* breveté en France et aux États-Unis.

La durée de la Société est de cinq années, et elle pourra être prolongée de cinq autres années par décision de l'assemblée générale des actionnaires.

La Société est constituée à partir du 6 avril 1850.

Le gérant a nommé un ingénieur directeur qui aura pour mission de diriger l'expédition en Californie par lui-même, sans pouvoir se faire remplacer.

Un médecin sera attaché à l'expédition.

Pour être admis comme travailleur dans la Compagnie, il faut verser dans la caisse sociale une somme de 1,000 francs, qui sera convertie immédiatement en 20 actions de 50 francs; de plus, le travailleur sera tenu de contracter envers la Société une obligation de 10,000 francs, pour la dédommager dans le cas de désertion. Les actions souscrites par les travailleurs resteront déposées dans la caisse de dépôt établie au siége social, à titre de garantie de l'exécution de l'engagement qui sera contracté par chacun des travailleurs.

Tout travailleur a droit à son transport (aller et retour), à son logement, à sa nourriture, à son entretien et aux soins du médecin, le tout gratuitement.

La durée de l'engagement d'un travailleur est de trois années entières et consécutives, à dater du jour où le navire prendra la haute mer; à son expiration, il aura le droit de contracter un nouvel engagement.

Une fois par mois au moins, le directeur de l'expédition en Californie devra expédier à la Société les produits des opérations, qui seront déposés immédiatement à la Banque de France, pour être répartis aux intéressés quatre fois par an, après déduction faite des frais généraux, et dans les proportions suivantes : *deux cinquièmes aux actions souscrites et réalisées; deux cinquièmes aux travailleurs de la So-*

clété; un cinquième aux gérants et fondateurs.

Les actionnaires sont représentés dans leurs rapports sociaux par un conseil de surveillance. Ce conseil sera composé de sept membres élus en assemblée générale, pris parmi les actionnaires porteurs d'au moins dix actions; ils choisiront entre eux un président et un secrétaire.

Pour être admis en assemblée générale, il faut être propriétaire de dix actions de 10 francs ou de deux actions de 50 francs, et les titres doivent être déposés à la caisse sociale, contre récépissé, huit jours avant celui de la réunion; le jour de la réunion sera annoncé par lettres, et dans les trois journaux d'annonces légales, quinze jours à l'avance.

Chaque actionnaire aura autant de voix qu'il aura de fois dix actions de 10 francs ou deux actions de 50 francs, sans toutefois qu'il puisse avoir plus de trois voix.

Toutes les délibérations des assemblées générales seront obligatoires pour tous les porteurs d'actions.

Les actionnaires, en aucun cas, ne peuvent être soumis, sous quelque prétexte que ce soit, à un appel de fonds, ni à aucun rapport de dividendes perçus.

Il y aura une assemblée générale extraordinaire des actionnaires, quinze jours avant le départ des travailleurs.

En cas de décès du gérant ou intéressé, ou de la femme de l'un d'eux, les héritiers ne pourront, en aucun cas, faire apposer les scellés sur les titres, papiers ou biens de la Compagnie; ils devront s'en rapporter au dernier inventaire, qui établira les droits de chacun.

Actions de...... (voir page 32).

LA FRANCE

Chercher à prouver l'existence des immenses richesses de la Californie lorsque la France a reçu, en 1849, pour 60,000,000 d'or et l'Angleterre pour 335,000,000, serait vouloir démontrer ce que la presse a appris à tout le monde. Nous n'avons rien à ajouter à ce que disait *Le Constitutionnel* du 15 mai dernier; il s'exprimait ainsi : « *Il faudra des siècles et des milliers de Travailleurs pour épuiser les gisements.* »

L'évidence s'est fait jour, la confiance a gagné tous les esprits, et déjà nous avons vu partir de nombreux travailleurs pour le Sacramento. Il faut seconder ce louable et patriotique élan, et le moment est arrivé de faire un appel à tous ceux qui voudront encourager notre légitime ambition.

Nous pouvons dire que le succès de notre entreprise est assuré d'avance; car nous emploierons le système des tables sibériennes dont la *Compagnie des Mines d'Or* a si bien fait comprendre à la France entière les heureux résultats. Nous en donnons ici un aperçu :

Cinquante travailleurs, dans la proportion de 1 à 20, en représenteront 1,000. En admettant que la journée moyenne de chaque travailleur isolé ne soit que de 30 grammes,

Celle de 50 travailleurs sera de.	30 k.
Pour un mois le produit sera de.	900 k.
Et pour l'année de 8 mois (déduction faite de la mauvaise saison). .	7,200 k.
A 3,000 francs le kilogramme. .	21,600,000 fr.
Frais (première émission d'actions).	300,000 fr.
Reste :	21,300,000 fr.

Les 2/5es appartenant aux travailleurs seront de. . . . . . . 8,520,000 fr.
Soit pour chacun pendant un an. 170,400 fr.
Et pour les trois années de son engagement. . . . . 511,200 fr.
Les 2/5es à répartir en 6,000 actions souscrites étant de. . . . . 8,520,000 fr.
Donneront par chaque action et pour un an. . . . . 1,420 fr.
Et pour quatre années de travail. . 5,680 fr.

Aux termes de l'acte, les actionnaires ayant la faculté de proroger la Société de quatre autres années, une action de 50 francs pourrait donc rapporter 11,360 francs.

Non-seulement ces chiffres ne sont pas exagérés; mais on pourrait dire, sans craindre de sortir des limites de la vérité, qu'ils peuvent être quadruplés. Pour en avoir la preuve, il suffit de se reporter à l'article de la *Gazette du Commerce*, de Saint-Pétersbourg, reproduit par *La Patrie*, le 14 février 1850, ainsi conçu

« *Les produits des mines de l'Oural, pendant le*
« *premier semestre de l'année dernière, avaient donné*
« *14,490,000 francs.*
« *D'après un tableau publié par la* Gazette *du*
« Commerce *de Saint-Pétersbourg, les quantités d'or*
« *provenant des exploitations de Sibérie et arrivées*
« *dans cette capitale par la première caravane d'été*
« *1849, se sont élevées à 431 pouds 22 livres, ou en-*
« *viron 7,055 kilogram., représentant une valeur de*
« *25,116,000 francs. — On compte, en tout, soixante*
« *exploitations d'or. Sur ce nombre, il en est onze*
« *qui ont produit chacune plus de 164 kil. de matière,*
« *deux, notamment, qui ont rendu à elles seules plus*
« *de 1,960 kil. de métal précieux (5,880,000).* »

Il a donc fallu, aux deux grandes exploitations, laver plus de 1,470,000 mètres cubes de minerai dans le semestre pour obtenir 1,960 kil. d'or, puisque le plus riche minerai de l'Oural ne contient, en moyenne, que 0 gr. 64 centig. d'or par mètre cube. Or, on n'emploie dans ces exploitations que les tables sibériennes que nous employons nous-mêmes en Californie où dans le minerai l'or est au 17/80,000es, soit 425 gr. par mètre cubes de 2,000 kil.

D'après cette comparaison, il est facile d'apprécier ce que deviendra un jour notre Société lorsqu'on saura que nous ne négligerons aucun des moyens qui pourront lui donner la plus grande extension possible.

Hâtons-nous donc de diriger de plus en plus notre activité vers ces régions si fécondes et si brillantes d'avenir; tout l'or qui nous en reviendra aura un excellent emploi puisqu'il contribuera à la prospérité de l'agriculture, de l'industrie et du commerce, qui sont la fortune et le bonheur des peuples.

Actions de...... (voir page 32).

COMPAGNIE

FRANÇAISE & AMÉRICAINE
DE SAN-FRANCISCO

Cette compagnie, dont la bonne organisation faisait prévoir dès son début tout le succès qu'elle a obtenu, publiait, le 6 février dernier, dans le *Courrier de San-Francisco*, qui lui sert d'organe, l'article suivant, où l'on remarquera une hauteur d'idées et une ampleur de conception qu'on est bien aise de rencontrer même dans un prospectus.

La Compagnie Française et Américaine de San-Francisco à ses adhérents.

Il y a deux ans à peine, un cri de surprise et d'espérance, échappé des rivages de la Californie, retentit d'un bout à l'autre de l'Europe, et y produisit l'effet d'une étincelle électrique. Des mines d'or bien plus considérables que celles du Mexique et du Pérou venaient d'être découvertes ; des sables aurifères recouvrant des plaines immenses, d'un abord et d'une exploitation faciles, entrecoupées de fleuves et de rivières roulant de l'or, avaient offert, aux yeux des voyageurs étonnés, des richesses inconnues jusqu'ici.

Les peuples du vieux monde, pour la plupart surpris par cette nouvelle au milieu de leurs convulsions politiques, prêtèrent cependant une oreille attentive au récit de toutes ces merveilles ; et le premier moment de crise et d'étonnement passé, les émigrations commencèrent. Le mouvement s'est communiqué avec une incroyable rapidité : on s'embarque aujourd'hui en France, en Angleterre, en Espagne, aux États-Unis et dans tous les ports de la Baltique ; on émigre de la Belgique, de la Hollande, des provinces d'Allemagne, du Piémont, de la Savoie et de tous les pays, enfin, où le cancer de la misère et le progrès de l'intelligence ont posé aux gouvernements le problème terrible du travail aux prises avec la faim.

Il n'est plus besoin de chercher à démontrer l'existence des mines d'or de la Californie, ni des autres matières précieuses que la terre y renferme. S'il y eut des indifférents et des incrédules au moment où cette existence fut révélée, autant il y a aujourd'hui de croyants et d'intrépides voyageurs. Si nous-mêmes faisons passer plus loin sous les yeux de nos lecteurs les documents officiels publiés à ce sujet par les gouvernements, et reproduits par les journaux de toutes les nations, c'est plutôt pour faire connaître toute l'abondance de ces richesses que pour en attester la réalité.

Non, ce n'est plus le doute que l'on a à combattre, c'est l'ardeur des imaginations qui s'enflamment, et l'imprudence inconsidérée de plusieurs émigrants qu'il importe de réprimer et de diriger. Chacun se hâte, se presse, accélère sa marche, dans la crainte d'arriver trop tard à ce grand banquet de la fortune. On pousse cette imprudence et cette ardeur à un tel excès, on va si loin, que des centaines d'ouvriers, sans s'inquiéter des périls et du peu de chance de succès que donnent l'isolement et un empressement exagéré, ne s'occupent que de prendre leur valise et de partir. D'autres, moins téméraires, se groupent en petites associations de quatre, de six, de huit individus, pour aller chercher au-delà des mers le bien-être que leur refuse leur patrie. Les premiers comme les seconds, il est pénible de le dire, manquant,

dès leur entrée en campagne, de la protection, des vivres, des instruments de travail et des puissants moyens d'action que donne une grande communauté et que nécessite une exploitation longue et fructueuse, ont peu d'avenir, beaucoup de déceptions et peut-être bien des malheurs en perspective. Seul ou en trop petit nombre, comment se conserver sur cette terre lointaine ? Comment garantir la sécurité des personnes et des produits, sans laquelle le travail est inutile ?

Au milieu de cette confusion et de cette imprévoyance, si propres à transformer en instruments de ruine les sources mêmes d'une grande prospérité, des hommes sérieux, forts de leur conscience et de leur dévouement, ont cherché, non sans quelque succès, à rallier ces forces éparses, à les soumettre à une impulsion régulière et productive, à détruire ou à prévenir les dangers auxquels entraîne l'individualisme, et à en appeler du délire de la fièvre aux procédés logiques de la science et de la raison. Mais est-ce assez de prévoir les catastrophes, de donner une direction nouvelle et plus convenable à des travaux, et de traduire même en fait certain les espérances et les idées qui ont tout-à-coup surgi du sein des masses ? N'y a-t-il pas un choix tout particulier à faire dans les moyens à employer, sur les meilleures combinaisons à mettre en pratique ? ne convient-il pas aussi de se demander quelle est la partie la plus malade du corps social qu'il importe promptement de soulager ? A notre avis ce n'est pas assez, lorsque les couches inférieures de la société sont plus particulièrement livrées aux souffrances de la misère et au plus grand dénûment, d'appeler les grands capitalistes, le riche commerçant, presque seuls, et les ouvriers les plus favorisés de la fortune, aux avantages de la commandite et de l'association. Il est véritablement à regretter que des idées plus larges, plus généreuses et sans esprit d'exclusion, n'aient pas toujours présidé aux résolutions des hommes qui se sont occupés de cette grave matière. Il nous semble encore que ce n'est pas comprendre toute l'étendue de sa mission que d'établir exclusivement la base d'opération d'une grande compagnie industrielle de cette nature sur l'exploitation unique, quoique déjà considérable, des richesses métallurgiques de la Californie, alors que le grand événement de leur découverte est capable de modifier si profondément et dans un temps prochain les relations économiques et commerciales des individus et des nations ! Ne point associer à cette première entreprise les bénéfices de l'exportation d'un choix de marchandises, c'est négliger, à notre avis, nous ne dirons pas le point le plus important de l'entreprise, mais un des faits capitaux sur lesquels elle doit reposer, et une des plus grandes sources de richesses.

Pénétrée de ces vices d'organisation et de ce défaut d'ampleur dans la conception, *la Compagnie française et américaine de San-Francisco* vient prendre part à l'œuvre, au moment favorable peut-être où plusieurs compagnies ont achevé ou achèvent d'émettre leurs actions. Il va sans dire qu'elle profitera de l'expérience du passé, et résoudra, de la manière la plus satisfaisante, toutes les hautes questions d'intérêt qui se rattachent au but qu'elle se propose d'atteindre.

Pour appeler indistinctement le riche et le pauvre à la même fortune, et donner à son œuvre, en la généralisant, les proportions d'un fait humanitaire, elle a mis le prix de ses actions à CINQ FRANCS. Partant du même principe, elle a divisé ses actions en séries de cinq mille numéros, et a concédé à chacune de ces séries le droit d'envoyer GRATUITEMENT un travailleur au chantier californien.

Son capital social a été élevé au chiffre de un million deux cent mille francs, pour deux motifs: le premier, afin d'asseoir, sans exagération toutefois, la base de ses opérations sur un terrain solide et à l'abri de tout écueil; le second, pour qu'elle pût surtout annexer à l'exploitation des matières métallurgiques la fondation d'un comptoir à San-Francisco, dont les transactions commerciales, négligées sous cette forme jusqu'à ce jour, seront aussi avantageuses aux actionnaires que les produits obtenus par les travailleurs. Elle s'est pourtant demandé si la réalisation de ce capital, quoique élevé à ce chiffre sur les considérations les plus sages, ne paraîtrait pas longue à l'impatience de quelque actionnaire désireux de voir arriver le plus tôt possible le jour du résultat. Cette crainte disparaît vite si l'on songe que, d'après des dispositions prévues par les statuts, une grande quantité d'actions sera appliquée à l'achat des marchandises nécessaires à l'alimentation du comptoir de San-Francisco.

Après ces considérations d'une haute importance, une autre considération non moins importante encore s'est présentée à son esprit: elle s'est préoccupée de ne point abandonner le sort des travailleurs et les résultats de l'expédition à des mains mercenaires qui rarement rendent en service ce qu'elles reçoivent en argent. Dès lors elle a résolu de faire tout par elle-même, et par ses associés; et en cela, favorisée par le dévouement de ses gérants, elle s'est décidée à en envoyer deux en Californie, MM. Raparlier et Grenier, qui seront chargés, l'un de surveiller les travaux avec le concours d'un ingénieur qui est déjà sur les lieux, l'autre de se livrer à San-Francisco, avec un personnel nécessaire, aux opérations du comptoir, qui servira en outre de point intermédiaire entre le chantier des *Placers* et la maison de Paris. Ce dernier touche au moment de son départ, et arrivera sur le sol américain deux mois avant la première expédition, qui trouvera un pied-à-terre tout préparé et des renseignements précis sur les gisements aurifères qu'il convient d'exploiter de préférence et sans retard. Il va sans dire que toutes les autres dispositions de détail nécessaires pour assurer le succès complet de l'entreprise ont acquis aussi le perfectionnement qui résulte des améliorations que nous avons apportées sur les parties fondamentales de l'œuvre : ainsi impulsion puissante et calculée, médecins et médicaments, aumônier et ingénieur, vivres et vêtements, armes, machines et instruments à la main, rien ne manque ; toutes les précautions ont été prises pour garantir la position matérielle et morale des travailleurs. Placés dans de semblables conditions, nous osons l'affirmer, les résultats pour nous doivent être certains.

Mais admettons, s'il est possible, la pire de toutes les hypothèses, supposons que nos travailleurs désertent le drapeau de l'association, que les recherches faites pour recueillir le métal précieux soient pour nous, à l'encontre des résultats obtenus jusqu'ici par nos devanciers, complétement infructueuses, eh bien! qu'on nous permette de dire notre dernier mot, c'est bien le cri de l'honneur en face du parjure! Les cinq gérants, dans ce cas extrême, prennent ici l'engagement (et l'opération commerciale, qu'ils ont eu le bon esprit d'annexer à l'extraction de l'or, leur en fournit le moyen) de rembourser dans un temps donné le capital aux actionnaires et de servir à tous, pendant toute la durée des transactions, des dividendes à raison de 5, 10 et peut-être 20 pour 100, selon les résultats des opérations. Tels sont déjà pour nous les avantages de la fondation d'un comptoir à San-Francisco, avantages méconnus jusqu'ici par quelques hommes à vue basse, et qui peuvent pourtant nous faire affronter des périls qui mettraient en

ruine bien d'autres Compagnies californiennes. Nous avons la ferme conviction que de pareilles suppositions sont inadmissibles, nous aurons l'occasion de le démontrer, mais notre dévouement et notre prévoyance n'en seront pas moins compris.

Nous ne pourrions entrer plus avant dans la discussion de notre pacte fondamental sans nous exposer à dépasser les limites que nous nous sommes imposées dans ce premier article. Les longs extraits de nos statuts, que nous publions, permettront d'ailleurs à nos lecteurs de se convaincre des efforts que nous avons faits pour mettre en harmonie tous les intérêts, pour augmenter, autant que possible, la somme des bénéfices et en assurer tout le succès. Qu'il nous soit cependant permis d'ajouter en terminant que notre premier soin a été de nous entourer de toutes les garanties désirables d'honneur et de probité, de toutes les lumières que la science et la prudence peuvent suggérer. Nous avons appelé auprès de nous des hommes recommandables, qui, en se faisant les premiers cessionnaires d'actions, ont formé notre commission de surveillance. Nous ne nous sommes pas dissimulé que le témoignage de sa propre conscience, du savoir et du dévouement ne suffisent pas pour obtenir la confiance que méritent les réputations déjà faites. Il ne nous appartient pas d'insister là-dessus davantage ; nous laissons à notre bonne gestion le soin de nous recommander elle-même.

Depuis cette époque, qu'a fait la Compagnie Française et Américaine de San-Francisco? A-t-elle tenu parole? quel chemin a-t-elle parcouru dans ce te période de trois mois et demi? réalisera-t-elle les belles espérances qu'elle a fait concevoir ?

La reproduction de la circulaire suivante que les Gérants de cette Compagnie viennent tout récemment d'adresser à leurs actionnaires est la meilleure réponse que nous puissions faire à ces questions.

Pour n t e compte nous croyons que les résultats obtenus par cette Compagnie ont dépassé jusqu'ici toutes les prévisions et toutes les espérances.

Paris, le 10 juin 1850.

« Monsieur,

« Si grandes qu'aient été la confiance et les garanties de succès dont elle a été entourée dès son début, *la Compagnie française et américaine de San-Francisco*, qui a pris, vers le milieu de février dernier, une part si large et si active à l'exploitation des richesses métallurgiques de la Californie et aux opérations commerciales du littoral de l'Amérique du Nord, ne pouvait s'attendre cependant à un résultat si prompt et si complet. Dans le court espace de trois mois, elle a émis 70,000 titres d'actions ; elle a envoyé, par *l'Arche d'Alliance* et *le Pescatore*, 80 travailleurs sur le sol américain, et organisé un troisième convoi qui touche au moment du départ. Tel est, en peu de mots, l'état de sa situation ! C'est vous dire assez, Monsieur, que vos espérances ne seront point déçues, et que la confiance dont vous avez bien voulu l'honorer a été partagée par un nombre considérable de personnes qui, comme vous, lui ont adressé leur adhésion.

« En présence d'un succès si éclatant, peut-être même sans exemple, aidés par une expérience dont ils ont donné jusqu'ici des preuves irrécusables, et qui n'a fait que grandir au contact de la pratique, les Gérants, réunis en conseil, viennent de prendre deux décisions trop importantes pour qu'ils ne s'empressent pas de vous les communiquer. Ils croient même de leur devoir de ne pas attendre, pour vous en faire part, l'apparition du cinquième numéro de leur journal, qui vous sera d'ailleurs adressé dans le courant du mois prochain.

« Il a été décidé :

« 1° Qu'il serait présentement acheté, au nom de la Compagnie, un navire du port de 350 à 400 tonneaux, sur lequel sera effectuée notre troisième expédition de travailleurs, et qui sera en outre destiné à faire, conjointement avec un autre navire, dont l'acquisition sera faite plus tard, le transport de nos marchandises des ports de l'Europe à San-Francisco.

« —Pourquoi cette résolution?

« —Le calcul suivant, qui est d'une simplicité élémentaire et d'une rigueur mathématique, en montre jusqu'à la dernière évidence tous les avantages et tout l'à-propos.

« Les ouvertures qui nous sont faites par deux maisons de Nantes et de Bordeaux nous permettent d'affirmer qu'un navire neuf, du tonnage dont nous avons parlé, complétement gréé, y compris les vivres nécessaires à l'équipage et aux passagers, ne coûtera pas au-delà de 70 à 80,000 fr. :   80,000 fr.

« Sur lequel nous pourrons embarquer 60 passagers, à raison de 700 fr. l'un dans l'autre, soit.   42,000

« Plus, 125 tonneaux de fret, à raison de 125 le T....., soit   15,625

Ensemble   57,625

« Si nous déduisons cette somme du prix d'achat, nous trouvons qu'après le premier voyage, un navire du prix de 80,000 fr. reste à la Compagnie pour une somme de.   22,375

« Dans ces conditions, personne ne nous blâmera, sans doute, d'avoir pris une mesure qui donne à peu de frais un navire à la Compagnie, et une garantie de plus aux actionnaires, dont le capital reposera, en partie, sur une valeur réelle, palpable et productive.

« Le capitaine est choisi; il se charge d'organiser l'équipage, dont tous les membres contracteront un engagement d'associés-travailleurs. Il n'est que trop temps de s'affranchir et d'échapper aux mains des courtiers et des armateurs.

« 2° Il a été décidé : que l'émission de nos actions ayant atteint un chiffre considérable, chiffre qui sera doublé dans peu de jours; que pouvant d'ailleurs marcher aujourd'hui par nos propres forces, et la dernière moitié de nos actions devant être échangée contre des marchandises, ladite émission *sera irrévocablement close* LE 15 JUILLET.

« Au moment, Monsieur, où tant de fortunes ont été ébranlées par les événements politiques; alors que l'agriculture, le commerce et l'industrie n'ont presque plus de vie; qu'il est si difficile de réparer les désastres ou de se créer une position ; au moment peut-être où les meilleurs placements sont ceux qui reposent sur des opérations faites à l'étranger, la découverte de l'or de la Californie semble être, à tous les points de vue, un fait providentiel. Nous nous reprocherions, dans ces circonstances, de n'avoir point fait entendre en temps utile notre voix, et de n'avoir point surtout porté promptement à votre connaissance notre dernière décision. Nous croyons être d'autant plus en droit de donner ces conseils, que la présence de deux de nos gérants en

pleine exploitation californienne est évidemment la preuve la plus solide et la plus péremptoire de la confiance que nous inspire l'avenir ouvert, par ce grand et riche pays, aux plus légitimes ambitions du continent européen comme à celles du monde tout entier.

« Veuillez agréer, Monsieur, les salutations respectueuses et empressées de vos biens dévoués serviteurs,   « FAUDOT, RAPARLIER et C°.

Paris, le 16 avril 1850. »

NOTA. Dans le cas où l'on ne serait pas complétement éclairé, voici la note sommaire des principaux renseignements :

Les actions sont de 5 francs et au porteur ; chacune d'elles rapporte, au *minimum*, dans les cinq années, 150 francs,

On peut donc, avec une somme de 500 francs, se procurer, dans cinq années, un capital de 15,000 fr.

Les actions sont classées par séries de cinq mille numéros, compris de 1 à 5,000, de 5,001 à 10,000, etc. Un numéro par chacune de ces séries peut donner droit à une PRIME DE 800 francs en actions ou au départ gratuit d'un travailleur.

Les bénéfices d'un travailleur-associé doivent s'élever, en trois ans, à 275,000 francs, y compris les dividendes des actions de son cautionnement.

Pour contracter un engagement de trois ans, qu'il pourra renouveler pour une durée de deux ans à l'époque de son expiration, l'associé-travailleur devra verser à la caisse sociale une somme de 800 francs en espèces et souscrire une obligation de 400 francs, qui n'est payable qu'à la première répartition des bénéfices. Ces 1,200 francs sont convertis en actions, qui jouissent des mêmes avantages que celles d'un actionnaire ordinaire. L'associé-travailleur doit préalablement fournir des certificats de moralité et de bonne constitution.

De son côté, à partir du jour du départ, la Compagnie s'engage à pourvoir, outre le passage gratuit aller et retour, à tous les besoins physiques et moraux des travailleurs, jusque dans leurs moindres détails et pendant toute la durée de l'engagement.

De tels résultats ne sont point étonnants, si l'on considère que nous avons appelé à notre aide toutes les ressources de la science et de l'art : aussi avons-nous été heureux d'annoncer, dans le troisième numéro de notre journal, que nous venions d'acquérir, à titre de propriété, la découverte faite par M. l'abbé D'Herens, ancien professeur de sciences dans l'Université. Cette machine nouvelle, qui laisse loin derrière elle toutes celles dont on s'est servi jusqu'à ce jour, résout de la manière la plus heureuse le problème du lavage et de l'amalgamation de l'or, et décuple les produits obtenus par les tables sibériennes, dont on constate, à chaque instant, les résultats.

Les souscriptions d'actions se soldent par des mandats sur la poste, et, si la somme est considérable, par l'envoi de valeurs de banque ou des traites sur de bonnes maisons de Paris.

Les témoignages les plus honorables viennent corroborer le langage des Gérants, et attester toute la confiance que mérite cette compagnie. Nous ne reproduirons seulement ici que deux documents, qui ont été déjà rendus publics ; ils disent assez l'un et l'autre pour qu'ils puissent se passer de commentaire.

Le premier émane de M. l'abbé Blaive, membre de la commission de surveillance, qui, après avoir acquis la certitude du bel avenir réservé à cette compagnie, n'hésite pas à résilier ses premières fonctions pour accepter le poste d'aumônier que la Société lui offre. Le second est une lettre écrite du Havre par un associé-travailleur à un ami.

A messieurs les Gérants de la COMPAGNIE FRANÇAISE ET AMÉRICAINE DE SAN-FRANCISCO.

Messieurs,

J'ai vu votre entreprise à son début, et la confiance que vous m'avez inspirée a été telle que je n'ai pas hésité à accepter les fonctions de membre du Conseil de surveillance.

Voulant donner à vos adhérents une preuve de votre dévouement pour l'œuvre que vous avez entreprise, vous avez décidé que deux d'entre vous feraient partie du premier convoi de travailleurs que vous expédierez en Californie; vous avez voulu vous trouver, en personne, en face des difficultés imprévues qui pourraient se rencontrer à votre début; c'est là, Messieurs, une preuve de votre bonne foi et de votre probité, et il vous en sera certainement tenu compte.

Pour ma part, je ne saurais mieux vous en témoigner ma satisfaction qu'en répondant aux ouvertures qui m'ont été faites et en acceptant les fonctions d'aumônier de la première expédition. Je résigne donc, Messieurs, mes fonctions de *membre du Conseil de surveillance* pour occuper le poste d'*aumônier* de la Compagnie; poste plus modeste, mais plus conforme aussi à mon caractère et à mes vives sympathies pour nos braves et courageux travailleurs.

Recevez, Messieurs, la nouvelle assurance de mes sentiments affectueux, D. BLAIVE.

Paris, 12 mars 1850.

« Messieurs les Gérants,

« Je reçois à l'instant de mon ami Londès, qui fait partie de votre première expédition une lettre très-honorable pour vous et nos associés travailleurs, pour que je ne m'empresse pas de vous la communiquer. En ma qualité d'actionnaire, je me permets de vous en demander, dans notre intérêt commun, l'insertion dans le plus prochain numéro de votre journal.

« Veuillez agréer, etc.

« PAYROL, rue Sainte-Anne, 13. »

Le Havre, ce 15 avril 1850.
A M. PAYROL, RUE SAINTE-ANNE, 13, PARIS.

« Cher ami,

« Je vous ai annoncé, dans ma lettre du 13 courant, notre départ pour le 15. Nous sommes encore au Havre, et je ne puis vous dire exactement le jour où nous pourrons en sortir. La seule cause de ce retard est le vent contraire.

« Le navire est prêt, tout est emménagé et très-bien organisé; tous les jours nous nous levons avec l'espoir d'y entrer pour ne plus le quitter qu'en Californie. Nous nous trouvons un assez bon nombre de passagers, sans compter plusieurs missionnaires de la maison de Picpus. Je vous déclare que je suis de plus en plus satisfait de la résolution que j'ai prise, et du choix que j'ai fait. Le plus grand ordre, l'entente la plus cordiale règnent parmi nous; nous sommes tous animés du meilleur esprit, et aucun de nous ne faillira, je l'espère, aux obligations de son mandat.

« Nous avons fait notre banquet d'adieu dimanche au soir! il a été magnifique : plusieurs de mes camarades ont porté des toasts qui ont mérité les applaudissements de tous les convives. Les gérants de la compagnie nous ont fait les adieux les plus touchants; ils se sont montrés, au milieu de nous et pendant tout leur séjour au Havre, comme nous les avions jugés à Paris : des hommes expérimentés, énergiques et consciencieux, méritant et obtenant toute notre estime et notre attachement.

« La nourriture du bord est convenable, et l'on n'en saurait demander davantage : de la viande, du vin et du pain frais deux fois la semaine, pendant la traversée; nous avons du tabac à discrétion, des chaussures chaudes et de bons vêtements; en un mot, tout le nécessaire nous a été délivré, sauf les armes, dont nous ne pouvons disposer qu'au besoin.

« Toutes les dépenses faites au Havre seront au compte de la compagnie, qui les fait avec mesure, mais sans parcimonie; je n'ai rien vu jusqu'ici qui ait pu me faire regretter de me trouver au nombre de ses émigrants.

« Veuillez remettre à M. Raparlier, qui passera par Panama, une lettre pour moi; il me sera bien doux de savoir de vos nouvelles en arrivant sur le sol américain. Je vous écrirai toutes les fois que j'en aurai l'occasion; le zèle que j'y ai mis jusqu'ici doit vous dire assez que je tiendrai parole. Faites mille amitiés de ma part à votre famille. Portez-vous bien, et prospérez autant que je le désire.

« Votre tout dévoué ami, LONDÈS. »

Il est facile du reste de donner une idée plus exacte encore de la bonne administration de cette Compagnie, et de toutes les garanties dont elle a entouré les intérêts de ses souscripteurs. Nous n'avons pour cela qu'à reproduire les statuts de la Société.

EXTRAIT DES STATUTS

TITRE 1er.

Formation et objet de la Société; sa durée; dénomination; raison sociale.

Il est formé une Société en commandite et par actions, entre MM. Gustave-Adolphe Faudot, rentier; Adolphe Raparlier, rentier; Louis Damseaux, ancien négociant; Hyacinthe Larrivière, propriétaire; et Jean-Onésyme Grenier, licencié en droit, tous domiciliés à Paris, d'une part;

Et toutes les personnes qui adhéreront aux présents statuts en devenant souscripteurs ou cessionnaires des actions dont il sera ci-après parlé, d'autre part;

La Société a pour objet :

1° L'exploitation des mines et rivières de la Californie, par les procédés des mécaniques les mieux perfectionnées;

2° Le transport en Californie des associés travailleurs;

3° L'exportation en France des produits de cette exploitation;

4° L'établissement à San-Francisco d'un comptoir d'exportation et d'importation de marchandises, qui servira de point d'union entre les chantiers des *placeres* et la compagnie de Paris, qui se livrera à toutes espèces de transactions commerciales et de banque.

La durée de la Société est de cinq années consécutives, qui prendront cours à dater de ce jour; elle pourra être prorogée, à l'expiration de ce délai, pour cinq autres années, d'après la décision de l'assemblée générale des actionnaires.

La Société prend le nom de *Compagnie française et américaine de San-Francisco*. La raison sociale est *Faudot, Raparlier et Comp.*

TITRE II.
Fonds social; actions.

Le capital social est fixé à un million deux cent mille francs, représenté par deux cent quarante mille actions de cinq francs chacune, dont le montant sera versé, en souscrivant, dans la caisse sociale.

Les actions sont au porteur; elles sont revêtues de la signature personnelle de trois gérants; elles sont détachées d'un registre à souche, et frappées des timbres de la Société.

Les actionnaires qui désireront laisser leurs titres au siége de la Société pourront les déposer dans une caisse spéciale qui sera établie à cet effet; il leur sera donné, en échange, un récépissé détaché d'un registre à souche et signé par trois des gérants; ce récépissé sera personnel et ne pourra, en aucun cas, être cédé. Le montant des actions sera versé dans la caisse sociale sans aucun frais de perception.

Tous les fonds seront versés dans une caisse de la Société à trois clefs, qui demeureront entre les mains de trois gérants. La caisse sociale ne devra jamais contenir une somme supérieure à dix mille francs; l'excédant sera, au fur et à mesure, déposé à la Banque de France.

Chaque série de cinq mille actions donnera droit aux souscripteurs de ces actions de faire partir un associé travailleur gratuitement, c'est-à-dire aux frais de la Société.

TITRE III.
Gérance.

La Société sera administrée par les cinq gérants collectivement; chacun d'eux se réserve une portion du travail administratif, ainsi qu'il suit:

M. Faudot sera chargé de l'administration générale; M. Raparlier sera chargé, en Californie, de la direction administrative de la colonie et du comptoir; M Damseaux sera chargé de la comptabilité; M. Larrivière sera chargé de la correspondance, et sera le gérant du journal que publiera la Société; et M Grenier sera directeur des travaux aux mines.

Chacun des gérants aura la signature sociale, qui sera: *Faudot, Raparlier et Comp.*, et ne pourra en faire usage que pour les opérations de la Société

En cas de retraite ou de décès d'un des gérants, il sera pourvu à son remplacement par l'assemblée générale des actionnaires, sur la présentation des autres gérants.

TITRE IV.
Des associés travailleurs.

Pour être admis comme associé travailleur, il faut souscrire un engagement de douze cents francs, dont *huit cents* payables en espèces, et quatre cents francs en retenue sur les premiers dividendes à répartir. Cette somme sera convertie en deux cent quarante actions de cinq francs, lesquelles, tout en leur donnant droit à la répartition des bénéfices comme actionnaires, demeureront dans la caisse de dépôt à titre de cautionnement et de garantie des obligations qu'ils auront prises.

Chaque associé travailleur s'engage à concourir selon ses moyens, et sous les ordres du directeur, au succès de l'entreprise.

Un règlement spécial sera discuté entre les vingt-cinq premiers associés travailleurs, les gérants et le conseil de surveillance, et fera force de loi au chantier californien.

Moyennant cet engagement, chaque associé travailleur aura droit à son passage, aller et retour, sur le navire affrété par la compagnie, à sa nourriture, à son entretien complet et aux soins du médecin de la compagnie à titre gratuit.

La durée de l'engagement d'un associé travailleur sera au moins de trois années entières et consécutives, à dater du jour où le navire prendra la mer; à son expiration, il aura la faculté de renouveler son engagement pour un temps qui ne pourra excéder la durée de la Société.

A l'expiration de leur engagement, les associés travailleurs qui ne le renouvelleront pas conserveront tous les droits qu'ils ont acquis par leur travail jusqu'à ce jour, et qui seront établis par l'inventaire dressé à cette époque. Les associés travailleurs redevenus libres n'auront plus que les droits afférents à leurs actions.

TITRE V.
Répartition des bénéfices.

Tous les mois, dès leur arrivée en Californie, les gérants-directeurs de l'expédition devront établir, pour l'envoyer en France, au siége de la Société, l'inventaire des valeurs recueillies, des marchandises reçues et des opérations du comptoir. Cet inventaire sera communiqué au plus tôt à la commission de surveillance.

Ils devront aussi expédier à la Société les résultats de leur exploitation, dont le produit en numéraire sera déposé à la Banque de France jusqu'à l'époque des répartitions.

Sur cette somme, seront prélevés tout d'abord tous les frais de l'exploitation, plus la somme nécessaire pour la formation du fonds de réserve dont il sera ci-après parlé, et le surplus sera réparti de la manière suivante:

40 0[0 sont attribués aux associés travailleurs;

40 0[0 aux actionnaires;

18 0[0 à la gérance;

2 0[0 aux employés de l'administration, au prorata des émoluments qu'ils auront émargés, et à la condition qu'ils auront au moins un an de service actif dans la Société.

Tout ce qui reviendra aux associés travailleurs et autres intéressés émigrés sera déposé à la Banque de France et tenu à leur disposition ou à celle de leurs ayants-cause.

Il sera prélevé 10 0/0 sur tous les bénéfices pour former un fonds de réserve qui ne sera retiré entièrement de la Banque de France que lors de la liquidation définitive de la Société.

Ce fonds de réserve servira à pourvoir aux besoins de la Société, et, le cas échéant, à fournir des secours aux veuves et orphelins des associés travailleurs.

TITRE VI.
Commission de surveillance.

Une commission de surveillance est établie auprès de la gérance; ses réunions auront lieu au siége de la Société. Elle se composera de cinq membres nommés par l'assemblée générale des actionnaires.

Les membres de la commission de surveillance nomment un président et un secrétaire. En cas d'absence du président, il sera remplacé par le plus âgé d'entre eux.

La durée des fonctions des membres du conseil de surveillance est de trois années; ils peuvent être réélus. En cas de démission, décès, ou empêchement d'un des membres de la commission de surveillance, il sera pourvu par les autres membres de ladite commission à son remplacement provisoire, jusqu'à la prochaine assemblée générale, qui procédera à son élection définitive.

Les fonctions de cette commission sont gratuites, néanmoins il sera délivré à chacun des membres un jeton de présence de la valeur de vingt-cinq francs.

La commission de surveillance se réunit aussi souvent que les affaires de la Société l'exigent.

La présence de trois membres est nécessaire pour la validité de ses délibérations ; ces décisions sont prises à la majorité des voix ; en cas de partage, la voix du président est prépondérante.

La commission de surveillance, sans s'immiscer dans l'administration de la Société, doit néanmoins contrôler toutes les opérations et déférer à l'assemblée générale celles qui paraîtraient contraires aux intérêts des actionnaires. Elle vérifie les comptes présentés par les gérants, ainsi que l'inventaire annuel qu'ils sont tenus de dresser ; elle peut convoquer l'assemblée générale en séance extraordinaire toutes les fois que les besoins de la Société l'exigent; elle fait part à l'assemblée générale de ses observations sur l'ensemble de l'administration de la gérance ; elle vérifie la caisse et le portefeuille, les livres et la correspondance, quand elle le juge à propos.

Toutes les délibérations de la commission de surveillance seront consignées sur un registre tenu à cet effet et signées des membres présents.

Les cinq premiers souscripteurs d'actions qui voudront accepter ces fonctions sont de droit membres de la commission de surveillance jusqu'à la convocation de la première assemblée générale.

TITRE VII.
Assemblées générales.

L'assemblée générale des actionnaires se réunira tous les ans au siége de la Société ou dans tout autre local désigné à cet effet ; l'assemblée générale représente l'universalité des actionnaires ; ses décisions seront obligatoires pour tous, même pour les absents.

Pour être admis aux assemblées générales, il faudra être porteur de deux cents actions au moins; ceux qui, porteurs de deux cents actions, voudront y assister, devront déposer leurs actions au siége de la Société, dix jours avant la réunion de l'assemblée; il sera donné un récépissé indiquant les noms et prénoms et la demeure des déposants.

Les porteurs de plus de deux cents actions auront dans la délibération, droit à autant de voix qu'ils auront de fois ce nombre d'actions, sans toutefois que chaque porteur d'actions puisse avoir plus de 4 voix.

La convocation des assemblées générales se fera dans le journal publié par la Société et dans deux autres journaux de Paris, dont la publicité est le plus répandue, un mois au moin avant l'époque fixée.

Au moyen de ces dispositions, l'assemblée générale ainsi convoquée sera régulièrement constituée, quel que soit le nombre des actionnaires présents et celui des actions qu'ils représenteront.

Les délibérations des assemblées générales seront prises à la majorité des voix ; elles seront constatées par procès-verbal transcrit sur un registre tenu à cet effet et signé par le président, le secrétaire et les membres de la commission de surveillance et des gérants présents.

L'assemblée générale arrête et approuve les comptes des gérants, fixe définitivement le montant des dividendes et en arrête la répartition.

TITRE VIII.
Journal des intérêts de la Société.

La Société s'engage à publier un journal mensuel spécial, dans lequel elle rendra compte non-seulement de ses opérations générales, mais encore de tout ce qui peut intéresser ses adhérents, soit par la publication des documents officiels du gouvernement, soit par celle de toutes ses correspondances particulières en Californie.

Chaque souscripteur d'actions aura droit à l'envoi franc de port du journal, moyennant une rétribution de deux francs cinquante centimes par année ; cependant il sera envoyé gratuitement et franc de port aux souscripteurs de vingt-cinq actions.

TITRE IX.
Dissolution ; liquidation.

La Société sera dissoute à l'expiration du temps fixé par les présents statuts, à moins que l'assemblée générale des actionnaires n'en ait ordonné la prorogation, ainsi que ce droit lui en est réservé.

La liquidation sera faite par les gérants, auxquels seront adjoints trois actionnaires nommés spécialement à cet effet, à la majorité des voix, par l'assemblée générale des actionnaires.

La commission de liquidation, ainsi composée, aura les pouvoirs les plus étendus, à l'effet de réaliser les valeurs mobilières et immobilières de la Société, soit par ventes amiables, soit par adjudications aux enchères publiques.

Les indemnités auxquelles pourrait prétendre la commission de liquidation seront fixées par l'assemblée générale qui l'aura nommée.

Le produit de la liquidation, toutes dettes et charges de la Société acquittées, sera affecté d'abord au remboursement intégral des actions ; le surplus, y compris le fonds de réserve, appartiendra aux actionnaires, dans les proportions de répartition indiquées au titre v, c'est-à-dire :

40 0/0 aux associés travailleurs ;
40 0/0 aux actionnaires ;
18 0/0 à la gérance ;
2 0/0 aux employés de l'administration.

En cas d'insuffisance du produit de la liquidation pour opérer le remboursement intégral des actions, la répartition des fonds disponibles se fera entre elles au marc le franc, et dans ce cas, les gérants n'auront rien à prétendre sur le fonds de réserve, quoique formé par les prélèvements sur les bénéfices.

TITRE X.
Jugement des contestations.

Toutes contestations entre les associés et la gérance, et les associés entre eux, pour raison des affaires de la Société, celles auxquelles pourrait donner lieu l'exécution des présents statuts, seront jugées, quel que soit le nombre et la division des parties en cause, par trois arbitres nommés par le président du Tribunal de commerce de la Seine, sur la requête et à la demande de la partie la plus diligente.

Le président fixera le délai dans lequel la sentence devra être prononcée ; il aura la faculté de la proroger au besoin.

Les arbitres jugeront souverainement et sans appel.

Actions de..... (Voir page 32).

LA RUCHE D'OR

AVANTAGES AUX TRAVAILLEURS.

Passage (et vivres à bord) *gratuit*. — Bonne direction en Californie afin que les produits soient considérables. — Logement en Californie, nourriture et
vêtements *gratuits*. — Soins *gratuits* du médecin qui
accompagne l'expédition. — Un *quart* brut du travail
quotidien. — 40 pour cent dans les bénéfices de la
compagnie. — Se hâter d'écrire pour faire partie du
nouveau départ composé de cinquante personnes, qui
va être effectué prochainement.

AVANTAGES AUX ACTIONNAIRES.

Dix pour cent avant tout partage; — Quarante
pour cent dans les bénéfices. — Nul doute que les
bases nouvelles adoptées par la Compagnie pour *intéresser* et par conséquent *conserver* ses associés-
travailleurs, ne donnent en peu de temps à ses actions
la valeur de celles d'Angleterre, cotées à des primes
considérables. — ACTIONS de 5 francs et au-dessus.

———————

Les documents officiels publiés par le Gouvernement français et par celui des Etats-Unis sur la Californie ; les relations très-détaillées, revêtues de
tous les caractères d'authenticité que donnent sur
ce pays les journaux les plus sérieux de France,
d'Angleterre, d'Amérique et de la localité même,
c'est-à-dire de San-Francisco, ne permettent plus
aux esprits les plus prévenus, les plus sceptiques, de
mettre en doute l'existence des trésors immenses
que renferme dans son sol l'Eldorado moderne. Pendant longtemps on a pu être ébranlé dans sa croyance
au récit de ces fortunes considérables, brillantes et
rapides dont la découverte du Pérou et du Mexique,
ces mines d'or inépuisables qui ont enrichi les Etats
de l'Europe méridionale, n'avaient pas donné d'exemple; mais maintenant que nous avons vu arriver à
New-York, à Londres et à Paris pour plus de *cinq
cents millions de francs* d'or en poudre, en paillettes,
en grains, en pépites; mais maintenant que nous
avons vu tous les peuples du globe s'émouvoir et
courir faire fortune sur les rives de l'Océan Pacifique;
mais maintenant que nous avons vu plus de six mille
de nos compatriotes partir résolument pour la Californie, non pour aller y chercher une existence médiocre
que la stagnation des affaires leur refusait en France,
non pour aller y chercher un bien-être éphémère,
mais pour y faire une vraie fortune, le doute, après
tant de preuves irréfragables s'appellerait indifférence, et cette indifférence....... nous ne la qualifierons pas.

Convaincus, par l'évidence des faits, de l'existence d'une terre aurifère, on s'est demandé si dans
six mois, dans un an, dans deux ans, le précieux
métal ne serait pas épuisé et si cette terre fortunée ne
deviendrait pas un aride désert, un *champ d'asile*. Non,
répondrons-nous, il ne peut en être ainsi si on considère, 1° L'étendue du pays, qui est le double de celle
de la France; 2° Les gisements de l'or, qui sont très-
nombreux et disséminés sur tous les points du sol;
3° Que la totalité de l'or recueilli jusqu'à ce jour provient des lits desséchés des nombreux cours d'eau
qui sillonnent la contrée; qu'il a été trouvé dans les
sables, dans les limons roulés ou déposés par les torrents débordés, et que ces plaines ou ces ravins sablonneux qu'on appelle *placers* redeviennent vierges

d'explorations, chaque année, après la saison des
pluies qui dure quatre mois (octobre, novembre, décembre et janvier); 4° Que des filons d'or ont été
trouvés, que des mines du précieux métal existent,
mais qu'elles n'ont pas été encore attaquées.

Il importe que la France suive le mouvement
si heureusement commencé, qu'un grand nombre de
ses enfants aille chercher sur cette terre lointaine,
mais qui n'offre pas de dangers sérieux, une existence
que notre ciel politique rend tous les jours plus difficile, plus problématique; mais il faut aussi que
l'émigration soit nombreuse, forte, unie, compacte,
dont les travaux, les fatigues, les périls, s'il s'en présente, soient partagés aussi bien que les joies, le
bien-être, la fortune; dont les intérêts enfin soient
solidaires. L'*association* est donc ici de toute nécessité :
elle est à l'*isolement* ce qu'est l'abondance aux privations, la fortune à la pauvreté, la vie à la mort.

Mais l'émigration de cent, deux cents ou trois
cents travailleurs qui doivent être transportés à quatre
mille lieues, habillés, armés, équipés, nourris pendant trois ans au moins, exige des sommes énormes
et n'est possible que pour un très-petit nombre de
fortunes, sans doute; aussi n'est-ce pas avec leurs
propres ressources que nous entendons faire partir
nos travailleurs. Du reste, tout le monde ne peut
émigrer, et l'âge, les maladies, la position sociale, de
doux liens de famille ne permettent pas au plus grand
nombre de faire une aussi longue absence. Cependant nous voulons que tous, hommes et femmes,
jeunes et vieux, riches et pauvres, célibataires ou
pères de famille participent au festin d'or auquel nous
les convions. Les travailleurs, forts, robustes, courageux, s'expatrieront, leurs bras élèveront des monceaux d'or; les *actionnaires* pourvoieront aux besoins
des émigrants, paieront leur entretien complet pendant tout le séjour en Amérique, et ainsi, par une
sage et équitable combinaison, les uns et les autres,
les uns par les autres aboutiront à un résultat commun : la fortune.

Dans cet ordre d'idées, la Compagnie de *la Ruche
d'Or*, s'éloignant d'une manière radicale des errements
suivis par ses devancières, fait aux travailleurs et aux
actionnaires les conditions suivantes :

1° Elle a résolu de recruter ses travailleurs loin des
villes, parmi les hommes les plus sains de corps, les
plus forts, les plus endurcis au travail, les plus habitués à la vie simple et dure, au faible gain, à l'obéissance et au respect de l'autorité. La Bretagne surtout,
où ses gérants ont de longues et honorables relations
établies, sera son principal champ de conscription ;

2° Elle n'accepte les travailleurs que sur la production de certificats constatant les antécédents les
plus honorables et les plus purs, et sur une déclaration des principaux membres de la famille du travailleur, s'engageant pour lui, d'honneur seulement,
il est vrai, à ce que le contrat signé sera exécuté avec
bonne foi et pleine loyauté ;

3° Le travailleur n'est engagé que pour trois ans;
trois ans juste après le jour de son départ, il doit être
rendu à ses foyers : il n'est donc bien réellement
obligé qu'à deux années de travail;

4° Outre sa nourriture, son logement, son entretien gratuits pendant les trois années et une très-belle
part dans les bénéfices, *il reçoit chaque jour un quart
de la quantité d'or qu'il a recueillie;*

5° Il n'est tenu à prendre aucune part d'intérêt
dans la compagnie, à ne fournir aucun fonds;

6° Lors du débarquement à San-Francisco, et avant
le départ pour les mines, chaque travailleur sera astreint de renouveler, dans la forme et sous l'empire
des lois américaines, le contrat signé par lui à Paris.

Les 40 p. 0/0 attribués aux travailleurs dans les bénéfices de l'entreprise sont la seule condition que les autres Compagnies aient prise en leur faveur.

La gratuité du transport et de l'entretien accordée au travailleur a pour objet de rendre absolument celui-ci l'obligé de la Société, et d'autoriser contre lui, en cas de désertion, l'emploi des mesures les plus sévères.

Le but que nous nous proposons, en attribuant à nos engagés le quart du produit de leur travail quotidien, est de les édifier, dès le premier jour, sur l'excellence de l'entreprise; d'entretenir et de stimuler leur zèle, de leur permettre enfin de faire jouir immédiatement leurs familles des fruits de leur labeur

L'ensemble de ces mesures aura pour résultat d'assurer à nos travailleurs des avantages beaucoup plus considérables, beaucoup plus sûrs que ceux qu'ils pourraient recueillir de leur travail isolé, et de leur ôter ainsi toute envie de désertion.

Mais, si à raison de l'importance de son concours, nous avons préparé avec tant de soin l'avenir du travailleur, c'est que nos calculs, établis sur les documents officiels, nous permettent de le faire sans que les intérêts non moins légitimes des actionnaires en soient aucunement lésés. Pour assurer à ces derniers des avantages proportionnellement égaux à ceux des travailleurs, il est fait en leur faveur,

1º Un *prélèvement de 10 0/0 du capital social, avant toute répartition de bénéfices;*

Et ils ont droit, comme les travailleurs,

2º à 40 0/0 dans ces bénéfices.

Ainsi, d'une part, et pour le travailleur, la gratuité du transport et de la vie complète, le quart du produit de son travail quotidien; d'autre part, pour l'actionnaire, 10 pour cent du capital social avant tout partage : tels sont les avantages particuliers que la compagnie de la *Ruche d'Or* offre à ses adhérents. Elle leur donne, en outre, comme les autres Compagnies, 40 0/0 dans les bénéfices nets.

Des bases si larges, si rationnelles, donnent à notre entreprise toutes les proportions d'un fait humanitaire. Le public, du moins, l'a compris ainsi; car de nombreuses souscriptions d'actions nous arrivent journellement de toutes parts, et nous comptons les demandes de travailleurs par centaines. Nous ajouterons que, pour déterminer notre choix en leur faveur, un grand nombre de ceux-ci nous ont offert d'eux-mêmes un cautionnement, ou bien une prise d'actions considérable. Quelques-uns, de plus, sont recommandés par de forts actionnaires.

Pour ce qui est du conseil de surveillance, nous n'avons point voulu en imposer un de notre choix. Il nous a paru moral de laisser le soin de son élection aux actionnaires eux-mêmes, et afin de faire concourir le plus grand nombre possible à cette élection, nos statuts confèrent le droit d'y participer à tout propriétaire de *cinquante* actions.

Un journal exclusivement consacré à la Société de la *Ruche d'Or* tiendra les actionnaires au courant de ce qui peut les intéresser, et les mettra sans cesse en communication avec les travailleurs de la Californie; ce qui leur permettra de suivre eux-mêmes, comme s'ils étaient sur les lieux, les progrès de l'exploitation.

Un comptoir établi à San-Francisco servira d'intermédiaire entre les travailleurs et la Société. Ce sera par lui qu'on recevra toutes les nouvelles, et sa mission sera de servir de point d'appui et de refuge aux colons.

Enfin, un *conseil scientifique*, spécialement composé de chimistes et de géologues, se réunira au siége de la Société, chaque fois que les gérants auront besoin de s'éclairer sur les modifications à apporter, dans l'intérêt général, soit aux procédés mécaniques et métallurgiques, soit au mode d'exploration en usage.

Nous appellerons, en outre, l'attention de nos commanditaires sur ces quelques points principaux :

1º Les Gérants ne se sont attribué aucune part d'action ;

2º Le cinquième dans les bénéfices nets qui leur est afférent, comme fondateurs de la Société, se trouve réduit de fait à moins d'*un vingtième*, par suite des divers prélèvements effectués avant tout partage, en faveur des Actionnaires et des travailleurs;

3º L'un d'eux au moins se rendra en Californie pour y surveiller les intérêts des Actionnaires ;

4º 25 actions donnent droit de faire partie des assemblées générales et de surveiller par soi-même les intérêts de la Compagnie;

5º Afin de faire participer les fortunes les plus modestes aux bienfaits de cette riche découverte, ils ont fixé *cinq francs* seulement le prix de leurs actions;

6º Enfin ils ont fait imprimer sur le verso de chaque action leurs statuts en entier pour que chaque actionnaire connaisse parfaitement ses droits.

Telles sont nos dispositions générales; elles sont, croyons-nous, de nature à rassurer même les plus craintifs, à satisfaire même les plus exigeants.

Il nous reste maintenant à faire connaître la situation actuelle de la Compagnie.

Les avantages considérables faits aux travailleurs nous ont donné la possibilité d'effectuer prochainement une expédition de travailleurs robustes et dévoués, qui tous, indépendamment d'une moralité éprouvée, fournissent des cautionnements de *deux* à *cinq* mille francs.

Cette expédition est précédée d'une première colonne de travailleurs, laquelle part à la fin du mois, sur le navire la *Louisiana*, pour faire les études nécessaires et préparer tout à la fois les travaux et les logements. Nous ferons coïncider ainsi l'époque de nos départs avec celle de la saison des travaux d'exploitation en Californie.

C'est là incontestablement la plus sérieuse garantie de produits certains, de grands et loyaux bénéfices. Tout autre mode de procéder n'aurait pas été moins désastreux pour les intérêts des travailleurs que pour ceux des actionnaires; les uns et les autres eussent couru de graves dangers. Notre devoir était de les prévenir; nous avons la confiance de l'avoir consciencieusement rempli.

Des combinaisons si prudentes, en assurant aux actionnaires le concours de nombreux travailleurs intéressés à leur rester fidèles, donneront bientôt à nos actions la valeur de celles des compagnies anglaises, qui sont cotées à des primes énormes.

Nous croyons avoir résolu de la manière la plus prudente, la plus morale et la plus sûre, le problème de l'exploitation des mines d'or de la Californie. L'actionnaire et le travailleur y trouveront les éléments d'une grande et rapide fortune, car la Californie n'est pas un Eldorado chimérique, c'est bien réellement une de ces terres vierges où le métal le plus précieux se trouve répandu à profusion; il ne faut pour le recueillir que de l'intelligence, de la persévérance, une direction sage et éclairée, et c'est à ces différents titres que nous soumettons au public nos projets de Société, que nous faisons appel à ses sympathies, à son actif concours.

Actions de.....(Voir page 32).

LA TOISON D'OR

Devant des faits accomplis, les doutes ne sont plus permis. Il est désormais reconnu et constaté par des documents officiels, fournis par notre représentant à San-Francisco, que nous pouvons, sans exagération, assurer d'immenses bénéfices aux actionnaires, et aux travailleurs faisant partie de la Compagnie.

De nombreux émigrants ont déjà réalisé, en peu de temps, des sommes considérables, que l'on pourrait croire fabuleuses si les registres de la douane de San-Francisco n'étaient là pour le témoigner. Et cependant, plus les travailleurs augmentent, plus les fortunes s'amassent, et plus l'or semble se multiplier et devenir abondant.

On peut dire avec vérité que l'on n'a pas encore découvert et exploité les mines d'or de la Californie, mais seulement la surabondance, le trop plein de ces mines; en effet, les rivières roulent des paillettes, et la pioche remue le minerai à fleur de terre.

Les émigrations, qui s'opèrent de tous les points du globe, nous démontrent d'une manière évidente les ressources offertes par ce pays féerique au travailleur intelligent, non plus isolé, livré à ses seules forces, toujours impuissantes; mais associé par compagnie, et exploitant le sol aurifère, sous la direction d'hommes capables et expérimentés.

Convaincus que le succès de l'entreprise dépend en grande partie de la manière dont l'exploitation sera gérée sur les lieux, et n'ayant rien voulu laisser au hasard ni promettre pour l'avenir l'établissement d'un comptoir en Californie, nous nous présentons, dès à présent, avec une maison avantageusement connue.

Devant de pareilles garanties, les doutes doivent disparaître, les intérêts de tous se trouvent également sauvegardés, à Paris, et à San-Francisco.

Les opérations de la Compagnie consistent dans l'exploitation des terrains aurifères ou mines d'or de la Californie, par les moyens les plus avantageux, tels que machines à draguer, à laver, à amalgamer, dans l'importation en France des produits de cette exploitation, et dans l'exportation des marchandises de toutes natures.

Chaque associé travailleur devra verser à la caisse de l'administration une somme de 600 francs en espèces; il devra en outre, lors de son engagement, fournir au gérant les pièces établissant son identité, sa moralité et sa position.

La Compagnie assure au travailleur son passage gratuit, aller et retour, sur un des navires de la Compagnie, une nourriture saine et abondante, le logement, l'habillement, l'entretien, les soins du médecin, et l'office de l'aumônier de la Compagnie, pendant la durée de l'engagement.

L'expédition sera pourvue d'armes.

Le travailleur recevra 50 pour 100 sur le produit de son travail, et nos actionnaires pourront espérer au moins cinquante fois le produit de leur souscription.

L'expédition sera sous les ordres d'un chef nommé par l'administration; la direction des travaux sera confiée à l'expérience d'un ingénieur.

L'administration donnera tous ses soins au matériel de l'expédition; rien ne sera négligé pour assurer aux travailleurs le bien-être le plus large pendant toute la durée de la traversée et des travaux d'exploitation. L'intelligence du chef de l'expédition et la capacité de l'ingénieur assurent à la Compagnie une réussite aussi complète que certaine dans toutes ses entreprises.

Parmi les nombreuses Compagnies qui se sont formées en France jusqu'à ce jour, dans le but de faire participer leurs actionnaires aux richesses de la Californie, aucune, on peut le dire, n'a su s'organiser sur des bases assez larges pour permettre aux fabricants et aux négociants de se mêler avec sécurité à l'exploitation des terrains aurifères, et d'unir leurs intérêts à ceux des travailleurs.

Les fondateurs de la Toison-d'Or, en établissant les statuts de la Société, fortement préoccupés de cet oubli de leurs devanciers, l'ont complétement réparé en admettant toutes les personnes du commerce à échanger des actions contre des marchandises de toutes espèces. Ces marchandises, expédiées en Californie, aux représentants de la Compagnie, sont vendues avec avantage; les bénéfices qui en résultent se mêlent à ceux de l'extraction de l'or, et tous ensemble sont partagés entre les actionnaires, commerçants et travailleurs.

Cette heureuse combinaison a le double avantage:

1° De donner aux fabricants et négociants, dont toute la fortune est dans le commerce, la facilité de s'intéresser aux exploitations des mines d'or;

2° D'offrir aux mêmes fabricants et négociants un débouché immense pour toutes les marchandises qui encombrent actuellement les magasins.

Un comptoir commercial, établi à San-Francisco et correspondant de la Toison-d'Or, est chargé du placement des marchandises, qui lui sont expédiées sous la surveillance des directeurs de la Compagnie; ce qui permet d'opérer la vente aux moments les plus propices et aux prix les plus élevés.

Les commerçants, et surtout les fabricants, comprendront les nombreux avantages qu'il y aura pour eux d'écouler leurs produits, au milieu d'un pays neuf, et par l'intermédiaire des représentants de la Société. Les opérations du comptoir de la Californie ayant pour but principal d'effectuer la vente des marchandises, les fonds provenant de cette vente seront adressés à Paris, avec une liste de tous les articles demandés à San-Francisco.

C'est alors que le directeur transmettra, de préférence, les commandes aux actionnaires de la Compagnie. La livraison de ces commandes aura lieu contre remboursement.

Bornons-nous à dire que la Toison-d'Or, outre sa participation à l'exploitation des sables aurifères et des mines d'or, remplit l'office d'une grande maison de commission; en un mot, elle fait, pour la France et la Californie, ce que la Compagnie des Indes fait, avec tant de succès, pour l'Angleterre et ses possessions transatlantiques.

On sentira l'importance d'échanger de bonnes marchandises contre nos titres d'actions, puisque ces marchandises serviront d'échantillons à San-Francisco, et que de leur qualité dépendront, en grande partie, le nombre et la valeur des commandes qui seront envoyées au directeur de la Société.

<hr>

Actions de...... (voir page 32).

LA MOISSON D'OR

OPPORTUNITÉ DE LA SOCIÉTÉ, SON OBJET.

Les immenses et inépuisables richesses que renferment les terrains aurifères de la Californie, mises en doute pendant quelque temps par des esprits incrédules, sont prouvées aujourd'hui d'une manière incontestable par les grandes quantités d'or qui ont été apportées de ce pays. Le terrain aurifère a même été reconnu beaucoup plus étendu et plus riche qu'on ne l'avait supposé, et quel que soit le nombre considérable de personnes qui se sont rendues en Californie depuis deux ans et qui y ont fa t une fortune rapide, les émigrans y trouveront pendant encore un très-grand nombre d'années le moyen prompt et certain de s'enrichir.

Les circonstances sont même plus favorables et plus encourageantes qu'elles ne l'ont jamais été pour l'émigration. Ce pays est aujourd'hui gouverné régulièrement, les choses nécessaires à l'existence y sont suffisamment abondantes. les terres sont explorées et défrichées, les moyens d'exploitation sont expérimentés, la propriété est protégée, en un mot toutes les garanties de bien-être et de succès sont assurées.

EXPLOITATION DES MINES D'OR.

La compagnie, s'étant rendu un compte exact de toutes les expériences qui ont été faites pour la recherche et l'extraction de l'or, possède les moyens les plus économiques et les plus efficaces pour opérer avec succès sur une grande échelle l'exploitation de l'or californien.

De nouveaux appareils brevetés feront produire à 10 travailleurs autant qu'à 100 par les procédés ordinaires.

Il en sera de la Californie comme de presque toutes les entreprises : LES DERNIERS VENUS PROFITERONT DES TRAVAUX DE LEURS DEVANCIERS ET RÉCOLTERONT CE QUE D'AUTRES AURONT EU LA PEINE DE SEMER.

COMMERCE D'EXPORTATION.

L'exploitation des riches mines d'or avait d'abord attiré seule l'attention des voyageurs, mais on reconnut bientôt qu'elle n'était qu'une des ressources qu'offrait la Californie pour faire fortune. Le grand nombre de personnes qui accourent de tous les pays vers la Californie donna bientôt naissance à un commerce important qui permet de faire participer aux bénéfices qu'il procure tous ceux qui, sans se déplacer, confient leurs capitaux aux compagnies formées pour l'entreprendre.

La compagnie la *Moisson d'Or*, pour satisfaire aux vœux de tous ses adhérents, fera marcher de front là recherche de l'or et le commerce d'exportation.

Le commerce d'exportation en Californie, aventureux dans le principe, est devenu aussi régulier que dans les autres pays, sans rien perdre des avantages qu'il a procurés aux premiers armateurs. Maintenant que le climat est mieux connu, que les besoins de la localité sont appréciés, en n'envoyant que les marchandises façonnées d'une manière convenable, on est certain de réaliser sans chance de perte des bénéfices très considérables. La compagnie, munie des renseignements les plus récents et les plus authentiques, s'est mise en rapport avec des fabricants d'objets appropriés aux besoins des habitants de la Californie. Elle est à même d'envoyer par le prochain navire une cargaison d'objets de choix et d'une vente assurée.

AGRICULTURE, COLONISATION.

Pour compléter son œuvre la compagnie fondera des colonies agricoles où les travailleurs trouveront une diversion à leurs travaux d'exploitation des mines, en cas de maladie ou d'infirmités un lieu de repos et de retraite. Ces colonies seront en outre pour la société une nouvelle source de prospérité.

Dans les pays vierges comme la Californie la culture des terres est doublement avantageuse, comme exploitation actuelle et comme placement d'avenir. Il y a dans certaines parties de l'Amérique des terres acquises dans le principe au prix de 2 fr. l'acre qui valent maintenant plus de 500 fr. La Californie est certainement appelée sous ce rapport à un avenir au moins aussi brillant.

Les procédés de culture les plus perfectionnés seront mis en pratique par les élèves les mieux notés de la colonie de Petit-Bourg, auxquels on accordera à titre de récompense la faveur de faire partie de l'expédition. La compagnie fera ainsi tout à la fois une bonne spéculation et une bonne œuvre.

AVANTAGES QUE PRÉSENTE LA SOCIÉTÉ.

En combinant avec sagesse et prudence les trois opérations d'exploitation de mines d'or, de commerce et de colonisation, la compagnie se prête à tous les besoins, à tous les intérêts et à toutes les positions sociales. Travailleur, commerçant ou agriculteur selon ses goûts, sa santé, son âge ou ses convenances de famille, l'associé dans la compagnie la *Moisson d'Or* profitera de tous les avantages que la société recueillera de cette mutualité et de cette solidarité d'opérations.

POSITION PARTICULIÈRE FAITE AUX TRAVAILLEURS.

Les travailleurs émigrants trouveront ainsi à leur disposition dans le sein même de la société tout ce qu'ils pourront désirer : nourriture, abri, vêtements, moyens de transports, facilités de correspondance, soins, protection, occupation variée et chances multiples de succès et de fortune.

A partir de l'époque fixée dans leur engagement les travailleurs sont pourvus abondamment de tout ce qui leur est nécessaire. On leur remet des vêtements, des provisions de bouche, tous les outils utiles pour leurs travaux, des tentes, des objets de campement et en un mot tout ce qui peut contribuer à faciliter et alléger leurs travaux.

Un aumônier, un médecin chirurgien, un pharmacien, un ingénieur et un directeur accompagneront l'expédition.

Le premier départ est fixé au 20 août prochain.

COMBINAISON FINANCIÈRE.

Le capital social est fixé à UN MILLION.

Chaque action est de 20 fr.

Les actions auront droit : 1° à 6 0/0 d'intérêt ; 2° à une part proportionnelle dans les bénéfices ; 3° à une part proportionnelle dans la propriété des terrains aurifères qui seront acquis par la société ; 4° à une part proportionnelle dans la propriété des colonies agricoles qui seront fondées par la compag.

Les bénéfices seront répartis comme suit : 80 0/0 aux intéressés ; 20 0/0 à la direction pour être équitablement répartis.

Le produit des travaux de recherche et d'exploitation de l'or appartiendra, savoir : 50 0/0 aux travailleurs ; 50 0/0 à la compagnie.

Le Directeur général fournit un cautionnement de 25,000 fr. en actions, qui devra être porté à 50,000 fr.

Actions de....... (voir page 32).

LE MINEUR

On se souvient encore de la sensation profonde qu'ont produite, il y a quinze mois, les nombreuses découvertes des Mines d'or en Californie ; un doute restait dans les esprits sur la vérité de cette assertion ; aujourd'hui, nous avons des preuves matérielles de leur réalité par l'or même qui arrive en abondance en Angleterre, et par celui que possèdent les plus notables changeurs, marchands d'or et banquiers de Paris. Quelques personnes revenues des bords du Sacramento, où elles ont ramassé de la poudre d'or pour des sommes assez importantes, ont fini par communiquer l'enthousiasme qui anime nos émigrants, et aux spéculateurs qui, avec une somme modique, peuvent réaliser en peu d'années une honnête aisance. Pour répondre et céder à de nombreux encouragements, nous avons fondé LE MINEUR ; nous suivons les mêmes bases de deux Sociétés qui, jusqu'à présent, ont le plus de garantie de succès, la Compagnie des MINES D'OR, dont l'un des Gérants, M. L. VAN DE CASTEELE, est le frère de l'un des fondateurs DU MINEUR, et l'AURIFÈRE qui elle-même a suivi la même organisation, et dont le succès, ayant été si rapide, constaté en leur faveur la droiture de leurs intentions ; c'est prédire au MINEUR un succès égal à ses devancières. Les Gérants du MINEUR possèdent toutes les garanties et les capacités nécessaires pour conduire une pareille entreprise, qui se trouve justifiée par l'empressement que met le public éclairé à prendre, à peine installé, des actions pour une somme importante ; ils ont donc tout lieu de croire que cette émission sera promptement épuisée. La Compagnie est dès à présent constituée pour organiser un premier convoi de Travailleurs qui partira du Havre dans le courant de juin sur l'un des plus beaux bâtiments. L'expédition sera conduite par un chef d'expédition et accompagnée d'un Ingénieur, d'un Aumônier, d'un Médecin, de trois Sœurs de charité, etc., et sera pourvue de mécaniques ou tables sibériennes pour le lavage et l'amalgamation des sables aurifères ; ces tables donnent dans les placers des résultats considérables ; cent Travailleurs dans la proportion de un à vingt (au lieu de un à quatre-vingt-deux que les machines obtiennent réellement) représentent deux mille hommes ; la journée moyenne d'un chercheur d'or isolé étant de 30 grammes, celle de cent Travailleurs sera de 60 kil. ; pour un mois, le produit serait de 1,800 kil. ; et pour l'année de huit mois (déduction faite de la mauvaise saison), 14,400 kil. à 3,000 fr. le kil., produiraient une somme de. . 43,200,000 f. c.

Frais supposés . . 400,000	} 4,720,000 f.		c.
A déduire 10, p.			
100 pour les pri-			
messemestrielles			
et secours. . . . 4,320,000			
Resté net.	38,480,000		
Les 40 p. % appartenant aux cent Travailleurs sont de. .	15,392,000		
Soit pour chacun et pour un an. . .	153,920		
Et pour les deux années de son engagement.	307,840		
Les 40 p. % à répartir aux 35,000 actions réalisées. .	15,392,000		

Donnent pour chaque action pour un an 439 fr. 77 c., et

pour une série de 5 actions. . 2,198 85 c. Et pour les 8 années 3,518 f. 16 c., et pour une série de 5 actions . . . . 17,590 80 c. La prorogation de la Société en donnera le double soit pour une action. . . . . 7,036 32 c. Et pour une série de 5 actions en seize ans. . . . . . . 35,181 60 c. Le tirage des primes peut s'élever par année, terme moyen, pour une série de cinq actions à 500 f., et pour les huit ans, 4,000 fr. ; c'est donc 21,590 fr. 80 c. en huit ans que peut rapporter une série de 5 actions ; et 43,181 fr. 60 c. pour seize ans, sans parler des bénéfices que la Compagnie peut réaliser par l'exploitation des maisons de bois.

CONDITIONS ET AVANTAGES DU SOUSCRIPTEUR.

Tout Souscripteur est libre de prendre une ou plusieurs actions de 10 fr. ; une action donne droit aux bénéfices ci-dessus, une seule action peut obtenir une prime de la valeur indiquée plus loin. Les avantages attribués à une série de 5 actions consistent : 1° à recevoir mensuellement le journal de la Compagnie qui publiera les résultats des travaux dans les Mines ; 2° la carte détaillée de la Californie ; 3° la certitude d'obtenir l'une des primes semestrielles. Le Souscripteur de plusieurs séries gagnera autant de primes qu'il possède de séries. Tout Souscripteur de moins de 5 actions aura le droit de compléter une série en rappelant les numéros d'ordre dont il est porteur. Tout Souscripteur de 50 actions recevra en prime 2 actions et 5 pour 100 actions ; plusieurs personnes peuvent se réunir pour compléter une série. Les premières quatre mille séries souscrites seront tirées au sort pour le départ de vingt Travailleurs, à raison d'un Travailleur par groupe de 200 séries ; le porteur du numéro sortant dans chaque groupe aura le droit de partir ou se faire remplacer par un tiers ; ainsi pour 10 fr. l'on court la chance de partir gratuitement.

CONDITIONS D'ADMISSION DU TRAVAILLEUR.

Tout Travailleur devra accompagner sa demande d'admission 1° d'un certificat de bonne conduite ; 2° d'un certificat de médecin ; 3° de son acte de naissance ; 4° indiquer sa profession ; 5° d'une somme de 800 francs qui seront convertis en 80 actions de 10 francs ; à défaut d'espèces, la Compagnie recevra comme garantie de son engagement une première hypothèque.—Aussitôt son admission il devra s'occuper de son départ et faire viser son passeport pour San-Francisco ; le jour lui sera indiqué par lettre personnelle : les frais de voyage jusqu'au Havre restent à sa charge ; mais aussitôt embarqué, il sera logé, nourri, habillé, armé, outillé, aux frais de la Compagnie pendant toute la durée de son engagement. Le travailleur peut se faire cautionner par un tiers.—Le Travailleur qui aura fourni une hypothèque n'aura pas d'actions.

RÈGLEMENT DU TIRAGE DES PRIMES.

La retenue de 10 pour 100 sur les bénéfices, déduction faite des secours accordés aux veuves et orphelins, sera convertie en 7,000 primes (soit une prime par série complète de 5 actions) ; le tirage de ces primes aura lieu tous les six mois, présidé par le Conseil de Surveillance et en présence des actionnaires, savoir : 1,000 primes à 550 francs.—1,000 à 450.—1,000 à 350.—1,000 à 250.—1,000 à 200. —1,000 à 150.—1,000 à 100.—On mettra dans une urne 5 numéros de 1 à 5, correspondant aux numéros des actions, on extraira de cette dernière un seul numéro indiquant l'action qui gagnera la prime dans toutes les séries ; exemple : supposons que le numéro 4 sorte de l'urne, ce sera la quatrième action dans chaque série qui gagnera la prime ; ensuite, 7,000 séries seront extraites de l'urne : les 1,000 premières sortantes gagneront chacune la prime de 550 francs, les 1,000 secondes de 450, et ainsi de suite jusqu'à l'épuisement des 7,000 séries.

GÉRANCE DE SAN-FRANCISCO.

L'un des Gérants, M. Xavier de Van de Casteele, partira pour San-Francisco afin d'arriver avant l'expédition, il s'entendra avec le chef d'exploitation de la Compagnie des Mines d'or qu'il trouvera installé ; il reconnaîtra et choisira un emplacement convenable pour être à même de diriger les travailleurs lors du débarquement ; sa mission se rattache, en outre, à tout ce qui a trait aux mines, à recevoir le dépôt provisoire des produits pour les expédier en France, à emmagasiner le matériel de réserve et les conserves alimentaires, à servir d'intermédiaire entre le directeur des mines et l'administration de Paris, à sauvegarder les intérêts des souscripteurs et à créer, par la suite, si c'est praticable, une vaste exploitation de maisons de bois ; les bénéfices en seront considérables. De petites maisons se louent depuis 2,000 jusqu'à 10,000 francs par mois.

ACTIONS DE DIX FRANCS.

Il est incontestable que les actions à un taux modeste sont très-recherchées ; outre l'avantage qu'elles ont d'être à la portée de tout le monde, elles servent plus facilement aux transactions. L'Angleterre, qui se réserve partout le monopole de l'initiative industrielle, les Compagnies californiennes ont leurs actions cotées à la Bourse, savoir : la Compagnie du *Sund Curadon* de 125 francs 3,800 francs. La Compagnie d'*East-Weal Rose* de 1,250 francs 16,500 fr. La Compagnie *Devon-Great-Consols*, versement de 25, ont dépassé 5,500 francs. Le *Mineur* a d'autant plus de raison de croire que ses actions atteindront une valeur très-élevée, qu'elles entraînent avec elles les primes semestrielles.—Les bénéfices mentionnés plus haut que peut rapporter une action de 10 francs ne sont nullement exagérés, le taux vient d'en être confirmé par l'un des plus notables membres de l'Institut et par des personnes très-expertes en matières aurifères.

Actions de...... (voir page 32).

LE NOUVEAU MONDE

Les fondateurs de la Compagnie Franco-Anglaise du Nouveau-Monde n'ont pas cédé à l'entraînement général, et se sont défendus longtemps contre l'attrait souvent trompeur des choses nouvelles.

Ils auraient pu fonder depuis un an l'entreprise qu'ils inaugurent aujourd'hui. Plusieurs d'entre eux appartenaient à une compagnie de colonisation déjà établie à Paris, et se trouvaient mieux placés que beaucoup d'autres pour profiter du mouvement industriel et commercial qui se rattache à la découverte des richesses minérales de la Californie. Mais pour ne rien livrer au hasard, et pour se donner le temps d'étudier mûrement toutes les questions soulevées par cette grande découverte, ils ont préféré attendre les documents officiels et les résultats des premières explorations.

Ces résultats ont dépassé les espérances les plus exagérées et convaincu les consciences les plus incrédules.

La quantité d'or que recèlent les terrains aurifères du Sacramento, du San-Joaquin et du Stanislaüs suffisent pour occuper et pour enrichir pendant plusieurs siècles des millions de travailleurs.

La Californie, deux fois grande comme la France, et qui ne compte pas plus de 100,000 individus, appellera longtemps toutes les populations exubérantes de l'Europe, et leur offre, indépendamment de ses richesses minérales, un sol admirable, dont la colonisation est encore une mine d'or. Son climat, tempéré comme le nôtre, et qui a plus d'une analogie avec la température de Paris, n'expose les colons français à aucune épreuve sanitaire, à aucune influence endémique.

Les immenses travaux récemment entrepris dans l'isthme de Panama pour relier l'Atlantique au Grand-Océan vont bientôt rapprocher la Californie de notre hémisphère et diminuer de plus de moitié la distance et les difficultés de la navigation.

Tout se réunit pour inviter les hommes actifs et laborieux à profiter de cette chance providentielle, et à prendre leur part dans cette nouvelle libéralité de la nature. Le moment est donc venu, même pour les esprits les plus sérieux et les plus circonspects, de fonder sur des bases solides une grande entreprise qui embrassera les trois branches d'industrie qui s'offrent d'elles-mêmes à l'association du travail et du capital :

    1º La recherche de l'or ;
    2º La colonisation ;
    3º Le commerce.

Tel est le triple but que se propose d'atteindre la Compagnie Franco-Anglaise du Nouveau-Monde.

Fondée à l'instar et sur le modèle des grandes compagnies anglaises, elle n'a pas cru devoir borner ses opérations à une exploration passagère du sol californien, et à quelques fouilles superficielles des terrains aurifères.

C'est à une œuvre plus sérieuse et plus durable qu'elle consacrera ses efforts.

Établir une communication permanente entre la France et la Californie, au moyen de comptoirs spéciaux et de relations continues ;

Acquérir, aux meilleures conditions possibles, des terres et des terrains dont la valeur s'augmentera en proportion des arrivages et de l'accroissement des populations ;

Faire fructifier ces possessions en ajoutant à la fertilité naturelle du territoire le puissant aliment de l'agriculture et de la colonisation ;

Profiter de toutes les chances favorables que peut présenter un pays neuf en établissant entre l'Amérique, l'Angleterre et la France un échange continuel d'exportation et un service régulier de transports ;

Ouvrir à l'activité française de vastes débouchés dans un moment où elle s'épuise sur le terrain de la concurrence, et où tant de familles ruinées par les révolutions ne savent plus à quelle industrie se vouer :

Tel est le plan adopté par les fondateurs de la Compagnie, et qui promet aux actionnaires, indépendamment d'une part considérable dans la récolte de

l'or, des dividendes réguliers pendant toute la durée de la Société, c'est-à-dire pendant cinquante ans.

Grâce aux diverses combinaisons de travail qu'elle fera marcher parallèlement, elle pourra, dans un bref délai, couvrir ses commanditaires de leurs avances, et leur servir, pendant un demi-siècle, des intérêts bénéficiaires qui s'accroîtront chaque année par la marche naturelle des choses.

C'est donc une rente considérable qu'on peut se promettre d'acquérir gratuitement en plaçant aujourd'hui un capital dans les mains de la Compagnie Franco-Anglaise.

C'est une loterie à coup sûr, dans laquelle chacun est certain de recouvrer sa mise et de gagner un lot.

Aussi a-t-on vu en Angleterre les capitalistes les plus prudents concourir à la fondation de plusieurs compagnies du même genre, dont les succès dépassent déjà toutes les prévisions.

Ainsi, les actions de la société d'East-Wheel-Rose, émises à 50 livres sterling (1,260 fr.), se négocient déjà à la Bourse de Londres à 15,500 fr. : *douze capitaux pour un !*

Celles du Sud-Caradan, émises à 5 livres sterling (125 fr.) se négocient à 3,750 fr. : *trente capitaux pour un !!*

Celles de Great-Consols, sur lesquelles on n'a versé que 25 fr., se négocient à 3,275 fr. : *cent trente capitaux pour un !!!*

Ces bénéfices fabuleux, auxquels on ne pourrait croire s'ils n'étaient certifiés par des documents authentiques, sont d'ailleurs en rapport avec les résultats obtenus en moins de 18 mois par une foule de travailleurs qui sont déjà revenus de Californie et qui rapportent en France, les uns 200,000 fr., les autres 500, et jusqu'à 800,000 fr. !

Or, si le travail d'un homme seul, arrivé sans appui, sans renseignements, sans secours, a pu produire de tels bénéfices en si peu de temps, qu'on juge de ce que pourra produire pendant 50 ans le travail d'une Compagnie puissante, aidée d'un capital considérable et munie des instruments de travail les plus perfectionnés !

Mais tout raisonnement devient superflu devant le document officiel suivant que nous empruntons au *Journal des Débats* des 23, 24 et 27 mai courant; nous copions textuellement :

« Les nouvelles de la Californie vont jusqu'au 1er avril; l'or est plus abondant que jamais.

« La législation de la Californie a passé un bill qui impose une taxe de 25 dollars (132 fr. 50 c.) par mois à tout étranger qui travaille aux mines.

« 25 dollars, *c'est à peu près la valeur d'une journée et demie de travail.*

« Près d'un lieu nommé Fremont's Camp, on a trouvé un lingot d'or du poids de huit livres et demie à Carew-Creek, il en aurait été découvert un bien plus merveilleux encore, il pèserait, dit-on, *quatre-vingt-treize livres. Sa valeur serait de 150,000 francs environ.* »

Que pourrait-on ajouter à l'évidence et à l'importance de ces preuves?

Par une autre dépêche du 7 mai, datée de New-York, il est constaté officiellement que l'or de Californie reçu dans les hôtels de monnaie depuis le 1er avril seulement, s'élève à treize millions sept cent mille dollars (69 millions de francs), dont onze millions deux cent mille dollars à Philadelphie.

C'est pour procurer à toutes les classes de la société les moyens de prendre part aux avantages incalculables de cette entreprise que la Compagnie du *Nouveau-Monde* a cru devoir créer des actions au porteur, de mille, de cent et de dix francs, qui permettront au pauvre comme au riche de s'associer à ses opérations.

Pour répondre aux besoins du commerce, et faciliter à MM. les négociants, manufacturiers, fabricants et artisans, fermiers et agriculteurs, l'écoulement de leurs marchandises et produits, elle s'est fait autoriser à recevoir le paiement des actions, soit en espèces, soit en bonnes valeurs, soit en marchandises, denrées, ustensiles, etc., etc., livrés sur facture à prix débattu, et à la convenance de la Compagnie.

Quant aux travailleurs de toutes classes, de toutes professions qui voudraient tenter la fortune en Californie, la Compagnie, fidèle à l'esprit philanthropique auquel elle doit son origine, tant en France qu'en Angleterre, n'exigera d'eux aucun apport de fonds, et ne leur demandera que du zèle et de la probité. Dans quelque position qu'il se trouve, l'honnête homme sans fortune pourra donc s'adresser avec confiance à la Compagnie du *Nouveau-Monde*, qui s'est donné pour mission de concilier, dans une juste mesure, les droits du travail avec ceux du capital, et d'ouvrir aux classes pauvres et laborieuses le chemin du travail et de la fortune.

Pour propager autant que possible dans les autres classes de la société les sentiments de fraternité et de charité chrétienne qui, mieux que les discussions politiques, contribueront à guérir les plaies de l'humanité, elle assure aux souscripteurs d'un intérêt de mille francs le droit de faire partir un travailleur pour la Californie, et procure ainsi à toutes les communes de France qui se préoccupent du sort de leurs pauvres l'occasion de les placer avantageusement, et de les enrichir, en les confiant au patronage de la Compagnie.

C'est sous ce rapport surtout que la Compagnie du *Nouveau-Monde* se recommande plus spécialement à l'attention de MM. *Préfets, Sous-Préfets, Maires et Adjoints, Conseillers Généraux, Municipaux et Communaux, aux Evêques, aux Curés, aux Membres des bureaux de Bienfaisance, en général à tout le clergé et à tous les fonctionnaires de l'ordre administratif.*

A l'exemple de ce qui se passe déjà en Allemagne et en Irlande, toutes les familles de France et d'Angleterre qui ont un parent pauvre et sans travail voudront se cotiser entre elles pour faciliter son transport en Californie et pour s'associer à sa fortune.

Ce sera pour les membres d'une même famille une bonne affaire, en même temps qu'une bonne action.

Les chefs de famille qui se préoccupent du sort de leurs enfants peuvent donc s'adresser avec confiance à la Compagnie du *Nouveau-Monde*, dont les statuts offrent toute garantie aux capitaux, et font à la bienfaisance une part aussi large que possible.

Actions de...... (voir page 32).

BIBLIOTHÈQUE POUR TOUT LE MONDE

RELIGION, MORALE,
ÉDUCATION.

Chaque ouvrage ne coûte que **20** centimes.

HISTOIRE, GÉOGRAPHIE,
SCIENCES, ETC.

En adressant un mandat de Poste de onze francs à M. Philippart, *libraire, rue Dauphine, 24, Paris,
on recevra immédiatement, franc de port pour toute la France,
les 50 ouvrages qui composent cette excellente Bibliothèque d'instruction élémentaire.*

1 Alphabet (*avec 100 gravures*).	18 Art poétique (*avec notes*).	55 Robinson raconté en famille.
2 Civilité (2e *livre de lecture*).	19 Morale en action.	56 Merveilles de la nature.
3 Tous les genres d'écriture.	20 Franklin (*OEuvres morales*).	57 Découvertes et inventions.
4 Grammaire de Lhomond.	21 Les hommes utiles.	58 Erreurs et Préjugés popul.
5 Le mauvais langage corrigé.	22 Les bons conseils.	59 Le Bonhomme *Pourquoi*.
6 Traité de ponctuation.	23 Histoire ancienne.	40 Histoire Naturelle
7 Arithmétique simplifiée.	24 — grecque.	41 Géologie
8 Mythologie.	25 — romaine.	42 Astronomie
9 Géographie générale.	26 — sainte.	43 Physique amusante } avec gravures.
10 — de la France.	27 — du moyen âge.	44 Chimie amusante
11 Statistique de la France.	28 — moderne.	45 Tenue des livres simplifiée.
12 La Fontaine (*avec notes*).	29 — de l'Amérique.	46 Géométrie
13 Florian (*avec notes*).	30 — de France.	47 Algèbre
14 Esope, etc. (*avec notes*).	31 — de Paris.	48 Arpentage } avec gravures.
15 Une lecture pour chaque dimanche	32 — de Napoléon.	49 Dessin linéaire
16 Morceaux de littérature : *Prose*.	33 Tablettes universelles.	50 Poids et mesures.
17 — — *Vers*.	34 Le monde à vol d'oiseau.	

Pour que cette Bibliothèque justifie son titre et qu'une place lui soit donnée dans toutes les familles ;—pour qu'elle soit réellement *élémentaire, instructive*, il faut que, TOUTE d'instruction, elle ne s'occupe que de sujets religieux, moraux ou scientifiques :—il faut aussi que son prix *extraordinairement bas* en rende l'acquisition très-facile *à tout le monde* : tel a été notre but.

OPINION DES JOURNAUX SUR LA BIBLIOTHÈQUE POUR TOUT LE MONDE :

Pour *quelques francs* employés à acquérir les cinquante ouvrages de la *Bibliothèque pour tout le monde*, on peut faire l'éducation morale, littéraire et scientifique de ses enfants. C'est ce que vient de résoudre la *Bibliothèque pour tout le monde* : histoires *sainte, ancienne* et *moderne*; histoire *naturelle*, choix de *littérature*, *astronomie, physique* rien ne manque à cette Encyclopédie élémentaire. Le papier, le format, le caractère, ne laissent rien à désirer, (*Ami de la Religion*.)

Nous avons tous des fils, des filles, des frères et des neveux auxquels nous aimons à faire de temps à autre quelque joli cadeau : les cinquante ouvrages composant la *Bibliothèque pour tout le monde* feront le bonheur de vos jeunes protégés.
Que de choses on peut apprendre! quelle source de plaisirs utiles on trouvera dans la *Bibliothèque pour tout le monde*! (*Gazette de France*.)

Réunir les éléments des connaissances humaines dans une collection de cinquante volumes, qui par leur bas prix sont à la portée de toutes les fortunes, voilà le but que s'est proposé l'éditeur de la *Bibliothèque pour tout le monde*.

Traitée dans chacune de ses parties par des hommes spéciaux et qui savent ce qu'on doit à la jeunesse, cette Encyclopédie élémentaire est à la fois une heureuse entreprise et une bonne action. (*Débats*.)

Il ne suffit pas d'enseigner aux enfants l'histoire, l'astronomie, la physique, les connaissances utiles et propres à former l'esprit : il faut surtout faire jaillir la pensée morale et semer au cœur de la jeunesse les principes de charité, d'ordre et de justice, qui seuls font les bons fils, les bons pères, les bons citoyens. C'est ce que nous sommes heureux de remarquer dans les ouvrages qui composent la *Bibliothèque pour tout le monde*. (*Journal des Villes et Campagnes*.)

Rendre l'éducation des enfants facile, complète, et cela pour la somme de quelques francs, tel est le problème que vient de résoudre la *Bibliothèque pour tout le monde*, qui contient à la fois les livres élémentaires, l'histoire de tous les temps et de tous les peuples, l'arithmétique, l'astronomie, la chimie, le dessin linéaire, etc., etc. (*Univers religieux*.)

Paris.—Imprimerie Bonaventure et Ducessois, 55, quai des Grands-Augustins.

La Californienne Actions de 100 francs. A effectué trois départs (plus de 300 travailleurs), et servi des intérêts aux actionnaires.

Société générale Actions de 125 fr. A effectué plusieurs départs.

Compagnie Française-Américaine Actions de 5 fr. et de 25 fr.—A effectué deux départs.

L'Aurifère Actions de 10 fr. A effectué un départ.

La Bretonne Actions de 10 fr. A effectué deux départs.

La France Actions de 50 fr.

La Ruche d'Or Actions de 5, de 25 et de 50 fr.

La Fortune Actions de 10 et de 50 fr.

La Commerciale (plus spécialement pour les opérations commerciales), maisons en bois, objets meublants, etc. Actions de 10, de 50, 100 et 500 fr.

Le Mineur Actions de 10 fr.

La Toison d'Or Actions de 10 fr.

La Moisson d'Or Actions de 20 fr.

Le Nouveau Monde Actions de 100 fr. et de 1,000 fr.

Les actions des Compagnies californiennes n'étant presque toutes que de quelques francs chacune, il est indispensable, pour s'éviter les frais et embarras de correspondance, de s'adresser à Paris à un CORRESPONDANT qui puisse, *sans augmentation de prix,* les fournir toutes *indistinctement,*—et qui, si on ne lui désigne pas les Compagnies, soit en position de placer au mieux des intérêts des demandeurs, en DIVISANT la somme entre ces Compagnies.

Il vaut donc mieux diviser son argent entre les meilleures Compagnies, que de le placer dans *une seule,*—car malgré l'assurance donnée par presque toutes ces Compagnies de faire produire plusieurs capitaux pour un par an, il est à présumer que toutes ne donneront pas ce résultat,—et en divisant son argent entre celles qui offrent le plus de garanties, la chance de réaliser des bénéfices est moins incertaine.

Pour placer quelque argent dans ces Compagnies, il suffit d'adresser, à M. PHILIPPART, libraire, *rue Dauphine,* 24, à Paris, un mandat pris à la poste de *cinq francs* seulement : on ne paiera l'excédant du montant de la demande qu'en recevant les actions, *qui sont au porteur.* — Cette demande peut même n'être que de *cinq francs,* puisqu'il y a des actions à 5 fr.; —mais si l'on veut placer 25 fr., 50 fr., 100 fr. et plus, il ne faut, d'abord, *envoyer que cinq francs :* ce n'est qu'en recevant les actions demandées qu'on paiera le surplus. —(*Désigner* les actions qu'on désire,—et si on ne les *désigne pas,* M. Philippart *divisera* la somme entre les Compagnies qui lui paraîtront offrir les garanties les plus sérieuses.)

Le Gérant, GUERNET.

N° **2** du 1ᵉʳ au 31 août 1850.

LE COURRIER
DE LA
CALIFORNIE

Journal mensuel.

1ᴱᴿ ET 2ᴹᴱ RAPPORTS OFFICIELS

adressés au Gouvernement Américain ;

Combinaisons sur lesquelles sont basées les Sociétés,

ET

MOYENS D'OPÉRATIONS

EXTRAITS DE LEURS STATUTS, ETC,

PLACEMENT DE FONDS.

Les Numéros se vendent séparément 25 cent.

BUREAUX, RUE DAUPHINE, 18, A PARIS.

Le prix de l'abonnement est de 3 fr. par an.

Les actions des nombreuses Compagnies qui viennent d'être créées pour la **Recherche de l'or en Californie,** — et pour le **Commerce avec ce pays,** si prodigieusement riche, — n'étant presque toutes que de quelques francs chacune, il est indispensable, pour s'éviter les frais et embarras de correspondance, de s'adresser à un **Correspondant** qui puisse, **sans augmentation de prix** (et sans frais supplémentaires pour commission), les procurer toutes **indistinctement,** — et qui, si on ne lui désigne pas les Compagnies, soit à même de placer au mieux des intérêts des demandeurs, en **divisant la somme,** — car malgré l'assurance donnée par les Compagnies de faire produire plusieurs capitaux pour un seul capital engagé, toutes ne donneront pas ce résultat.

En **divisant son argent** entre celles qui paraissent offrir **le plus de garanties,** la chance de réaliser des bénéfices est donc certainement beaucoup plus grande.

Mais en cela est la difficulté pour l'actionnaire : car pour **diviser** un petit capital, soit de 50 francs entre quatre ou cinq Compagnies, — et de 100 francs ou de 200 francs et plus, entre une dizaine de Compagnies qui aient déjà prouvé qu'elles avaient commencé des opérations, — comment fera l'actionnaire ?— Voici le moyen :

Pour placer cet argent dans ces Compagnies, adresser à M. Philippart, libraire, **rue Dauphine, 18,** à Paris, un mandat pris à la poste de **cinq francs** seulement : on ne paiera l'excédant du montant de la demande qu'en recevant les actions, qui sont **au porteur.**— Si l'on veut placer 25 fr., 100 ou 200 fr. *et plus,* il ne faut d'abord envoyer que ce mandat de poste de **cinq francs :** ce ne sera donc qu'en recevant les actions demandées qu'on paiera le surplus.—(**Désigner** les actions qu'on désire, et, si on ne les **désigne pas,** M. Philippart[1] **divisera la somme** entre plusieurs Compagnies.)

(Lire les articles placés aux pages 7 et 31.)

---

[1] M. Philippart est l'éditeur de la *Bibliothèque pour tout le monde,* très-excellente collection d'ouvrages moraux, instructifs, à 20 centimes chacun.—[Voir page 31.]

CALIFORNIE

DOCUMENTS OFFICIELS

ADRESSÉS

au Gouvernement Américain.

EXTRAIT

D'UN PREMIER RAPPORT OFFICIEL

adressé au

GOUVERNEMENT AMÉRICAIN

« On savait, à l'époque de la découverte de la Californie, qu'il s'y trouvait beaucoup de mines de métaux précieux. Des découvertes récentes autorisent à croire que ces mines sont plus étendues et plus précieuses qu'on ne l'avait pensé d'abord. *Les récits sur l'abondance de l'or dans ce pays sont si extraordinaires, qu'on les croirait à peine s'ils n'étaient confirmés par des rapports authentiques de fonctionnaires publics qui ont visité le district minéral pour y faire des observations personnelles.*

« L'officier qui commande nos forces dans la Californie, hésitant à ajouter foi aux bruits qui circulaient sur l'abondance de l'or, visita, au mois de juillet dernier, le district minéral, pour y recueillir des renseignements précis. Je soumets au congrès son rapport au département de la guerre, sur le résultat de son examen, ainsi que les faits constatés sur les lieux. Lorsqu'il visita ce pays, quatre mille personnes étaient occupées à extraire de l'or. Il y a de justes raisons de croire que ce nombre a augmenté depuis. Les explorations déjà faites permettent de croire que les mines sont abondantes et que l'or se trouve en divers endroits sur une vaste étendue du pays.

« Les effets produits par la découverte de ces riches dépôts minéraux et le succès des travaux entrepris ont amené un changement étonnant dans l'état des affaires de la Californie. Le taux des salaires est exorbitant, et toute autre occupation que la recherche de l'or est abandonnée. Presque toute la population du pays est allée dans le district des mines.

« L'abondance de l'or et la recherche de ce métal, qui est la préoccupation de tout le monde, ont déjà occasionné dans la Californie une hausse extraordinaire dans le prix des denrées nécessaires à la vie.

« Pour que nous puissions entrer plus promptement et d'une manière plus complète en jouissance de la richesse de ces mines, il est de la plus haute importance que l'établissement d'une succursale de la monnaie des États-Unis soit autorisé, pendant votre présente session, pour la Californie. »

2ᵐᵉ RAPPORT

LE COLONEL MASSON AU GOUVERNEMENT AMÉRICAIN

« J'ai l'honneur de vous informer qu'accompagné du lieutenant Sherman, mon aide de camp, je suis parti le 12 juin dernier pour visiter le nord de la Californie. Mon principal objet était d'aller voir par moi-même les mines d'or qu'on venait de découvrir dans la vallée du Sacramento. Nous arrivâmes à San-Francisco le 20, et, à notre grand étonnement, nous trouvâmes que toute ou du moins presque toute la population mâle était partie pour les mines d'or. La ville, qui, peu de temps auparavant, présentait une activité si remarquable, semblait maintenant presque déserte.

« Le 25, nous reprîmes notre route, par Bodega et Sonoma, pour le fort de Sutter, où nous arrivâmes le 2 juillet au matin. Sur toute notre route, nous ne vîmes que maisons désertes, fermes abandonnées, moulins inoccupés, champs et récoltes livrés aux troupeaux, aux animaux errants. Au fort de Sutter, on voyait un peu plus d'activité et d'affaires. Des bateaux déchargeaient leurs cargaisons; des charrettes transportaient des marchandises au fort, où déjà sont établis quelques magasins, un hôtel, etc. Le capitaine Sutter n'avait pu cependant conserver que deux ouvriers à son service, un carrossier et un forgeron, qu'il payait alors au prix de 10 dollars par jour (53 fr.). Les marchands lui paient à lui-même 100 dollars (530 fr.) par mois

pour une seule chambre ; et tandis que j'étais sur les lieux, j'ai vu louer une petite maison du fort au prix de 500 dollars (2,650 fr.) par mois.

« Sollicité par un grand nombre de personnes, je suis resté au fort pour y célébrer l'anniversaire de l'indépendance nationale, et je n'en suis parti que le 5 juillet. Ce jour-là, je fis vingt-cinq milles, qui me conduisirent à la Fourche américaine, lieu connu aujourd'hui sous le nom de *Lower-Mines* (les Mines-Basses) ou *Mormon-Diggens* (Fouilles des Mormons). Les flancs des collines étaient, en cet endroit, couverts de tentes en toile ou d'abris provisoires en branchages ; on y voyait aussi un magasin et plusieurs cantines en plein air. La chaleur du jour était étouffante. Deux cents hommes cependant travaillaient sous les rayons d'un soleil ardent, lavant le sable pour en extraire l'or, armés les uns de casseroles, les autres de paniers indiens d'un tissu très-serré ; le plus grand nombre opérait à l'aide d'un appareil très-grossier, connu sur les lieux sous le nom de *cradle* (berceau). Il est porté, comme les chevaux de bois ou les berceaux d'enfants, sur une bascule ; il a six ou huit pieds de long, est ouvert par le bas et garni dans le haut d'une grille ou d'un crible grossier ; le fond est arrondi et traversé, de distance en distance, par des baguettes de bois qui, à vrai dire, font l'office de filtre.

« Il faut quatre hommes pour travailler avec cette machine : l'un enlève le sable sur le bord de la rivière ; l'autre le jette dans l'appareil, sur la grille ; le troisième tient la machine en mouvement ; le quatrième, enfin, puise de l'eau et la précipite avec le sable. La grille empêche les pierres d'entrer dans l'appareil ; le courant d'eau délaye la terre, et le sable descend au fond de la machine, laissant l'or mêlé à un sable noir sur les baguettes qui traversent le fond de l'appareil. L'or et le sable, ainsi mélangés, sont retirés à la main de l'appareil, et séchés au soleil, et enfin, séparés en vannant le sable à l'air libre. Quatre hommes armés de cet appareil gagnaient alors environ 100 dollars (550 fr.) par jour. Les Indiens et ceux qui n'ont que des casseroles ou des paniers de jonc font le lavage à la main, extraient d'abord les grains, et font ensuite sécher le sable mêlé à la poudre d'or selon le procédé que j'ai décrit. L'or des *Lower-Mines* est d'un titre élevé, et j'en envoie avec cette dépêche plusieurs échantillons.

DÉCOUVERTE DE L'OR.

« En remontant la branche méridionale de la Fourche américaine, le pays devient de plus en plus montagneux, et, à la scierie mécanique, établie à vingt-cinq milles des derniers lavages d'or, c'est-à-dire à cinquante milles du fort Sutter, a hauteur des montagnes est d'environ 1,000 pieds au-dessus de la vallée du Sacramento. Là commence à croître une espèce de pins dont l'exploitation a été la cause de la découverte de l'or. Le capitaine Sutter, voulant entreprendre le commerce des planches, passa, en septembre dernier, marché avec un M. Marshall, pour faire construire en ce lieu une scierie mécanique, mise en mouvement par une chute d'eau. Le moulin fut construit pendant l'hiver dernier ; mais, quand on voulut lâcher l'eau sur la roue, il se trouva que le sas de la roue était trop étroit pour laisser échapper le volume d'eau qu'on lui apportait. M. Marshall, pour épargner la main-d'œuvre et les frais, laissa tout simplement à la chute d'eau le soin de se creuser elle-même un passage en approfondissant le sas de la roue. Il en résulta qu'au bout d'un peu de temps un monceau de sable et de détritus se forma au pied de la chute.

« Or, un jour où M. Marshall venait examiner le résultat de l'opération, il remarqua, dans le sable accumulé quelques particules brillantes, qu'il ramassa, et dont, après examen, il reconnut la valeur. Il raconta sa découverte au capitaine Sutter, et tous deux se promirent bien de la tenir secrète ; mais, précaution inutile ! Le bruit s'en répandit comme par enchantement. Les merveilleux succès des premiers explorateurs attirèrent, en quelques semaines, des centaines d'hommes. Au moment de mon voyage, il y avait à peine trois mois que la découverte était connue, et déjà l'on estimait à plus de quatre mille le nombre des gens qui s'étaient lancés dans les déserts à la recherche de l'or. Auprès du moulin, on voit un magnifique banc de sable aurifère, que l'on respecte comme la propriété du capitaine Sutter, bien que lui-même n'y prétende aucun droit. M. Marshall demeurait, lui, auprès du moulin, et il m'apprit que beaucoup de gens travaillaient au-dessus et au dessous de lui, recueillant environ d'une à trois onces par jour et par homme. Cet or est un peu moins pur que celui des *Lower-Mines*.

« Le 7 juillet, je partis du moulin et passai sur les bords d'un petit ruisseau qui se décharge dans la Fourche américaine, à trois ou quatre milles en avant du moulin. Je l'ai traversé au lieu connu aujourd'hui sous le nom de Webers'-Creek, et où MM. Sanol et compagnie ont établi présentement leurs lavages. Ils emploient une trentaine d'Indiens, qu'ils paient en marchandises. Je vous adresse quelques échantillons de l'or ramassé par ces messieurs ; il est d'un titre très-élevé, comme celui des *Lower-Mines*.

« De là, après avoir remonté le ruisseau l'espace d'environ dix milles, nous rencontrâmes une grosse masse de peuple, Indiens et autres, explorant le cours d'eau ou celui des ravins qui l'alimentent, en hiver. Ces ravins sont excessivement riches, et l'on y recueillait alors, en moyenne, environ deux onces d'or par homme et par jour. On me signala une crevasse assez longue, d'une centaine de yards sur quatre pieds de large et deux ou trois de profondeur, comme le lieu où deux hommes, W. Dirly et Perry Mac-Coon, ont, en peu de jours, recueilli de l'or pour une valeur de 17,000 piastres (90,000 fr.). Le capitaine Weber m'apprit que ces messieurs avaient employé quatre blancs et une centaine d'Indiens, et qu'après une semaine de travail ils avaient pu payer leurs hommes en gardant pour eux 10,000 dollars (55,000 fr.). Un autre petit ravin, qui me fut montré, a produit de même 12,000 dollars. **Il y a des centaines, des milliers de ravins de cette espèce, qui n'ont pas encore été explorés et qui, selon toute vraisemblance, sont aussi riches.**

« Je pourrais citer des centaines d'exemples du même genre; mais, pour donner une idée des quantités d'or qui affluent dans les poches de tout le monde, je vous raconterai ce que j'ai vu sous mes yeux, au lieu dit le *Magasin-de-Weber*. Ce magasin n'est, à proprement parler, qu'une hutte en branchages, sous laquelle le capitaine a créé une boutique d'épicerie et de mercerie. J'ai vu un homme qui, ayant découvert dans la boutique une bouteille de poudre de Sedlitz, voulait l'acheter; le capitaine répondit que la bouteille n'était pas à vendre. « J'en offre une once d'or.—Non; d'ailleurs, elle ne me coûte que 1/2 dollar (2 fr. 65 c.).—Alors, en voulez-vous une once d'or et demie. » Le capitaine se laissa faire. D'après cela, vous jugez si tout y est hors de prix. Eh bien! les Indiens, qui, il y a quelques mois, n'avaient pas même de haillons pour se couvrir, sont tous, aujourd'hui, chamarrés d'étoffes éclatantes.

« Le 8 juillet, je retournai à *Lower-Mines*, et je me préparais à aller visiter les rivières Feather, Yubah et Bear, lorsque je fus rappelé à Monterey par d'importantes dépêches du capitaine A. Long. Avant de partir cependant, j'ai acquis la certitude qu'il avait été découvert de l'or dans le lit de chacune des rivières et dans la plupart des petits ruisseaux qui coulent entre le Bear et la Fourche américaine, comme aussi dans les consummes, au sud de la Fourche.

« M. Sinclair, dont le *rancho* (la ferme) est située à trois milles au-dessus du fort Sutter, emploie environ cinquante Indiens. Quand je l'ai vu, il y avait presque cinq semaines qu'il travaillait, et ses Indiens n'employaient que des paniers d'un tissu très-serré; cependant sa part de bénéfice, que j'ai vue, se montait à la valeur d'environ 16,000 piastres (85,000 fr.). Il me fit voir le résultat de son travail pour la semaine qui venait de s'écouler : 14 livres avoir-de-poids d'or bien lavé.

« Le principal magasin du fort Sutter, celui de Brannan et Comp., a reçu, depuis le 1er mai jusqu'au 10 juillet, pour une somme d'environ 36,000 dollars (190,800 fr.) d'or nouvellement découvert. D'autres négociants n'en ont pas moins reçu. Tous les jours, on expédiait de la côte pour les mines de grandes quantités de marchandises : car les Indiens, autrefois si pauvres et si misérables, sont des consommateurs importants.

« Si beaucoup, si le plus grand nombre des fermiers ont abandonné les travaux de la terre pour se jeter sur les mines, il n'en est point ainsi du capitaine Sutter, qui vient de rentrer une importante récolte de 40,000 boisseaux de grains. La farine se vend déjà au fort 35 dollars le baril; elle sera bientôt à 50. A moins qu'on ne nous expédie de très-grandes quantités de denrées alimentaires, nous devons craindre la disette. Cependant, comme tout le monde est aujourd'hui capable de payer des prix élevés, nous devons espérer que du Chili et de l'Orégon on nous enverra des provisions en quantité suffisante pour nous permettre de passer l'hiver.

« La découverte de ces riches dépôts a changé complétement l'aspect de la Haute-Californie. Ses habitants, occupés exclusivement, il y a

quelques mois encore, aux travaux de l'agriculture, sont tous allés aux mines. Les ouvriers de toutes professions ont abandonné leurs métiers et les commerçants leurs boutiques; les marins désertent aussitôt qu'ils arrivent. Il y a maintenant deux ou trois navires qui sont mouillés dans la baie de San-Francisco, et n'ont pas un homme à bord. La même cause a entraîné beaucoup de désertions dans les troupes. Pendant quelques jours le mal a été si menaçant, que j'ai dû craindre de voir la garnison de Monterey déserter en masse. Il faut le dire, la tentation est si grande! peu de danger d'être repris, l'assurance d'un salaire énorme, doublé en un jour de la paie d'un soldat pour un mois! Pour les appointements d'un lieutenant ou même d'un capitaine (c'est au moins 500 fr. par mois aux Etats-Unis), on ne peut pas avoir un domestique.

« Un charpentier, un ouvrier de quelque profession que ce soit, ne loue pas ses services à moins de 15 ou 20 dollars (80 à 106 fr. par jour). Que faire dans une situation pareille? Maintenant, d'ailleurs, il n'est plus, en Californie, possible à un officier de vivre avec sa solde; l'argent a si peu de valeur, les prix des objets manufacturés et ceux des denrées alimentaires sont si élevés, et la main-d'œuvre est si chère, que ceux-là seulement peuvent avoir un domestique ou un cuisinier qui gagnent 40 à 50 dollars! Cet état de choses ne peut pas durer.

« Une foule de lettres particulières ont annoncé, avant moi, aux Etats-Unis, l'importance des découvertes qui viennent d'être faites, et peut-être s'étonnera-t-on que je n'aie pas écrit plus tôt sur le même sujet. Ma réponse sera facile : Je ne pouvais pas croire aux merveilleux rapports que je recevais avant d'avoir visité le pays moi-même.

« Mais aujourd'hui je n'hésite pas à dire qu'il y a plus d'or dans les vallées arrosées par le Sacramento et le San-Joaquin qu'il n'en faut pour payer et payer cent fois tout ce qu'a pu coûter la guerre avec le Mexique. Et, pour mettre ces mines en valeur, il n'y a pas de capital à dépenser : un pic, une pelle et un plat de terre, c'est tout ce qu'il faut pour recueillir le précieux métal.

« M. Dye, habitant de Monterey, homme instruit et digne de confiance, revient aujourd'hui même des explorations faites sur la rivière Feather. Il me raconte que la Compagnie à laquelle il appartient, après avoir travaillé sept semaines et deux jours, en employant environ cinquante Indiens par jour, a recueilli, comme produit brut, 273 livres pesant d'or. Pour sa part (un septième), il a reçu, après tous frais payés, 57 livres pesant, qu'il vient d'apporter à Monterey et de me montrer. Je ne vois personne revenir sans rapporter ses 2, 3 ou 4 livres d'or. Un soldat d'artillerie, qui avait obtenu un congé de vingt jours, vient de nous rentrer avec 1,500 dollars (7,950 fr.), et son voyage lui a pris onze jours, de sorte qu'il n'a réellement travaillé que neuf jours, qui lui ont rapporté plus qu'un engagement au service de l'Etat. Tous ces faits paraissent incroyables; et cependant ils sont vrais.

« On donne pour certain qu'il a été découvert

de l'or sur le versant occidental de la Sierra-Nevada. Quand j'étais moi-même au *Gold-District*, j'ai appris d'un Mormon, homme intelligent, qu'il avait été trouvé de l'or près du grand lac Salé par quelques-uns de ses frères. Presque tous les Mormons ont quitté aujourd'hui la Californie pour se rendre au lac Salé, et certainement ils ne le feraient pas s'ils n'étaient pas sûrs d'y trouver pour le moins autant d'or qu'ils en peuvent recueillir maintenant sur les rives du Sacramento.

« Le gisement d'or situé près de la mission de San-Fernando est connu depuis longtemps, mais le défaut d'eau a empêché de l'exploiter. C'est un rayon détaché de la Sierra-Nevada, c'est-à-dire de la chaîne où l'on vient de découvrir tout-à-coup tant de richesses. Il y a donc lieu de croire que, dans l'espèce intermédiaire de cinq cents milles, complétement inexplorés aujourd'hui, il doit se trouver beaucoup de richesses cachées.

« Avant de quitter cet intéressant sujet, je dois dire qu'à mon retour du Sacramento, je me suis arrêté au Nouvel-Almaden, à la mine de mercure de M. Alexandre Forbes, consul de Sa Majesté britannique, à Tepic. Cette mine se trouve sur un éperon des montagnes, situé à un millier de pieds au-dessus du niveau de la baie de San-Francisco. Elle est éloignée d'environ douze milles, et dans la direction du sud, du Pueblo de San-José.

«Le minerai (cinabre) se présente sur une grande veine qui s'enfonce dans la montagne en décrivant un angle très-ouvert avec l'horizon. On emploie des ouvriers mexicains à l'extraire par des galeries d'environ six pieds de haut sur sept de large, et qui suivent les contours de la veine. Les fragments de roc et de minerai sont enlevés à dos d'Indiens, dans des sacs de cuir. A la sortie de la mine, on charge le minerai sur des tombereaux qui le descendent dans une vallée bien fournie de bois et d'eau, et où s'élèvent les fourneaux. Ils sont de la construction la plus simple, exactement semblables au four ordinaire des boulangers. Au sommet, ils sont couronnés par une marmite de baleinier, à laquelle une autre marmite renversée sert de couvercle ; une ouverture pratiquée à ce couvercle conduit, par un canal en brique, à une chambre, au fond de laquelle est placé un chaudron de fer. Cette chambre a une bonne cheminée.

« Tous les matins, on remplit les marmites de minerai concassé et mêlé de chaux, puis on allume le feu et on l'entretient jusqu'à la nuit. Le mercure se volatilise, passe dans la chambre, se condense sur ses parois, et retombe dans le récipient qui lui a été préparé. On n'emploie pas d'eau pour opérer la condensation.

« Lors d'une visite qu'au printemps dernier j'ai faite à cette mine, quatre fours, comme celui que je viens de décrire, étaient en activité, et, pendant les deux jours, que j'ai passés sur les lieux, ils ont produit 656 livres pesant de mercure, qui se vendait alors 1 dollar 80 c. (9 fr. 75 c.) la livre à Mazatlan. M. Walkinshaw, le directeur actuel des travaux, me mande que la veine est devenue beaucoup plus abondante, et qu'elle rend assez pour lui permettre de garder ses ouvriers, même dans ces temps extraordinaires.

« Cette mine est très-précieuse par elle-même, et l'est d'autant plus, qu'on emploie le mercure à l'extraction de l'or et de l'argent. On ne l'emploie pas en Californie pour cet objet, mais il faudra bientôt y avoir recours. Quand j'ai visité cette mine, on faisait des recherches aux environs pour découvrir d'autres veines, mais on n'a encore rien trouvé d'important. Cependant la couleur du sol, tout aux alentours, ne permet pas de douter qu'il ne renferme des gisements considérables. Au 15 juillet dernier, le magasin de M. Forbes contenait environ 2,500 livres pesant de mercure.

« J'envoie, joints à ce rapport, treize échantillons d'or qui m'ont été fournis pour être offerts au gouvernement par les personnes dont les noms sont mentionnés sur les enveloppes des paquets. J'y ajoute deux cent trente onces d'or achetées par mon ordre à San-Francisco, que je vous adresse comme échantillon des produits donnés par les mines du Sacramento. C'est un mélange de tous les ors fournis par les diverses parties du *Gold-District*.

« Signé : R.-B. MASSON. »

Quartier-général de Monterey, le 10 septembre.

Après la reproduction des pièces officielles, nous avons cru devoir mettre sous les yeux du public les *Prospectus, Extraits de statuts, Moyens d'opération*, etc. (reproduction des publications des *diverses Sociétés*), afin de faire connaître les combinaisons sur lesquelles elles sont basées.

Dans ces *prospectus, extraits de statuts*, etc., chaque Société a exposé elle-même ses moyens d'action, ses combinaisons. Nous n'avons pas qualité pour nous ériger en juges entre ces différentes combinaisons : le public a sous les yeux les éléments qui peuvent former sa conviction : c'est à lui qu'il appartient de choisir les entreprises qui semblent lui présenter le plus d'éventualités de succès [1].

[1] Pour placer quelque argent dans ces compagnies, et pour que la somme soit *divisée* entre celles qui paraissent offrir le plus de garanties, adresser à M. Philippart, libraire, éditeur de la *Bibliothèque pour tout le monde*, rue Dauphine, 18, Paris, un mandat pris à la poste de *cinq francs* seulement ; on ne paiera l'excédant du montant de la demande qu'en recevant les actions, qui sont *au porteur*.—On les recevra par retour du courrier.

DES SOCIÉTÉS

CRÉÉES POUR LA RECHERCHE DE L'OR EN CALIFORNIE

ainsi que pour le commerce d'exploitation

ET DES PLACEMENTS DE FONDS DANS CES SOCIÉTÉS.

Depuis bientôt trois ans que les mots *mines d'or de la Californie* ont apparu pour la première fois dans un journal américain, que n'a-t-on pas dit, écrit, rêvé sur les produits merveilleux de ces terrains aurifères, de ces fleuves, de ces rivières dont les flots roulent des paillettes d'or, de ces rocs qu'il suffit d'entamer par les haches pour faire jaillir des éclats du métal précieux?

Chose étrange cependant! tout ce qui a été dit s'est vérifié, tout ce qui a été écrit s'est trouvé dépassé, et les rêves des imaginations les plus brillantes sont restés de beaucoup au-dessous de la réalité mathématiquement constatée.

Quelles sont les nouvelles que nous apprennent chaque semaine les journaux américains, nouvelles que confirment les avis transmis par les commerçants, les lettres reçues par les familles dont un membre a été chercher fortune dans ces contrées prédestinées? A chaque ligne vient briller le mot magique de *l'or. De l'or,* toujours *de l'or.*

Ce sont, dans tous les grands ports, des arrivages de poudre et de lingots d'or destinés à être monnayés; ce sont des dollars, des piastres, qui représentent le fruit du travail de quelques mois, de quelques semaines, parfois de quelques jours. Ce sont des appels pressants adressés par les travailleurs à leurs parents, à leurs amis, pour venir prendre part à cette fortune inespérée et inépuisable, car le sol est tellement riche qu'il y a de l'or pour tous ceux qui voudront se donner la peine d'en chercher. Des colonies arrivent de tous les points de l'univers; des populations considérables viennent se concentrer sur ce coin de terre béni du ciel; il y a de l'or, toujours de l'or, et les équipages des navires qui emportent les travailleurs dont la fortune est faite souhaitent la bienvenue à de nouveaux travailleurs qui à leur tour vont s'enrichir.

Des villages s'improvisent, des villes se forment comme par enchantement, la civilisation de l'ancien monde se trouve brusquement transplantée dans un monde nouveau; bientôt San-Francisco sera un grand centre de population comme nos capitales d'Europe ou les grandes cités commerçantes d'Amérique.

Aussi le monde ancien commence-t-il à se préoccuper sérieusement de cette transformation subite.

Mais dans ces quelques lignes nous ne nous préoccupons pas des conséquences futures que peut entraîner pour les Etats cette multiplication soudaine de l'or, le signe représentatif de la fortune publique; ce qui intéresse c'est de savoir comment en Europe on pourra participer à ces richesses qui s'acquièrent en Californie avec tant de facilités.

De nombreuses compagnies se sont formées elles ont dû étudier les questions qui se rattachent à l'envoi des travailleurs, à l'exploitation des mines, aux relations commerciales, aux bénéfices à réaliser. Ces études ont produit l'établissement de sociétés basées sur des combinaisons différentes, mais tendant toutes au même but; celui d'aider le travailleur à faire une fortune rapide, tout en assurant des bénéfices considérables aux actionnaires dont les capitaux sont venus permettre l'affrétement des navires, le paiement des passages, l'achat de vivres pour la traversée, et, pour les travailleurs arrivés sur les placers, l'établissement de machines d'extraction, d'amalgamation, etc., etc.

Parmi ces combinaisons quelles sont celles qui méritent la préférence? Quels sont les moyens qui doivent donner le plus de résultats positifs? En un mot, quelles sont les Compagnies auxquelles doivent accorder leur confiance les personnes qui veulent participer à des bénéfices qu'on peut espérer d'après les fortunes si promptement réalisées en Californie?

Il n'est donné à personne de résoudre cette

question : le plus léger incident peut empêcher les résultats des combinaisons les plus consciencieusement étudiées; mais, d'un autre côté, l'association la plus modeste, peut aussi, par le concours des circonstances, par un hasard heureux, par l'incident le plus imprévu, arriver à des résultats qui dépassent ceux que des Compagnies plus importantes avaient à peine osé entrevoir.

Que faut-il donc pour réussir?

Il faut appliquer aux finances le précepte du prince des politiques : *Il faut diviser pour s'enrichir.*

Il faut lire avec soin les combinaisons présentées par les diverses Compagnies, prendre le capital qu'on veut consacrer à cette spéculation et le diviser entre celles des Sociétés qui présentent le plus de garanties de stabilité, le plus de chances de succès. Toutes les associations promettent les plus beaux résultats. Mais telle pourra donner plusieurs capitaux pour un seul engagé, tandis que telle autre perdra une partie de ce capital.

Pour conjurer de pareilles éventualités, il faut *diviser* son argent entre plusieurs compagnies, puis attendre les événements, quels qu'ils soient; et, par exemple, deux ou trois Sociétés seulement pouvant parvenir à réaliser le quart de ce qu'elles promettent, l'argent qu'on aura engagé dans une pareille opération, sagement divisé et réparti, cet argent, disons-nous, rentrera en offrant des bénéfices certains, sans avoir laissé à l'imprévu des chances de pertes considérables.

En résumé :

A l'homme à l'esprit aventureux, nous dirons : « Mettez tout votre capital dans une de ces Compagnies : si elle réussit, vous vous serez créé une fortune immense; si elle ne réussit pas, vous aurez le regret de ne pas avoir divisé votre argent. »

Au petit capitaliste, au père de famille nous tiendrons un autre langage, nous leur dirons :

« Soyez prudents; n'allez pas distraire de votre modeste fortune un capital important pour le jeter aux hasards d'une entreprise isolée, qui peut échouer : divisez ce capital entre plusieurs de ces entreprises formées pour l'exploitation des mines d'or de la Californie : de ces entreprises quelques-unes dussent-elles échouer, et seulement deux ou trois réussir, que vous seriez certains d'avoir augmenté dans de grandes proportions le capital que vous auriez placé; et, si par impossible, vous aviez, même après toutes ces précautions, une légère perte à subir, vous auriez la conscience de n'avoir pas exposé à la légère une partie du patrimoine de vos enfants. »

C'est dans ces conditions qu'un père de famille peut, et doit peut-être, s'intéresser dans les opérations Californiennes.

Avec la combinaison que nous venons de signaler, — la *division de l'argent* entre diverses Sociétés, — le bénéfice est à peu près certain; — la perte est presque impossible, — et ne point participer à ces opérations serait le plus mauvais des calculs.

Voir page 32 une liste de Compagnies, — le tableau des actions, — et la note qui suit cette liste.

Avis aux personnes qui veulent partir pour la Californie.

Les personnes qui désirent partir pour la Californie peuvent s'adresser (par *lettres seulement*) à M. Philippart, rue Dauphine, 18, Paris.—Ces lettres doivent être affranchies. Elles devront indiquer si on veut partir comme *passager* ou comme *travailleur-associé.*

Il sera répondu à ces lettres par retour du courrier.

LA CALIFORNIENNE

Société constituée par acte passé par-devant M° Thion de la Chaume, notaire à Paris, le 16 avril 1849.

Extrait des Statuts.

La Société a été définitivement constituée le 16 avril 1849, par acte passé devant M° Thion de la Chaume, notaire, rue Laffitte, n° 3, à Paris, et le dépôt de cet acte et sa publication ont été faits au greffe du Tribunal de commerce de la Seine, à Paris, le 24 avril 1849.

La Société est formée pour le commerce d'exportation, et l'exploitation des mines d'or et autres de la Californie.

La raison sociale est Ch. Hochgesant et compagnie.

Sa durée est fixée à 50 années, à partir du premier janvier 1849.

Le Capital social est fixé provisoirement à cinq millions de francs, divisés en 50,000 Actions de 100 francs chacune.

Le Directeur général ne peut en disposer que pour les besoins de la Société, et il doit, par des pièces comptables, justifier de leur emploi au Conseil de surveillance.

Les Actions donnent droit à un intérêt annuel de 5 p. 0/0, après un prélèvement de 10 p. 0/0, pour fonds de réserve, sur les bénéfices réservés aux Actions; le surplus est réparti comme dividende de la manière suivante :

75 0/0 aux Actionnaires ;

15 0/0 au Directeur général ;

5 0/0 au Conseil de surveillance ;

5 0/0 aux Employés et aux Représentants de la Compagnie.

Un Conseil de surveillance, composé d'Actionnaires, suit et surveille toutes les opérations de la Société, tous les actes du Directeur général; il vérifie la caisse, le portefeuille, les livres, la correspondance, quand il le juge à propos.

Un inventaire sera fait chaque année, au 31 mars, soumis à l'examen du Conseil de surveillance et à l'approbation définitive de l'Assemblée générale des Actionnaires, ayant lieu le 5 mai de chaque année, à deux heures de relevée, et pour la première fois le 5 mai 1850, au siège de la Société.

Les Actionnaires propriétaires de 50 Actions, de même que plusieurs Actionnaires réunissant ensemble 40 Actions, pourront se faire représenter, s'ils le veulent, aux Assemblées générales, par un mandataire, pourvu que celui-ci soit lui-même propriétaire de 10 Actions, et que, muni de celles de ses mandants, il les ait déposées avec les siennes au siège de la Société, deux jours au moins avant la réunion de l'Assemblée générale.

Les Actionnaires ont droit à autant de voix qu'ils ont de fois 50 Actions : toutefois, un Actionnaire ne pourra avoir plus de dix voix, quel que soit le nombre des Actions qu'il possède ou qu'il représente.

Les réunions des Actionnaires en Assemblées générales ordinaires ou extraordinaires se constitueront sous la présidence du Président du Conseil de surveillance, et en son absence sous celle du plus âgé des membres de ce Conseil.

Quatre départs pour la Californie effectués par la Société la *Californienne.*

PREMIER DÉPART, le *Jacques-Laffitte*
(DU HAVRE).

On lit dans le *Journal du Havre* :

« Deux jours avant la sortie du *Jacques-Laffitte*, dont le départ pour la Californie vient d'être effectué, une fête de famille avait eu lieu dans nos murs : les travailleurs-associés de la Compagnie *la Californienne de Paris* s'étaient réunis au nombre de soixante dans un banquet qu'ils ont offert au Directeur général de Paris, M. Ch. Hochgesangt, et à leur chef d'expédition, M. Gaillard, ancien maire de Saint-Grégoire-d'Ardennes (Charente-Inférieure).

« Cette fête, où se trouvaient réunis des hommes qui, pour la plupart, ne se connaissaient point quelques jours auparavant, et qui devenaient, à partir de ce moment, des amis et des frères, s'est terminée par une bonne action.

« Une collecte a été faite entre les travailleurs et les Directeurs : le produit s'est élevé à la somme de 102 francs 50 cent., qui a été remise à M. le maire du Havre, pour être distribuée aux pauvres de cette ville.

« Le lendemain, dimanche, toute l'Association s'est rendue en corps à l'église Notre-Dame, pour entendre une messe d'intercession à la Vierge.

« L'office terminé, M. Herval, vicaire de Notre-Dame, a adressé quelques paroles de remercîment aux travailleurs pour leur bonne œuvre envers les pauvres.

« Les associés-travailleurs de la Société mutuelle *la Californienne*, embarqués sur le *Jacques-Laffitte*, ont adressé la lettre suivante à leur directeur :

A M. le Directeur de LA CALIFORNIENNE.

« Monsieur le Directeur,

« Les associés-travailleurs de *la Californienne* quitteraient avec peine la France s'ils partaient sans vous exprimer leur reconnaissance pour les soins que vous avez apportés à l'organisation de la Société, et ceux dont vous avez entouré leur départ. Ils ont confiance dans la réussite d'une entreprise à laquelle vous aurez si largement contribué. Comptez sur leur concours et leur union pour assurer, dans la proportion de leurs forces, un succès commun. — Recevez, Monsieur le Directeur, l'assurance de notre estime et de notre confiance.

« Signé : Duport jeune, Grassat, Brizevin, Gambert,
Délégués des travailleurs partant sur le navire le Jacques-Laffitte. »

DEUXIÈME DÉPART, le *Grétry*
(DU HAVRE.)

On lit dans *le Constitutionnel* :

« Nous avons annoncé le départ pour la Californie du navire *le Grétry*, ayant à bord 90 passagers, expédiés par la compagnie *la Californienne.* C'est le deuxième départ d'associés-travailleurs effectué par cette compagnie.

« Jamais entreprise de ce genre n'aura été tentée, d'ailleurs, dans de meilleures conditions de sécurité. La compagnie *la Californienne* a mis à la disposition des travailleurs tous les moyens qui peuvent assurer le succès de l'entreprise ; rien n'a été non plus négligé par la Compagnie de ce qui pouvait, pendant le voyage, assurer le comfort et le bien-être des émigrants. La lettre suivante, en fournit un honorable témoignage :

« Monsieur le Directeur,

« Au moment de quitter le sol de la mère-patrie, permettez-nous de vous exprimer notre reconnaissance, pour les soins intelligents que vous avez apportés à la bonne organisation de l'expédition.

« Les associés-travailleurs soussignés, au nom de leurs camarades, vous adressent leurs sincères remercîments ; croyez-bien qu'ils contribueront, par leur union et leur zèle, dans toute la mesure de leurs forces, à rendre votre tâche plus facile pour assurer le succès de l'entreprise dont vous êtes le digne organisateur.

« Nous vous embrassons de tout cœur.

« Robin, chevalier de la Légion-d'Honneur, ex-capitaine du 22° bataillon de la garde mobile.

—Dutertre, propriétaire (Sarthe).—Bouchard, propriétaire (Ardèche).—De Larivière, ancien négociant, à St-Ouen, près Paris.—Trigalet, émigrant belge, *délégués par leurs camarades.* »

TROISIÈME DÉPART, le *Uncas* (d'ANVERS),
affrété entièrement
pour le compte de la CALIFORNIENNE.

Un troisième départ vient d'avoir lieu d'Anvers portant à 307 les travailleurs de la *Californienne.*

QUATRIÈME DÉPART, le *Louisiana* (DU HAVRE),
affrété entièrement
pour le compte de la CALIFORNIENNE.

Ce départ vient aussi d'être effectué : il porte à plus de 400 le nombre des associés-travailleurs de la *Californienne.*

Arrivée de la première expédition à Valparaiso.—Nouvelles intéressantes.

On lit dans le *Constitutionnel* du 10 juillet dernier et dans les *Débats* du 11 même mois :

« Le directeur de la *Californienne* vient de recevoir des nouvelles de la première expédition effectuée sur le navire le *Jacques-Laffitte.*

M. H. Gaillard, ancien maire de Saint-Grégoire (Charente-Inférieure), directeur de cette expédition, donne d'excellentes nouvelles sur la traversée, la santé des travailleurs, leur bonne conduite, l'harmonie qui règne entre eux. La compagnie la *Californienne* est heureuse d'avoir confié ses intérêts à M. Gaillard : elle n'a pas seulement trouvé en lui un administrateur actif, intelligent, intègre, mais aussi un véritable ami pour les associés travailleurs qui, sans réserves, sans restriction aucune, lui confient leur avenir, ainsi qu'on peut s'en convaincre par la lecture du document suivant :

« Valparaiso, 12 avril 1850.

« Les associés travailleurs de la *Californienne* désavouent toute intention de toucher par eux-mêmes aux statuts de la Société. Ils reconnaissent pour leur chef M. Gaillard, et la confiance qu'ils ont en lui est telle, qu'ils abandonnent leurs intérêts, leurs droits et leur honneur à sa loyauté. »

Suivent les signatures (*cinquante-six*) DE TOUS les travailleurs composant la première expédition de la *Californienne* sur le *Jacques-Laffitte.*

On voit, par cette déclaration, que la *Californienne* a voulu assurer le plus possible de bien-être aux émigrants ; c'est, sans contredit, le meilleur moyen de sauvegarder les intérêts de ses nombreux actionnaires et d'assurer le succès de son entreprise, qui est en pleine voie de prospérité, et qui certainement produira d'heureux résultats.

Extrait du rapport de M. Ch. Hochgesangt, directeur de la Californienne présenté aux Actionnaires réunis en Assemblée générale.

MESSIEURS,

« J'ai l'honneur de vous présenter le compte des opérations de *la Californienne.* Dès son début, notre entreprise a été pénible, difficile : on n'était pas bien fixé sur la richesse des terrains aurifères de la Californie ; ses capitaux se hasardaient timidement dans une entre-

prise qui devait s'exécuter à plus de trois mille lieues de Paris ; on craignait aussi que les travailleurs de la Compagnie n'allassent travailler pour leur propre compte.

« Aujourd'hui, Messieurs, la situation est complétement rassurante : on connaît d'une manière authentique la grande richesse des gisements aurifères de la Californie. Les lettres des maisons de commerce, les nombreux travailleurs revenus de ce pays avec de grandes quantités d'or, amassées en quelques mois, témoignent de la véracité des récits merveilleux des journaux.

« Quant à nos travailleurs, leur propre intérêt doit nous les attacher et les retenir : sans les bienfaits de l'Association, ils n'auront ni matériel, ni vivres, ni machines décuplant le produit de leurs travaux. Par la division du travail, bien organisé, l'Association offre des ressources qu'ils ne trouveraient pas isolément. Et si quelques-uns d'entre eux se détachaient de la Société ou se faisaient expulser, la compagnie n'y perdrait rien : les actions qui leur ont été données en échange de la somme versée par eux pour leur passage redeviendront la propriété de la Société, en vertu des contrats qu'ils ont signés, et qui les rendent aussi passibles de dommages et intérêts s'ils n'exécutent pas leurs engagements : mais un règlement sévère, quoique paternel, assure l'accomplissement de leurs devoirs.

« L'Association mutuelle des travailleurs en Californie est confiée à la direction d'un homme d'énergie, de loyauté, qui réunit les conditions nécessaires pour une semblable mission. J'ai la confiance la plus entière dans M. H. Gaillard, appartenant à une des plus honorables familles de la Charente-Inférieure, et jouissant d'une belle fortune en biens-fonds ; il a donné sa démission des fonctions de maire de sa commune et de membre du conseil de son arrondissement, pour aller diriger notre exploitation en Californie. Il sera parfaitement secondé dans sa tâche, pour l'organisation et l'exécution, par M. Pommier, ingénieur d'un mérite reconnu et d'une aptitude toute spéciale pour l'exploitation des mines. J'espère que M. Fournier, sous-ingénieur, M. Chatelier, conducteur des ponts-et-chaussées, M. Vancrombrughe, comptable, partis aussi par la première expédition, faciliteront à MM. Gaillard et Pommier l'accomplissement de leurs mandats : — et M. l'abbé Renant, du diocèse d'Agen, maintiendra l'harmonie et la concorde dans notre jeune colonie.

« Les cent quarante-quatre associés-travailleurs embarqués sur le *Jacques-Laffitte* et le *Grétry*, formant la première et la deuxième expéditions, sont partis animés des sentiments les plus dévoués pour la Société. Ils avaient compris que de leur union dépendait leur bien-être, leur fortune future ; aussi les lettres qu'ils ont adressées à la Direction expriment-elles leur entier dévouement à la Compagnie.

« J'ai la confiance la plus entière dans le résultat que doivent produire ces deux expéditions, et la somme que j'ai envoyée à M. Gaillard, depuis son départ, jointe à celle qu'il aura réalisée par la vente des marchandises désignées dans les connaissements que je lui ai remis, sera plus que suffisante pour satisfaire aux premiers besoins de nos travailleurs à leur arrivée.

« Pour donner une grande extension aux opérations de *la Californienne,* j'ai envoyé dans les chefs-lieux de département des inspecteurs chargés d'établir des agences.

« Les pays étrangers ont aussi été l'objet de mon attention. La Belgique a dépassé les espérances que j'avais conçues. La Compagnie a engagé dans ce pays beaucoup d'émigrants et elle y a obtenu une grande quantité de marchandises ; mais ces résultats elle les doit en grande partie à l'activité et à l'intelligence de M. Mailliet, son agent général en Belgique. La Compagnie possède aujourd'hui des agences en Hollande, en Allemagne, en Suisse, en Italie et en Espagne. Elle a obtenu des souscriptions en Angleterre, malgré le grand nombre de sociétés qui s'y sont formées, et sans y avoir établi d'agence.

« Trois nouveaux départs, formant les 3⁰, 4ᵉ et 5ᵉ expéditions, se préparent sur trois navires *entièrement affrétés* par la Société. Jusqu'à ce jour, aucune des autres compagnies n'a fait un seul affrétement pour son propre compte. Le navire le *Uncas*, formant la 3ᵉ expédition, et qui mettra à la voile sous quelques jours du port d'Anvers, a son chargement presque complet en passagers et en marchandises (ces dernières appartiennent presque toutes à la Société).

« Le *Louisiana*, du Havre, va effectuer le quatrième départ [1].......

« La situation de la Compagnie, qui compte à peine une année d'existence, est aujourd'hui, Messieurs, des plus satisfaisantes. Elle avait émis, au 31 mars dernier, 5,636 actions [2], représentant une somme de *cinq cent soixante-trois mille six cents francs*. D'ici quelques mois, j'espère recevoir des produits du travail des associés-travailleurs de notre première expédition.

« J'ai l'honneur, Messieurs, de soumettre à votre approbation les comptes de la Société. »

L'Assemblée a approuvé à l'unanimité les comptes de la gérance. Trois nouveaux membres du Conseil de surveillance ont été nommés :

M. le général baron J.-B. Dupin,

M. l'abbé Chiapini, d'Asnières (Seine-et-Oise),

Et M. le comte Polydore de la Rochefoucauld. —Il a été décidé que les intérêts des actions émises avant le 31 mars dernier seraient payés à bureau ouvert.

La situation prospère de la Compagnie permettant une prochaine suspension d'émission d'actions, le Gérant a été autorisé à ne plus en émettre sous peu de temps, — et à en créer au titre de 1,000 fr. — (ce qui vient d'être fait)

Actions de...... (Voir page 32).

---

[1] Ce départ vient d'être effectué.

[2] Depuis le 31 mars, quatre mille nouvelles actions ont été demandées, représentant quatre cent mille francs.

L'ELDORADO

Société constituée par acte passé par-devant Mᵉ Turquet, notaire à Paris, le 18 juillet 1850.

Depuis que la présence de l'or a été constatée d'une manière irrécusable dans les montagnes de la Nouvelle-Californie, que les extractions opérées pendant deux campagnes ont donné des résultats prodigieux, un irrésistible désir de richesse entraîne vers cette contrée tout ce que le vieux monde renferme d'hommes jeunes, vigoureux et intelligents.

Les émigrations ne s'élèvent pas à un chiffre moindre de centaines de mille par an.

L'or qui descend des placers en abondance, divisé entre cette multitude de personnes, développe des besoins qui deviennent chaque jour d'autant plus grands qu'ils sont moins satisfaits.

Pour satisfaire ces besoins, il s'est formé un certain nombre de sociétés, qui toutes réussiront, celle-ci un peu plus, celle-là un peu moins.

Quand nous disons qu'elles réussiront toutes plus ou moins, ce n'est pas que, dans notre pensée, les chances de succès ne soient point égales pour les unes et les autres : la mine est ouverte sur une étendue immense ; elle est inépuisable, et tout le monde est admis à en profiter.

Chacune des Compagnies est donc en droit d'espérer une part dans la grande moisson des trésors de la Californie, part plus ou moins brillante, selon les lumières plus ou moins étendues des hommes qui la dirigent : les hommes étrangers à tout genre d'exploitation, peu ; les hommes pratiques, beaucoup.

Mais si des connaissances particulières sont indispensables dans les entreprises de toute nature, il y a quelque chose qui ne l'est pas moins : c'est une bonne administration.

Une bonne administration ne peut exister qu'à la condition que tous ses membres en ont parfaitement étudié les difficultés, et ces difficultés ne peuvent être appréciées et vaincues que par des hommes spéciaux.

La Compagnie *l'Eldorado* remplit-elle toutes ces conditions ? Oui.

D'abord, les fondateurs de cette Société, avant d'appeler le concours des capitalistes, ont voulu se rendre compte, à leurs risques et périls, de toutes les certitudes, comme aussi de toutes les éventualités. En conséquence, ils ont établi à San-Francisco, dès l'année 1849, un comptoir de commerce qui fonctionne depuis cette époque, de manière à ne laisser aucun doute sur les brillants résultats d'une exploitation à grandes proportions.

Ensuite, la Compagnie s'est attaché un ingénieur qui a servi pendant treize ans en qualité d'officier de marine, qui connaît la Californie pour l'avoir explorée dans tous les sens, et qui possède les plus grandes connaissances sur les précieuses richesses et les moindres ressources de ce moderne *Eldorado*.

De plus, ses fondateurs appartiennent au commerce, et sont tous des négociants exercés depuis longtemps au maniement des affaires.

Cet ensemble de capacités et d'expérience ne constitue-t-il pas pour la Compagnie les plus grands éléments de succès ?

Mais une crainte déjà hautement manifestée par le public a vivement préoccupé les fondateurs de l'*Eldorado*. — On a dit que les travailleurs une fois arrivés au lieu de leur destination pourraient abandonner les Compagnies afin de tenter la fortune pour leur propre compte.

Cette crainte n'est nullement fondée, car il est bon que l'on sache qu'il existe en Californie un code de convention très-sévère, qui punit toute espèce de fraude ; d'ailleurs, tout en renchérissant sur les mesures prises par d'autres sociétés pour s'assurer la foi des traités, l'*Eldorado* a voulu empêcher jusqu'à la supposition de leur violation.

Pour atteindre ce but, elle assure aux travailleurs une large quotité dans la répartition de l'or, puis elle les intéresse dans toutes ses exploitations, qui certainement ne produiront pas moins que celle des mines.

Ainsi, l'homme qui apportera chaque jour dans la caisse commune le fruit de son labeur y trouvera une part de bénéfice déjà recueillie à son profit par d'autres mains que les siennes.

D'un autre côté, en doublant les chances de succès, la Compagnie ne double-t-elle pas la sécurité de l'actionnaire? S'il était possible de ne réussir que médiocrement, les deux demi-réussites produiraient encore un résultat des plus magnifiques.

Mais le doute ne peut être permis, car l'organisation de l'*Eldorado* lui assure le loyal concours de ses travailleurs. Quant aux marchandises, elle n'expédiera jamais que sur les notes sérieuses de ses agents partis en 1849, et parfaitement au courant de tout le commerce d'outre-mer.

La Compagnie embrasse toutes les opérations d'échange et d'exploitation industrielle ou de travail propre au pays : transport de marchandises et de passagers; construction de maisons en fer et en bois,

fondation de colonies agricoles; enfin tout ce qui se rattache au commerce en général.—Déjà elle a traité avec une Société brevetée à Londres pour l'établissement de maisons de fer.—Elle vient aussi de s'assurer la propriété d'un autre brevet pour la fabrication de matériaux artificiels pour construction.

En résumé, la Compagnie l'ELDORADO est la première des sociétés californiennes et la seule qui, jusqu'à ce jour, ait conçu l'heureuse idée de joindre au travail des mines et au commerce d'exportation l'envoi de travailleurs de diverses professions; et l'exploitation d'usines industrielles. Aussi n'est-il pas étonnant que de toutes parts elle rencontre déjà les plus vives sympathies.

Actions de...... (Voir page 32.)

COMPAGNIE
FRANÇAISE & AMÉRICAINE
DE SAN-FRANCISCO

Société constituée par acte passé par-devant Mᵉ CRÉDAUT, notaire à Paris, le 19 janvier 1850.

La Compagnie Française et Américaine de San-Francisco à ses adhérents.

Il y a deux ans à peine, un cri de surprise et d'espérance, échappé des rivages de la Californie, retentit d'un bout à l'autre de l'Europe, et y produisit l'effet d'une étincelle électrique. Des mines d'or bien plus considérables que celles du Mexique et du Pérou venaient d'être découvertes; des sables aurifères recouvrant des plaines immenses, d'un abord et d'une exploitation faciles, entrecoupées de fleuves et de rivières roulant de l'or, avaient offert, aux yeux des voyageurs étonnés, des richesses inconnues jusqu'ici.

Les peuples du vieux monde, pour la plupart surpris par cette nouvelle au milieu de leurs convulsions politiques, prêtèrent cependant une oreille attentive au récit de toutes ces merveilles; et le premier moment de crise et d'étonnement passé, les émigrations commencèrent. Le mouvement s'est communiqué avec une incroyable rapidité : on s'embarque aujourd'hui en France, en Angleterre, en Espagne, aux Etats-Unis et dans tous les ports de la Baltique; on émigre de la Belgique, de la Hollande, des provinces d'Allemagne, du Piémont, de la Savoie et de tous les pays, enfin, où le cancer de la misère et le progrès de l'intelligence ont posé aux gouvernements le problème terrible du travail aux prises avec la faim.

Il n'est plus besoin de chercher à démontrer l'existence des mines d'or de la Californie, ni des autres matières précieuses que la terre y renferme. S'il y eut des indifférents et des incrédules au moment où cette existence fut révélée, autant il y a aujourd'hui de croyants et d'intrépides voyageurs. Si nous-mêmes faisons passer plus loin sous les yeux de nos lecteurs les documents officiels publiés à ce sujet par les gouvernements, et reproduits par les journaux de toutes les nations, c'est plutôt pour faire connaître toute l'abondance de ces richesses que pour en attester la réalité.

Non, ce n'est plus le doute que l'on a à combattre, c'est l'ardeur des imaginations qui s'enflamment, et l'imprudence inconsidérée de plusieurs émigrants qu'il importe de réprimer et de diriger. Chacun se hâte, se presse, accélère sa marche, dans la crainte d'arriver trop tard à ce grand banquet de la fortune. On pousse cette imprudence et cette ardeur à un tel excès, on va si loin, que des centaines d'ouvriers, sans s'inquiéter des périls et du peu de chance de succès que donnent l'isolement et un empressement exagéré, ne s'occupent que de prendre leur valise et de partir. D'autres, moins téméraires, se groupent en petites associations de quatre, de six, de huit individus, pour aller chercher au-delà des mers le bien-être que leur refuse leur patrie. Les premiers comme les seconds, il est pénible de le dire, manquant dès leur entrée en campagne, de la protection, des vivres, des instruments de travail et des puissants moyens d'action que donne une grande communauté et que nécessite une exploitation longue et fructueuse, ont peu d'avenir, beaucoup de déceptions et peut-être bien des malheurs en perspective. Seul ou en trop petit nombre, comment se conserver sur cette terre lointaine? Comment garantir la sécurité des personnes et des produits, sans laquelle le travail est inutile?

Au milieu de cette confusion et de cette imprévoyance, si propre à transformer en instruments de ruine les sources mêmes d'une grande prospérité, des hommes sérieux, forts de leur conscience et de leur dévouement, ont cherché, non sans quelque succès, à rallier ces forces éparses, à les soumettre à une impulsion régulière et productive, à détruire ou à prévenir les dangers auxquels entraîne l'individualisme, et à en appeler du délire de la fièvre aux procédés logiques de la science et de la raison. Mais est-ce assez de prévoir les catastrophes, de donner une direction nouvelle et plus convenable à des travaux, et de traduire même en fait certain les espérances et les idées qui ont tout-à-coup surgi du sein des masses? N'y a-t-il pas un choix tout particulier à faire dans les moyens à employer, sur les meilleures combinaisons à mettre en pratique? ne convient-il pas aussi de se demander quelle est la partie la plus malade du corps social qu'il importe promptement de soulager? A notre avis ce n'est pas assez, lorsque les couches inférieures de la société sont plus particulièrement livrées aux souffrances de la misère et au plus grand dénûment, d'appeler les grands capitalistes, le riche commerçant, presque seuls, et les ouvriers les plus favorisés de la fortune, aux avantages de la commandite et de l'association. Il est véritablement à regretter que des idées plus larges, plus généreuses et sans esprit d'exclusion, n'aient pas toujours présidé aux résolutions des hommes qui se sont occupés de cette grave matière. Il nous semble encore que ce n'est pas comprendre toute l'étendue de sa mission que d'établir exclusivement la base d'opération d'une grande compagnie industrielle de cette nature sur l'exploitation unique, quoique déjà considérable, des richesses métallurgiques de la Californie, alors que le grand événement de leur découverte est capable de modifier si profondément et dans un temps prochain les relations économiques et commerciales des individus et des nations! Ne point associer à cette première entreprise les bénéfices de l'exportation d'un choix de marchandises, c'est négliger, à notre avis, nous ne dirons pas le point le plus important de l'entreprise, mais un des faits capitaux sur lesquels elle doit reposer, et une des plus grandes sources de richesses.

Pénétrée de ces vices d'organisation et de ce défaut d'ampleur dans la conception, *la Compagnie française et américaine de San-Francisco* vient prendre part à l'œuvre, au moment favorable peut-être où plusieurs compagnies ont achevé ou achèvent d'émettre leurs actions. Il va sans dire qu'elle profitera de l'expérience du passé, et résoudra, de la manière la plus satisfaisante, toutes les hautes questions d'intérêt qui se rattachent au but qu'elle se propose d'atteindre.

Pour appeler indistinctement le riche et le pauvre à la même fortune, et donner à son œuvre, en la généralisant, les proportions d'un fait humanitaire, elle a mis le prix de ses actions à CINQ FRANCS. Partant du même principe, elle a divisé ses actions en séries de cinq mille numéros, et a concédé à chacune de ces séries le droit d'envoyer GRATUITEMENT un travailleur au chantier californien.

Son capital social a été élevé au chiffre de un million deux cent mille francs, pour deux motifs: le premier, afin d'asseoir, sans exagération toutefois, la base de ses opérations, sur un terrain solide et à l'abri de tout écueil; le second, pour qu'elle pût surtout annexer à l'exploitation des matières métallurgiques la fondation d'un comptoir à San-Francisco, dont les transactions commerciales, négligées sous cette forme jusqu'à ce jour, seront aussi avantageuses aux actionnaires que les produits obtenus par les travailleurs. Elle s'est pourtant demandé si la réalisation de ce capital, quoique élevé à ce chiffre sur les considérations les plus sages, ne paraîtrait pas longue à l'impatience de quelque actionnaire désireux de voir arriver le plus tôt possible le jour du résultat. Cette crainte disparaît vite si l'on songe que, d'après des dispositions prévues par les statuts, une grande quantité d'actions sera appliquée à l'achat des marchandises nécessaires à l'alimentation du comptoir de San-Francisco.

Après ces considérations d'une haute importance, une autre considération non moins importante encore s'est présentée à son esprit: elle s'est préoccupée de ne point abandonner le sort des travailleurs et les résultats de l'expédition à des mains mercenaires qui rarement rendent en services ce qu'elles reçoivent en argent. Dès lors elle a résolu de faire tout par elle-même, et par ses associés; et en cela, favorisée par le dévouement de ses gérants, elle s'est décidée à en envoyer deux en Californie, MM. Raparlier et Grenier, qui seront chargés, l'un de surveiller les travaux avec le concours d'un ingénieur qui est déjà sur les lieux, l'autre de se livrer à San-Francisco, avec un personnel nécessaire, aux opérations du comptoir, qui servira en outre de point intermédiaire entre le chantier des *Placers* et la maison de Paris. Ce dernier touche au moment de son départ, et arrivera sur le sol américain deux mois avant la première expédition, qui trouvera un pied-à-terre tout préparé et des renseignements précis sur les gisements auri-

fères qu'il convient d'exploiter de préférence et sans retard. Il va sans dire que toutes les autres dispositions de détail nécessaires pour assurer le succès complet de l'entreprise ont acquis aussi le perfectionnement qui résulte des améliorations que nous avons apportées sur les parties fondamentales de l'œuvre: ainsi impulsion puissante et calculée, médecins et médicaments, aumônier et ingénieur, vivres et vêtements, armes, machines et instruments à la main, rien ne manque; toutes les précautions ont été prises pour garantir la position matérielle et morale des travailleurs. Placés dans de semblables conditions, nous osons l'affirmer, les résultats pour nous doivent être certains.

Mais admettons, s'il est possible, la pire de toutes les hypothèses, supposons que nos travailleurs désertent le drapeau de l'association, que les recherches faites pour recueillir le métal précieux soient pour nous, à l'encontre des résultats obtenus jusqu'ici par nos devanciers, complétement infructueuses, eh bien! qu'on nous permette de dire notre dernier mot, c'est bien le cri de l'honneur en face du parjure! Les cinq gérants, dans ce cas extrême, prennent ici l'engagement (et l'opération commerciale, qu'ils ont eu le bon esprit d'annexer à l'extraction de l'or, leur en fournit le moyen) de rembourser dans un temps donné le capital aux actionnaires et de servir à tous, pendant toute la durée des transactions, des dividendes à raison de 5, 10 et peut-être 20 pour 100, selon les résultats des opérations. Tels sont déjà pour nous les avantages de la fondation d'un comptoir à San-Francisco, avantages méconnus jusqu'ici par quelques hommes à vue basse, et qui peuvent pourtant nous faire affronter des périls qui mettraient en ruine bien d'autres Compagnies californiennes. Nous avons la ferme conviction que de pareilles suppositions sont inadmissibles, nous aurons l'occasion de le démontrer, mais notre dévouement et notre prévoyance n'en seront pas moins compris.

Nous ne pourrions entrer plus avant dans la discussion de notre pacte fondamental sans nous exposer à dépasser les limites que nous nous sommes imposées dans ce premier article. Les longs extraits de nos statuts, que nous publions, permettront d'ailleurs à nos lecteurs de se convaincre des efforts que nous avons faits pour mettre en harmonie tous les intérêts, pour augmenter, autant que possible, la somme des bénéfices et en assurer tout le succès. Qu'il nous soit cependant permis d'ajouter en terminant que notre premier soin a été de nous entourer de toutes les garanties désirables d'honneur et de probité, de toutes les lumières que la science et la prudence peuvent suggérer. Nous avons appelé auprès de nous des hommes recommandables, qui, en se faisant les premiers cessionnaires d'actions, ont formé notre commission de surveillance. Nous ne nous sommes pas dissimulé que le témoignage de sa propre conscience, du savoir et du dévouement ne suffisent pas pour obtenir la confiance que méritent les réputations déjà faites. Il ne nous appartient pas d'insister là-dessus davantage; nous laissons à notre bonne gestion le soin de nous recommander elle-même.

Depuis cette époque, qu'a fait la Compagnie Française et Américaine de San-Francisco? A-t-elle tenu parole? quel chemin a-t-elle parcouru dans cette période de trois mois et demi? réalisera-t-elle les belles espérances qu'elle a fait concevoir?

Les Gérants de cette Compagnie viennent tout récemment d'adresser à leurs actionnaires la circulaire suivante:

Paris, le 10 juin 1850.

« Monsieur,

« Si grandes qu'aient été la confiance et les garanties de succès dont elle a été entourée dès son début, *la Compagnie française et américaine de San-Francisco*, qui a pris, vers le milieu de février dernier, une part si large et si active à l'exploitation des richesses métallurgiques de la Californie et aux opérations commerciales du littoral de l'Amérique du Nord, ne pouvait s'attendre cependant à un résultat si prompt et si complet. Dans le court espace de trois mois, elle a émis 70,000 titres d'actions ; elle a envoyé, par *l'Arche d'Alliance* et *le Pescatore*. 80 travailleurs sur le sol américain, et organisé un troisième convoi qui touche au moment du départ. Tel est, en peu de mots, l'état de sa situation ! C'est vous dire assez, Monsieur, que vos espérances ne seront point déçues, et que la confiance dont vous avez bien voulu l'honorer a été partagée par un nombre considérable de personnes qui, comme vous, lui ont adressé leur adhésion.

« En présence d'un succès si éclatant, peut-être même sans exemple, aidés par une expérience dont ils ont donné jusqu'ici des preuves irrécusables, et qui n'a fait que grandir au contact de la pratique, les Gérants, réunis en conseil, viennent de prendre deux décisions trop importantes pour qu'ils ne s'empressent pas de vous les communiquer. Ils croient même de leur devoir de ne pas attendre , pour vous en faire part, l'apparition du cinquième numéro de leur journal, qui vous sera d'ailleurs adressé dans le courant du mois prochain.

« Il a été décidé :

« 1° Qu'il serait présentement acheté, au nom de la Compagnie, un navire du port de 350 à 400 tonneaux, sur lequel sera effectuée notre troisième expédition de travailleurs, et qui sera en outre destiné à faire, conjointement avec un autre navire, dont l'acquisition sera faite plus tard, le transport de nos marchandises des ports de l'Europe à San-Francisco.

« —Pourquoi cette résolution ?

« —Le calcul suivant, qui est d'une simplicité élémentaire et d'une rigueur mathématique, en montre jusqu'à la dernière évidence tous les avantages et tout l'à-propos.

« Les ouvertures qui nous sont faites par deux maisons de Nantes et de Bordeaux nous permettent d'affirmer qu'un navire neuf, du tonnage dont nous avons parlé, complétement gréé, y compris les vivres nécessaires à l'équipage et aux passagers, ne coûtera pas au-delà de 70 à 80,000 fr..   80,000 fr.

« Sur lequel nous pourrons embarquer 60 passagers, à raison de 700 fr. l'un dans l'autre, soit.   42,000

« Plus, 125 tonneaux de fret, à raison de 125 le T......, soit   15,625

Ensemble   57,625

« Si nous déduisons cette somme du prix d'achat, nous trouvons qu'après le premier voyage, un navire du prix de 80,000 fr. reste à la Compagnie pour une somme de.   22,375

« Dans ces conditions, personne ne nous blâmera, sans doute, d'avoir pris une mesure qui donne à peu de frais un navire à la Compagnie, et une garantie de plus aux actionnaires, dont le capital reposera, en partie, sur une valeur réelle, palpable et productive.

« Le capitaine est choisi ; il se charge d'organiser l'équipage, dont tous les membres contracteront un engagement d'associés-travailleurs. Il n'est que trop temps de s'affranchir et d'échapper aux mains des courtiers et des armateurs.

« 2° Il a été décidé : que l'émission de nos actions ayant atteint un chiffre considérable, chiffre qui sera doublé dans peu de jours ; que pouvant d'ailleurs marcher aujourd'hui par nos propres forces, et la dernière moitié de nos actions devant être échangée contre des marchandises, ladite émission *sera irrévocablement close* LE 15 JUILLET.

« Au moment, Monsieur, où tant de fortunes ont été ébranlées par les événements politiques ; alors que l'agriculture, le commerce et l'industrie n'ont presque plus de vie ; qu'il est si difficile de réparer les désastres ou de se créer une position ; au moment peut-être où les meilleurs placements sont ceux qui reposent sur des opérations faites à l'étranger, la découverte de l'or de la Californie semble être, à tous les points de vue, un fait providentiel. Nous nous reprocherions, dans ces circonstances, de n'avoir point fait entendre en temps utile notre voix, et de n'avoir point surtout porté promptement à votre connaissance notre dernière décision. Nous croyons être d'autant plus en droit de donner ces conseils, que la présence de deux de nos gérants en pleine exploitation californienne est évidemment la preuve la plus solide et la plus péremptoire de la confiance que nous inspire l'avenir ouvert, par ce grand et riche pays, aux plus légitimes ambitions du continent européen comme à celles du monde tout entier.

« Veuillez agréer, Monsieur, les salutations respectueuses et empressées de vos biens dévoués serviteurs,   « FAUDOT, RAPARLIER et C.

Paris, le 16 avril 1850. »

NOTA. Dans le cas où l'on ne serait pas complétement éclairé, voici la note sommaire des principaux renseignements :

Les actions sont de 5 francs et au porteur ; chacune d'elles rapporte, au *minimum*, dans les cinq années, 150 francs,

On peut donc, avec une somme de 500 francs, se procurer, dans cinq années, un capital de 15,000 fr.

Les actions sont classées par séries de cinq mille numéros, compris de 1 à 5,000, de 5,001 à 10,000, etc. Un numéro par chacune de ces séries peut donner droit à une PRIME DE 800 francs en actions ou au départ gratuit d'un travailleur.

Les bénéfices d'un travailleur-associé doivent s'élever, en trois ans, à 275,000 francs, y compris les dividendes des actions de son cautionnement.

Pour contracter un engagement de trois ans, qu'il pourra renouveler pour une durée de deux ans à l'époque de son expiration, l'associé-travailleur devra verser à la caisse sociale une somme de 800 francs en espèces et souscrire une obligation de 400 francs, qui n'est payable qu'à la première répartition des bénéfices. Ces 1,200 francs sont convertis en actions, qui jouissent des mêmes avantages que celles d'un actionnaire ordinaire. L'associé-travailleur doit préalablement fournir des certificats de moralité et de bonne constitution.

De son côté, à partir du jour du départ, la Compagnie s'engage à pourvoir, outre le passage gratuit aller et retour, à tous les besoins physiques et moraux des travailleurs, jusque dans leurs moindres détails et pendant toute la durée de l'engagement.

De tels résultats ne sont point étonnants, si l'on considère que nous avons appelé à notre aide toutes les ressources de la science et de l'art : aussi avons-nous été heureux d'annoncer, dans le troisième numéro de notre journal, que nous venions d'acquérir, à titre de propriété, la découverte faite par M. l'abbé D'Herens, ancien professeur de sciences dans l'Université. Cette machine nouvelle, qui laisse loin derrière elle toutes celles dont on s'est servi jusqu'à ce jour, résout de la manière la plus heureuse le problème du lavage et de l'amalgamation de l'or, et décuple les produits obtenus par les tables sibériennes, dont on constate, à chaque instant, les résultats.

Les souscriptions d'actions se soldent par des mandats sur la poste, et, si la somme est considérable, par l'envoi de valeurs de banque ou des traites sur de bonnes maisons de Paris.

Nous reproduirons ici deux documents, qui ont été déjà rendus publics. Le premier émane de M. l'abbé Blaive, membre de la commission de surveillance; le second est une lettre écrite du Havre par un associé-travailleur à un ami.

A messieurs les Gérants de la COMPAGNIE FRANÇAISE ET AMÉRICAINE DE SAN-FRANCISCO.

Messieurs,

J'ai vu votre entreprise à son début, et la confiance que vous m'avez inspirée a été telle que je n'ai pas hésité à accepter les fonctions de membre du Conseil de surveillance.

Voulant donner à vos adhérents une preuve de votre dévouement pour l'œuvre que vous avez entreprise, vous avez décidé que deux d'entre vous feraient partie du premier convoi de travailleurs que vous expédierez en Californie; vous avez voulu vous trouver, en personne, en face des difficultés imprévues qui pourraient se rencontrer à votre début; c'est là, Messieurs, une preuve de votre bonne foi et de votre probité, et il vous en sera certainement tenu compte.

Pour ma part, je ne saurais mieux vous en témoigner ma satisfaction qu'en répondant aux ouvertures qui m'ont été faites et en acceptant les fonctions d'aumônier de la première expédition. Je résigne donc, Messieurs, mes fonctions de *membre du Conseil de surveillance* pour occuper le poste d'*aumônier* de la Compagnie; poste plus modeste, mais plus conforme aussi à mon caractère et à mes vives sympathies pour nos braves et courageux travailleurs.

Recevez, Messieurs, la nouvelle assurance de mes sentiments affectueux,   D. BLAIVE.

Paris, 12 mars 1850.

« Messieurs les Gérants,

« Je reçois à l'instant de mon ami Londès, qui fait partie de votre première expédition une lettre très-honorable pour vous et nos associés travailleurs, pour que je ne m'empresse pas de vous la communiquer. En ma qualité d'actionnaire, je me permets de vous en demander, dans notre intérêt commun, l'insertion dans le plus prochain numéro de votre journal.

« Veuillez agréer, etc.

« PAYROL, rue Sainte-Anne, 13. »

Le Havre, ce 15 avril 1850.

A M. PAYROL, RUE SAINTE-ANNE, 13, PARIS.

« Cher ami,

« Je vous ai annoncé, dans ma lettre du 13 courant, notre départ pour le 15. Nous sommes encore au Havre, et je ne puis vous dire exactement le jour où nous pourrons en sortir. La seule cause de ce retard est le vent contraire.

« Le navire est prêt, tout est emménagé et très-bien organisé; tous les jours nous nous levons avec l'espoir d'y entrer pour ne plus le quitter qu'en Californie. Nous nous trouvons un assez bon nombre de passagers, sans compter plusieurs missionnaires de la maison de Picpus. Je vous déclare que je suis de plus en plus satisfait de la résolution que j'ai prise, et du choix que j'ai fait. Le plus grand ordre, l'entente la plus cordiale règnent parmi nous; nous sommes tous animés du meilleur esprit, et aucun de nous ne faillira, je l'espère, aux obligations de son mandat.

« Nous avons fait notre banquet d'adieu dimanche au soir! il a été magnifique : plusieurs de mes camarades ont porté des toasts qui ont mérité les applaudissements de tous les convives. Les gérants de la compagnie nous ont fait les adieux les plus touchants; ils se sont montrés, au milieu de nous et pendant tout leur séjour au Havre, comme nous les avions jugés à Paris : des hommes expérimentés, énergiques et consciencieux, méritant et obtenant toute notre estime et notre attachement.

« La nourriture du bord est convenable, et l'on n'en saurait demander davantage : de la viande, du vin et du pain frais deux fois la semaine, pendant la traversée; nous avons du tabac à discréti... des chaussures chaudes et de bons vêtements; en un mot, tout le nécessaire nous a été délivré, sauf les armes, dont nous ne pouvons disposer qu'au besoin.

« Toutes les dépenses faites au Havre seront au compte de la compagnie, qui les fait avec mesure, mais sans parcimonie; je n'ai rien vu jusqu'ici qui ait pu me faire regretter de me trouver au nombre de ses émigrants.

« Veuillez remettre à M. Raparlier, qui passera par Panama, une lettre pour moi; il me sera bien doux de savoir de vos nouvelles en arrivant sur le sol américain. Je vous écrirai toutes les fois que j'en aurai l'occasion; le zèle que j'y ai mis jusqu'ici doit vous dire assez que je tiendrai parole. Faites mille amitiés de ma part à votre famille. Portez-vous bien, et prospérez autant que je le désire,

« Votre tout dévoué ami, LONDÈS. »

EXTRAIT DES STATUTS

(DISPOSITIONS PRINCIPALES.)

Formation et objet de la Société; sa durée; dénomination; raison sociale.

La Société a pour objet :

1° L'exploitation des mines et rivières de la Californie, par les procédés des mécaniques les mieux perfectionnées;

2° Le transport en Californie des associés travailleurs;

3° L'exportation en France des produits de cette exploitation;

4° L'établissement à San-Francisco d'un comptoir d'exportation et d'importation de marchandises, qui servira de point d'union entre les chantiers des *placeres* et la compagnie de Paris, qui se livrera à toutes espèces de transactions commerciales et de banque.

La durée de la Société est de cinq années consécutives, qui prendront cours à dater de ce jour; elle pourra être prorogée, à l'expiration de ce délai, pour cinq autres années, d'après la décision de l'assemblée générale des actionnaires.

La Société prend le nom de *Compagnie française et américaine de San-Francisco*. La raison sociale est *Faudot, Raparlier et Comp.*

Fonds social; actions.

Le capital social est fixé à un million deux cent

mille francs, représenté par deux cent quarante mille actions de cinq francs chacune, dont le montant sera versé, en souscrivant, dans la caisse sociale.

Les actions sont au porteur; elles sont revêtues de la signature personnelle de trois gérants; elles sont détachées d'un registre à souche, et frappées des timbres de la Société.

Chaque série de cinq mille actions donnera droit aux souscripteurs de ces actions de faire partir un associé travailleur gratuitement, c'est-à-dire aux frais de la Société.

Gérance.

La Société sera administrée par les cinq gérants collectivement; chacun d'eux se réserve une portion du travail administratif.

Des associés-travailleurs.

Pour être admis comme associé travailleur, il faut souscrire un engagement de douze cents francs, dont *huit cents* payables en espèces, et quatre cents francs en retenue sur les premiers dividendes à répartir. Cette somme sera convertie en deux cent quarante actions de cinq francs, lesquelles, tout en leur donnant droit à la répartition des bénéfices comme actionnaires, demeureront dans la caisse de dépôt à titre de cautionnement et de garantie des obligations qu'ils auront prises.

Chaque associé travailleur s'engage à concourir selon ses moyens, et sous les ordres du directeur, au succès de l'entreprise.

Répartitions des bénéfices.

Tous les mois, dès leur arrivée en Californie, les gérants-directeurs de l'expédition devront établir, pour l'envoyer en France, au siége de la Société, l'inventaire des valeurs recueillies, des marchandises reçues et des opérations du comptoir. Cet inventaire sera communiqué au plus tôt à la commission de surveillance.

Ils devront aussi expédier à la Société les résultats de leur exploitation, dont le produit en numéraire sera déposé à la Banque de France jusqu'à l'époque des répartitions.

Sur cette somme, seront prélevés tout d'abord tous les frais de l'exploitation, plus la somme nécessaire pour la formation du fonds de réserve dont il sera ci-après parlé, et le surplus sera réparti de la manière suivante :

40 0[0 sont attribués aux associés travailleurs;

40 0[0 aux actionnaires;

18 0[0 à la gérance;

2 0[0 aux employés de l'administration, au prorata des émoluments qu'ils auront émargés, et à la condition qu'ils auront au moins un an de service actif dans la Société.

Tout ce qui reviendra aux associés travailleurs et autres intéressés émigrés sera déposé à la Banque de France et tenu à leur disposition ou à celle de leurs ayants-cause.

Il sera prélevé 10 0/0 sur tous les bénéfices pour former un fonds de réserve qui ne sera retiré entièrement de la Banque de France que lors de la liquidation définitive de la Société.

Ce fonds de réserve servira à pourvoir aux besoins de la Société, et, le cas échéant, à fournir des secours aux veuves et orphelins des associés travailleurs.

Commission de surveillance.

Une commission de surveillance est établie auprès de la gérance; ses réunions auront lieu au siége de la Société. Elle se composera de cinq membres, nommés par l'assemblée générale des actionnaires.

La commission de surveillance se réunit aussi souvent que les affaires de la Société l'exigent.

La commission de surveillance, sans s'immiscer dans l'administration de la Société, doit néanmoins contrôler toutes les opérations et déférer à l'assemblée générale celles qui paraîtraient contraires aux intérêts des actionnaires. Elle vérifie les comptes présentés par les gérants, ainsi que l'inventaire annuel qu'ils sont tenus de dresser; elle peut convoquer l'assemblée générale en séance extraordinaire toutes les fois que les besoins de la Société l'exigent; elle fait part à l'assemblée générale de ses observations sur l'ensemble de l'administration de la gérance; elle vérifie la caisse et le portefeuille, les livres et la correspondance, quand elle le juge à propos.

Assemblées générales.

L'assemblée générale des actionnaires se réunira tous les ans au siége de la Société ou dans tout autre local désigné à cet effet; l'assemblée générale représente l'universalité des actionnaires; ses décisions seront obligatoires pour tous, même pour les absents.

Pour être admis aux assemblées générales, il faudra être porteur de deux cents actions au moins; ceux qui, porteurs de deux cents actions, voudront y assister, devront déposer leurs actions au siége de la Société, dix jours avant la réunion de l'assemblée; il sera donné un récépissé indiquant les noms et prénoms et la demeure des déposants.

Les porteurs de plus de deux cents actions auront dans la délibération, droit à autant de voix qu'ils auront de fois ce nombre d'actions, sans toutefois que chaque porteur d'actions puisse avoir plus de 4 voix.

La convocation des assemblées générales se fera dans le journal publié par la Société et dans deux autres journaux de Paris, dont la publicité est le plus répandue, un mois au moins avant l'époque fixée.

Au moyen de ces dispositions, l'assemblée générale ainsi convoquée sera régulièrement constituée, quel que soit le nombre des actionnaires présents et celui des actions qu'ils représenteront.

Les délibérations des assemblées générales seront prises à la majorité des voix; elles seront constatées par procès-verbal transcrit sur un registre tenu à cet effet et signé par le président, le secrétaire et les membres de la commission de surveillance et des gérants présents.

L'assemblée générale arrête et approuve les comptes des gérants, fixe définitivement le montant des dividendes et en arrête la répartition.

Journal des intérêts de la Société.

La Société s'engage à publier un journal mensuel spécial, dans lequel elle rendra compte non-seulement de ses opérations générales, mais encore de tout ce qui peut intéresser ses adhérents, soit par la publication des documents officiels du gouvernement, soit par celle de toutes ses correspondances particulières en Californie.

Chaque souscripteur d'actions aura droit à l'envoi franc de port du journal, moyennant une rétribution de deux francs cinquante centimes par année; cependant il sera envoyé gratuitement et franc de port aux souscripteurs de vingt-cinq actions.

Actions de..... (Voir page 32).

LA RUCHE D'OR

Société constituée par acte passé par-devant M° Fouquen, notaire à Paris, le 9 avril 1850.

AVANTAGES AUX TRAVAILLEURS.

Passage (et vivres à bord) *gratuit.* — Bonne direction en Californie afin que les produits soient considérables. — Logement en Californie, nourriture et vêtements *gratuits.* — Soins *gratuits* du médecin qui accompagne l'expédition. — Un *quart* brut du travail quotidien. — 40 pour cent dans les bénéfices de la compagnie. — Se hâter d'écrire pour faire partie du nouveau départ composé de cinquante personnes, qui va être effectué prochainement.

AVANTAGES AUX ACTIONNAIRES.

Dix pour cent avant tout partage; — Quarante pour cent dans les bénéfices. — Nul doute que les bases nouvelles adoptées par la Compagnie pour *intéresser* et par conséquent *conserver* ses associés-travailleurs, ne donnent en peu de temps à ses actions la valeur de celles d'Angleterre, cotées à des primes considérables. — ACTIONS de 5 francs et au-dessus.

DEUXIÈME DÉPART.

Les documents officiels publiés par le Gouvernement français et par celui des États-Unis sur la Californie ; les relations très-détaillées, revêtues de tous les caractères d'authenticité que donnent sur ce pays les journaux les plus sérieux de France, d'Angleterre, d'Amérique et de la *localité même,* c'est-à-dire de San-Francisco, ne permettent plus aux esprits les plus prévenus, les plus sceptiques, de mettre en doute l'existence des trésors immenses que renferme dans son sol l'Eldorado moderne. Pendant longtemps on a pu être ébranlé dans sa croyance au récit de ces fortunes considérables, brillantes et rapides dont la découverte du Pérou et du Mexique, ces mines d'or inépuisables qui ont enrichi les États de l'Europe méridionale, n'avaient pas donné d'exemple ; mais maintenant que nous avons vu arriver à New-York, à Londres et à Paris pour plus de *cinq cents millions de francs* d'or en poudre, en paillettes, en grains, en pépites; mais maintenant que nous avons vu tous les peuples du globe s'émouvoir et courir faire fortune sur les rives de l'Océan Pacifique; mais maintenant que nous avons vu plus de six mille de nos compatriotes partir résolument pour la Californie, non pour aller y chercher une existence médiocre que la stagnation des affaires leur refusait en France, non pour aller y chercher un bien-être éphémère, mais pour y faire une vraie fortune, le doute, après tant de preuves irréfragables s'appellerait indifférence, et cette indifférence....... nous ne la qualifierons pas.

Convaincus, par l'évidence des faits, de l'existence d'une terre aurifère, on s'est demandé si dans six mois, dans un an, dans deux ans, le précieux métal ne serait pas épuisé et si cette terre fortunée ne deviendrait pas un aride désert, un *champ d'asile.* Non, répondrons-nous, il ne peut en être ainsi si on considère, 1° L'étendue du pays, qui est le double de celle de la France ; 2° Les gisements de l'or, qui sont très-nombreux et disséminés sur tous les points du sol; 3° Que la totalité de l'or recueilli jusqu'à ce jour provient des lits desséchés des nombreux cours d'eau qui sillonnent la contrée; qu'il a été trouvé dans les sables, dans les limons roulés ou déposés par les torrents débordés, et que ces plaines ou ces ravins sablonneux qu'on appelle *placers* redeviennent vierges

d'explorations, chaque année, après la saison des pluies qui dure quatre mois (octobre, novembre, décembre et janvier) ; 4° Que des filons d'or ont été trouvés, que des mines du précieux métal existent, mais qu'elles n'ont pas été encore attaquées.

Il importe que la France suive le mouvement si heureusement commencé, qu'un grand nombre de ses enfants aille chercher sur cette terre lointaine, mais qui n'offre pas de dangers sérieux, une existence que notre ciel politique rend tous les jours plus difficile, plus problématique; mais, il faut aussi que l'émigration soit nombreuse, forte, unie, compacte, dont les travaux, les fatigues, les périls, s'il s'en présente, soient partagés aussi bien que les joies, le bien-être, la fortune; dont les intérêts enfin soient solidaires. L'*association* est donc ici de toute nécessité : elle est à l'*isolement* ce qu'est l'abondance aux privations, la fortune à la pauvreté, la vie à la mort.

Mais l'émigration de cent, deux cents ou trois cents travailleurs qui doivent être transportés à quatre mille lieues, habillés, armés, équipés, nourris pendant trois ans au moins, exige des sommes énormes et n'est possible que pour un très-petit nombre de fortunes, sans doute ; aussi n'est-ce pas avec leurs propres ressources que nous entendons faire partir nos travailleurs. Du reste, tout le monde ne peut émigrer, et l'âge, les maladies, la position sociale, de doux liens de famille ne permettent pas au plus grand nombre de faire une aussi longue absence. Cependant nous voulons que tous, hommes et femmes, jeunes et vieux, riches et pauvres, célibataires ou pères de famille participent au festin d'or auquel nous les convions. Les travailleurs, forts, robustes, courageux, s'expatrieront, leurs bras élèveront des monceaux d'or; les *actionnaires* pourvoieront aux besoins des émigrants, paieront leur entretien complet pendant tout le séjour en Amérique, et ainsi, par une sage et équitable combinaison, les uns et les autres, les uns par les autres aboutiront à un résultat commun : la fortune.

Dans cet ordre d'idées, la Compagnie de *la Ruche d'Or,* s'éloignant d'une manière radicale des errements suivis par ses devancières, fait aux travailleurs et aux actionnaires les conditions suivantes :

1° Elle a résolu de recruter ses travailleurs loin des villes, parmi les hommes les plus sains de corps, les plus forts, les plus endurcis au travail, les plus habitués à la vie simple et dure, au faible gain, à l'obéissance et au respect de l'autorité. La Bretagne surtout, où ses gérants ont de longues et honorables relations établies, sera son principal champ de conscription ;

2° Elle n'accepte les travailleurs que sur la production de certificats constatant les antécédents les plus honorables et les plus purs, et sur une déclaration des principaux membres de la famille du travailleur, s'engageant pour lui, d'honneur seulement, il est vrai, à ce que le contrat signé sera exécuté avec bonne foi et pleine loyauté ;

3° Le travailleur n'est engagé que pour trois ans ; trois ans juste après le jour de son départ, il doit être rendu à ses foyers : il n'est donc bien réellement obligé qu'à deux années de travail ;

4° Outre sa nourriture, son logement, son entretien gratuits pendant les trois années et une très-belle part dans les bénéfices, *il reçoit chaque jour un quart de la quantité d'or qu'il a recueillie;*

5° Il n'est tenu à prendre aucune part d'intérêt dans la compagnie, à ne fournir aucun fonds;

6° Lors du débarquement à San-Francisco, et avant le départ pour les mines, chaque travailleur sera astreint de renouveler, dans la forme et sous l'empire des lois américaines, le contrat signé par lui à Paris.

Les 40 p. 0/0 attribués aux travailleurs dans les bénéfices de l'entreprise sont la seule condition que les autres Compagnies aient prise en leur faveur.

La gratuité du transport et de l'entretien accordée au travailleur a pour objet de rendre absolument celui-ci l'obligé de la Société, et d'autoriser contre lui, en cas de désertion, l'emploi des mesures les plus sévères.

Le but que nous nous proposons, en attribuant à nos engagés le quart du produit de leur travail quotidien, est de les édifier, dès le premier jour, sur l'excellence de l'entreprise ; d'entretenir et de stimuler leur zèle, de leur permettre enfin de faire jouir immédiatement leurs familles des fruits de leur labeur.

L'ensemble de ces mesures aura pour résultat d'assurer à nos travailleurs des avantages beaucoup plus considérables, beaucoup plus sûrs que ceux qu'ils pourraient recueillir de leur travail isolé, et de leur ôter ainsi toute envie de désertion.

Mais, si à raison de l'importance de son concours, nous avons préparé avec tant de soin l'avenir du travailleur, c'est que nos calculs, établis sur les documents officiels, nous permettent de le faire sans que les intérêts non moins légitimes des actionnaires en soient aucunement lésés. Pour assurer à ces derniers des avantages proportionnellement égaux à ceux des travailleurs, il est fait en leur faveur,

1º Un *prélèvement de* 10 0/0 *du capital social, avant toute répartition de bénéfices ;*

Et ils ont droit, comme les travailleurs,

2º à 40 0/0 dans ces bénéfices.

Ainsi, d'une part, et pour le travailleur, la gratuité du transport et de la vie complète, le quart du produit de son travail quotidien ; d'autre part, pour l'actionnaire, 10 pour cent du capital social avant tout partage : tels sont les avantages particuliers que la compagnie de la *Ruche d'Or* offre à ses adhérents. Elle leur donne, en outre, comme les autres Compagnies, 40 0/0 dans les bénéfices nets.

Des bases si larges, si rationnelles, donnent à notre entreprise toutes les proportions d'un fait humanitaire. Le public, du moins, l'a compris ainsi ; car de nombreuses souscriptions d'actions nous arrivent journellement de toutes parts, et nous comptons les demandes de travailleurs par centaines. Nous ajouterons que, pour déterminer notre choix en leur faveur, un grand nombre de ceux-ci nous ont offert d'eux-mêmes un cautionnement, ou bien une prise d'actions considérable. Quelques-uns, de plus, sont recommandés par de forts actionnaires.

Pour ce qui est du conseil de surveillance, nous n'avons point voulu en imposer un de notre choix. Il nous a paru moral de laisser le soin de son élection aux actionnaires eux-mêmes, et afin de faire concourir le plus grand nombre possible à cette élection, nos statuts confèrent le droit d'y participer à tout propriétaire de *cinquante* actions.

Un journal exclusivement consacré à la Société de la *Ruche d'Or* tiendra les actionnaires au courant de ce qui peut les intéresser, et les mettra sans cesse en communication avec les travailleurs de la Californie ; ce qui leur permettra de suivre eux-mêmes, comme s'ils étaient sur les lieux, les progrès de l'exploitation.

Un comptoir établi à San-Francisco servira d'intermédiaire entre les travailleurs et la Société. Ce sera par lui qu'on recevra toutes les nouvelles, et sa mission sera de servir de point d'appui et de refuge aux colons.

Enfin, un *conseil scientifique*, spécialement composé de chimistes et de géologues, se réunira au siége de la Société, chaque fois que les gérants auront besoin de l'éclairer sur les modifications à apporter, dans l'intérêt général, soit aux procédés mécaniques et métallurgiques, soit au mode d'exploration en usage.

Nous appellerons, en outre, l'attention de nos commanditaires sur ces quelques points principaux :

1º Les Gérants ne se sont attribué aucune part d'action ;

2º Le cinquième dans les bénéfices nets qui leur est afférent, comme fondateurs de la Société, se trouve réduit de fait à moins d'*un vingtième*, par suite des divers prélèvements effectués avant tout partage, en faveur des Actionnaires et des travailleurs ;

3º L'un d'eux au moins se rendra en Californie pour y surveiller les intérêts des Actionnaires ;

4º 25 actions donnent droit de faire partie des assemblées générales et de surveiller par soi-même les intérêts de la Compagnie ;

5º Afin de faire participer les fortunes les plus modestes aux bienfaits de cette riche découverte, ils ont fixé à *cinq francs* seulement le prix de leurs actions ;

6º Enfin ils ont fait imprimer sur le verso de chaque action leurs statuts en entier pour que chaque actionnaire connaisse parfaitement ses droits.

Telles sont nos dispositions générales ; elles sont, croyons-nous, de nature à rassurer même les plus craintifs, à satisfaire même les plus exigeants.

Il nous reste maintenant à faire connaître la situation actuelle de la Compagnie.

Les premiers travailleurs sont partis sous la direction de MM. le comte de Pons, ingénieur, qui a déjà fait deux fois le tour du monde, et Arnail, ex-capitaine de l'armée et métallurgiste distingué. M. l'abbé Cossul, archiprêtre du diocèse de Turin, les accompagne en qualité d'aumônier.

Le départ de notre deuxième convoi aura lieu vers la fin d'août, de manière à arriver en Californie pour la saison des travaux aux mines.

C'est là incontestablement la plus sérieuse garantie de produits certains, de grands et loyaux bénéfices. Tout autre mode de procéder n'aurait pas été moins désastreux pour les intérêts des travailleurs que pour ceux des actionnaires ; les uns et les autres eussent couru de graves dangers. Notre devoir était de les prévenir ; nous avons la confiance de l'avoir consciencieusement rempli.

Des combinaisons si prudentes, en assurant aux actionnaires le concours de nombreux travailleurs intéressés à leur rester fidèles, donneront bientôt à nos actions la valeur de celles des compagnies anglaises, qui sont cotées à des primes énormes.

Nous croyons avoir résolu de la manière la plus prudente, la plus morale et la plus sûre, le problème de l'exploitation des mines d'or de la Californie. L'actionnaire et le travailleur y trouveront les éléments d'une grande et rapide fortune, car la Californie n'est pas un Eldorado chimérique, c'est bien réellement une de ces terres vierges où le métal le plus précieux se trouve répandu à profusion ; il ne faut pour le recueillir que l'intelligence, de la persévérance, une direction sage et éclairée, et c'est à ces différents titres que nous soumettons au public nos projets de Société, que nous faisons appel à ses sympathies, à son actif concours.

Actions de.....(Voir page 32).

LA COMMERCIALE.

Société constituée par acte passé par-devant Mᵉ PLUCHART, notaire à Paris.

———◆◆◆———

L'esprit de spéculation se porte avec une nouvelle force vers les entreprises californiennes : l'or qui, de San-Francisco, arrive par quantités considérables sur tous les grands marchés du monde ; —le succès des compagnies formées à New-York, à Panama, à Mexico, à Londres, à Liverpool, à Manchester, pour l'exploitation des mines du Sacramento ;—les lettres pressantes des travailleurs qui convient leurs amis à venir les rejoindre , car l'abondance des mines est si grande qu'elle exclut toute idée d'égoïsme;—toutes ces circonstances réunies prouvent que pendant de nombreuses années encore la Californie est destinée à donner les résultats les plus brillants à ceux qui veulent sérieusement exploiter ses richesses.

La facilité avec laquelle les travailleurs recueillent l'or, et la rapidité des fortunes obtenues dans les placers, ayant surtout attiré la spéculation vers l'exploitation proprement dite des mines aurifères, ont fait négliger l'exploitation commerciale et industrielle, qui offre des bénéfices peut-être moins brillants en apparence , mais tout aussi considérables par leurs incessantes répétitions.

Sur les bords du Sacramento, dans les placers riches en produits métalliques, l'or se récolte avec abondance, mais les vivres sont chers, les objets de première nécessité sont hors de prix. Tout ce qui appartient à la vie matérielle, l'habitation, le couchage, se paient à des prix exorbitants, avec le même or qui a été si facilement obtenu ; et les importateurs prélèvent facilement de très-grands bénéfices sur les objets importés.

C'est aussi vers ce côté de l'exploitation des richesses californiennes que la société *la Commerciale*, fondée à Paris par M. Peters, va diriger ses forces.

Nous croyons devoir entrer à ce sujet dans quelques détails sur l'organisation de cette Compagnie :

Comme les autres Compagnies californiennes, elle reçoit des travailleurs qui mettent en communauté leurs efforts et qui rendent à la Société une part proportionnelle du produit de leur travail, en compensation des déboursés que *la Commerciale* a faits pour leur passage, les vivres de la traversée et leur entretien sur les placers.

Elle transporte des passagers libres, auxquels elle garantit des vivres et les objets de première nécessité ;

Elle forme des cargaisons de marchandises appropriées aux besoins de la population de la nouvelle colonie, besoins sur lesquels elle reçoit des renseignements certains.

Elle importe des *habitations*, pouvant se monter et se démonter en quelques heures, et propres à héberger immédiatement les colons, qui aujourd'hui paient des prix exorbitants pour les logements même les moins commodes.

• Voilà en quelques mots les principales opérations auxquelles veut se livrer *la Commerciale*. Le simple aperçu que nous venons de donner est déjà très-vaste, et cependant il est à remarquer que le cadre peut s'élargir d'après les besoins nouveaux qui peuvent se révéler.

Les actions sont au porteur. Elles sont de 10, 50, 100 et 500 francs. Cette division a été heureusement imaginée pour permettre aux plus modestes fortunes de s'associer à une entreprise qui offre de grandes chances de succès.

La Commerciale croit que ses capitaux peuvent être fructueusement employés en achats de marchandises dont le placement est certain. Elle garantit, après le prélèvement des intérêts à 5 pour 100, 80 pour 100 aux actionnaires, sur les bénéfices nets.

Pour les esprits sérieux, la simple énonciation de *la Commerciale* a une haute portée : à toutes les sources de bénéfices que possèdent les autres Compagnies, elle joint ceux qui sont inhérents au commerce d'importation et d'exportation, avec des relations sûres dans un pays dont tous les habitants ont en quantité de l'or facilement acquis.

Nous ne pouvons, et surtout nous ne *voulons* faire ici aucune évaluation ; mais les personnes qui ont fait récemment des expéditions pour la Californie de marchandises habilement choisies, en ont retiré des bénéfices très-considérables. On peut donc considérer comme certains les bénéfices que procurera *la Commerciale.*

———◆◆◆———

La Compagnie prend des marchandises contre actions, qu'elle échange de préférence avec les Actionnaires.

Pour s'engager comme travailleur, il faut devenir actionnaire, souscrire et acquitter de suite 9 ou 12 actions de 100 fr. chacune, dont les titres seront remis après l'expiration de l'engagement.

Le passage est gratuit pour les *associés-travailleurs*. La Compagnie fait l'avance de tous les objets nécessaires à leur existence, à leur entretien et à l'exploitation des mines pendant la durée de leur engagement, qui est de deux ans ; ce terme est jugé suffisant pour permettre aux travailleurs d'acquérir une fortune honnête.

50 p. % de l'or trouvé revient aux travailleurs, et 50 p. % à la Compagnie.

La Compagnie fait de grands approvisionnements de conserves alimentaires et fait construire des maisons en bois qui serviront de comptoir, magasins pour les marchandises et vivres, d'habitation et de dépôt pour le minerai d'or que les travailleurs auront recueilli.

Les travailleurs emporteront par le prochain départ plusieurs machines d'amalgamation ainsi que tout le matériel nécessaire à l'exploitation des terrains aurifères.

Pour faciliter la direction, il est urgent de s'engager le plus tôt possible afin qu'elle puisse apporter un soin paternel à l'aménagement et au choix des vivres, etc.

Le départ des associés-travailleurs et du personnel du comptoir de San-Francisco aura lieu du Havre prochainement.

M. A. Loison, homme d'énergie et d'une probité reconnue , fournira un cautionnement de 70,000 fr. pour garantie de sa bonne gestion de Directeur

Gérant à San-Francisco ; il prendra la direction de l'expédition.

Extrait des Statuts.

Pardevant M⁰ PLUCHART et son collègue, notaires à Paris, soussignés, a comparu

M. PETERS (Henri), négociant, demeurant à Paris, boulevart Montmartre, n° 2.

Lequel a dit :

Que son intention est de fonder une Société commerciale dont le but sera ci-après expliqué.

FORMATION.

Il est formé par ces présentes une Société en commandite par actions, entre M. Henri Peters, d'une part, comme gérant responsable ;

Et, d'autre part, les personnes qui adhéreront aux présents Statuts, en devenant porteurs des actions dont il sera ci-après parlé.

BUT.

Exploitation des mines d'or et de toute autre nature de tous les pays, transports de passagers, de travailleurs, de marchandises, construction de maisons, plus particulièrement en bois et en fer, commerce en général, exportation et importation, recouvrements, enfin toutes affaires qui paraîtront présenter au Gérant un bénéfice pour la Société.

La raison sociale sera : H. PETERS et Cⁱᵉ.

La Société portera le titre de : LA COMMERCIALE.

CONSTITUTION ET DURÉE DE LA SOCIÉTÉ.

Le capital social est fixé à *deux millions* de francs, représenté par des actions au porteur, par séries de 10, de 50, de 100, et de 500 francs (chaque série numéroté séparément), est ampliées, signées par le Gérant, et extraites de registres à souches.

Les actions participeront, proportionnellement à leur valeur, aux intérêts, bénéfices, et à l'actif de la Société.

Aucun actionnaire ne peut être tenu au-delà du montant de ses actions. Tout appel de fonds, rapport d'intérêt ou de dividende distribué sont interdits, et ne pourront être demandés sous quelque prétexte que ce soit.

Tout porteur d'action est réputé, de plein droit, avoir adhéré aux stipulations résultant du présent acte.

Le Gérant pourra suspendre l'émission des actions, afin que pour toute émission subséquente les actions soient émises à un prix plus élevé que leur prix nominal. Cette plus-value sera fixée par la majorité de l'assemblée générale, et profitera à tous les actionnaires.

Par suite d'une délibération prise en assemblée générale, le capital social pourra être augmenté. Les porteurs d'actions auront le droit, avant tout étranger à la Société, de prendre de ces nouvelles actions, en observant le délai qui sera prescrit par ladite assemblée, laquelle fixera les conditions de l'émission des actions nouvellement créées.

M. Peters déclare par ces présentes que la Société est constituée ; sa durée est de cinquante années à dater de ce jour ; elle pourra être prorogée par décision de l'assemblée générale des actionnaires.

M. Peters est seul gérant responsable.

Le gérant sera obligé de donner au conseil de surveillance (dont il sera ci-après parlé) tous les renseignements que ce conseil pourra lui demander, ainsi que la communication de ses livres, portefeuille et comptes de caisse.

Le gérant dressera l'inventaire de la Société le 1ᵉʳ juillet de chaque année à partir de mil huit cent cinquante et un ; cet inventaire contiendra l'état de toutes créances, objets, marchandises, ameublement, etc., constituant l'actif de la Société.

L'évaluation des marchandises sera faite d'après le prix de revient.

Toutes les obligations ainsi que les engagements contractés par le gérant dans l'intérêt de la Société constitueront le passif.

Ledit inventaire sera en juillet de chaque année, à partir de mil huit cent cinquante et un, présenté au conseil de surveillance pour qu'il puisse faire son rapport à l'assemblée générale.

S'il résulte, d'après le bilan, que les bénéfices nets de la Société aient produit plus que les intérêts payables à cette époque, l'excédant sera partagé en dividendes comme suit :

80 % aux actionnaires, 20 % au gérant.

Le dividende sera calculé d'après prélèvement des intérêts de 5 % par an sur les actions émises à cette époque et après déduction faite de tous les frais sans aucune exception.

Les intérêts et le dividende seront chaque année payables, dès le quinze août mil huit cent cinquante et un, au siége de la Société.

CONSEIL DE SURVEILLANCE.

Il sera établi un conseil de surveillance composé de trois membres au moins, sur la proposition qu'en fera le gérant aux porteurs d'actions convoqués par lui à cet effet. Les membres de ce conseil nommeront un président parmi eux.

S'il s'élevait contre le gérant de graves sujets de plaintes, sa révocation sera suivie devant arbitres nommés par le tribunal de commerce du département de la Seine, à la diligence du conseil de surveillance, en vertu d'une décision prise par l'assemblée générale des actionnaires spécialement convoqués à ce sujet.

Dans le cas de décès, déconfiture, faillite, absence constatée, ou toute autre incapacité d'un actionnaire, d'un membre du conseil de surveillance, leurs créanciers personnels, ou leurs ayants-cause, ne pourront, à quelque titre que ce soit, s'immiscer dans les affaires de la Société, ou de la liquidation, requérir aucune apposition des scellés, inventaire, ni provoquer la licitation ou la discussion des biens sociaux ; ils devront s'en rapporter pour la liquidation de leur droit au dernier inventaire de la Société.

JUGEMENT DES DIFFICULTÉS PAR DES ARBITRES.

En cas de contestation entre les actionnaires, soit à l'expiration de la Société ou à cause de la liquidation, et généralement sur l'interprétation de l'exécution du présent acte, elles seront jugées par-devant trois arbitres nommés par le tribunal de commerce du département de la Seine, à la requête de la partie la plus diligente.

Ces arbitres ainsi constitués prononceront comme amiable compositeur en dernier ressort, sans rappel, recours en cassation, ni requête.

Actions de...... (Voir page 32).

LA BRETONNE

Société constituée par acte passé par-devant Mᵉ Aumont-Thiéville, notaire à Paris, le 20 mars 1850.

LA BRETONNE s'est formée sous les auspices de plusieurs propriétaires de la Bretagne qui ont en vue de donner une nouvelle impulsion à l'agriculture en l'introduisant sur le sol de la Californie.

Le but de la Compagnie est d'envoyer des travailleurs en Californie pour y recueillir le précieux minerai d'or que renferme son sol; mais en même temps que la direction *envoie des travailleurs à la recherche de l'or*, elle veut leur assurer le bien-être et les moyens de faire promptement fortune.

Pour arriver à ce double résultat, elle a pensé que le meilleur moyen était de fonder d'abord un établissement agricole qui permettrait aux travailleurs chercheurs d'or de vivre à bon marché, dans un pays où les produits sont cotés aux prix les plus exagérés, et cela par l'absence complète de culture.

Il fallait donc remédier à cet inconvénient, et, en même temps que les travailleurs allaient chercher l'or, on devait aussi leur garantir la réalisation de grands bénéfices qui profiteraient à tous les intéressés.

Cette pensée a été le guide des fondateurs de la Société, et pour la mettre à exécution la Direction de LA BRETONNE envoie à ses frais des cultivateurs dirigés par un habile agriculteur, ancien élève de la ferme modèle de Grand-Jouan (Loire-Inférieure), munis de charrues dites *Dombasle* et de tous les instruments aratoires propres à la culture.

Ces hommes expérimentés vont fonder en Californie l'établissement agricole dont nous venons de parler, et demander à la terre les productions qui doivent nourrir ses enfants; ils vont, les premiers, planter les jalons de la fortune sur ces rivages autrefois déserts et pourtant si fertiles!

Les encouragements qu'ils reçoivent des hommes sérieux qui s'occupent des classes laborieuses sont un sûr garant de leur dévouement envers la Société, dont ils deviendront le plus ferme appui.

Dans quelques mois, sous la main laborieuse de ces hommes de cœur, le sol californien aura donné à ses habitants les céréales, les légumes et toutes les productions nécessaires à la subsistance de l'homme; ils auront ainsi réalisé la première condition de succès : vivre en travaillant et s'enrichir par l'économie.

Ce résultat obtenu, la Direction de LA BRETONNE organisera des départs réguliers d'associés travailleurs qui iront à leur tour demander au sol de la Californie, non plus ses richesses agricoles, mais ses richesses aurifères, qui sont immenses dans le pays.

Les travailleurs chercheurs d'or n'auront point à se préoccuper de leurs moyens d'existence; la colonie agricole y aura pourvu d'avance, et ils trouveront dans ce pays des ressources qui, jusqu'alors, sont restées inconnues à ceux qui l'habitent.

Chaque expédition de travailleurs aura à sa tête un chef habile chargé de diriger et guider les hommes en Californie; un ingénieur, un comptable et deux conducteurs de travaux feront également partie de l'expédition. La Société établira une ambulance à laquelle seront attachés un médecin, un aumônier et plusieurs sœurs de charité.

La Compagnie fournit des outils, des ustensiles, des armes, des vivres, des vêtements, des maisons en bois, etc., etc.; de même qu'elle met à la disposition des travailleurs des machines à amalgamation pour le lavage de l'or, qui décuplent les produits tout en facilitant le travail.

Nous ne nous étendrons pas longuement sur ce point, désormais acquis, que l'or abonde en Californie; à l'heure qu'il est, le doute n'est plus permis : il y a de l'or!... beaucoup d'or!...

Les moyens d'exploitation mis en usage font facilement découvrir ce précieux métal, et le travailleur devient bientôt riche; mais aussi, que de privations à endurer, si une administration intelligente et prévoyante n'a su parer à toutes les nécessités de la vie!

Cet or, si abondant qu'il soit, suffit à peine aux dépenses journalières, car, dans ce pays inculte, rien n'existe, rien n'est créé pour nourrir l'habitant; il faut demander à l'étranger et devenir son tributaire pour ce qui a trait aux moyens d'existence. La spéculation impose et des droits exorbitants : la cherté des vivres, la difficulté de s'en procurer, tout cela réuni fait qu'en gagnant beaucoup, le travailleur est obligé d'abandonner les *Placers* pour venir habiter les villes du littoral; dans ces mois de chômage, les dépenses sont plus grandes, et, comme nous le disions plus haut, la spéculation s'étant emparée de toutes les denrées, il devient impossible de s'en procurer, si ce n'est à des prix fabuleux. On est obligé de subir la loi des accapareurs, qui pèse d'une manière si fatale sur le travail et l'activité de l'homme.

Les associés travailleurs de la Compagnie LA BRETONNE n'auront à redouter aucun de ces inconvénients; la Direction a tout prévu. L'établissement agricole pourvoira abondamment à tous leurs besoins, et dans les moments de chômage ils viendront augmenter le personnel de la colonie agricole, où ils trouveront un abri et des distractions de toutes sortes.

Ils pourront encore contribuer au succès de l'entreprise, en se livrant à des travaux de culture dont le produit leur appartiendra.

Il y aura association mutuelle de tous les travailleurs entre eux : l'agriculteur nourrira le chercheur d'or, et celui-ci enrichira le cultivateur en s'enrichissant lui-même.

Ainsi, dans quelques années, sans avoir subi les privations auxquelles ont été soumis les premiers émigrants, les associés travailleurs de la Compagnie LA BRETONNE reviendront dans leur patrie jouir de la fortune qu'ils auront si honorablement acquise; et les actionnaires dont les capitaux auront tant aidé à la prospérité de l'entreprise auront fait un placement certain. La Société appelle le travailleur et le capitaliste à profiter de toutes les richesses californiennes en les faisant participer tous deux aux bénéfices de l'exploitation agricole et des mines d'or; le commerce, de son côté, trouvera un nouveau débouché à ses productions, car la Compagnie accepte des marchandises contre des actions.

C'est la Compagnie qui fait l'avance de tout ce qui est nécessaire aux travailleurs pour la nourriture, les vêtements, les armes, le logement, etc., etc.; elle s'en rembourse sur les bénéfices de façon à ce que l'ouvrier n'a rien à débourser pour cet objet.

La répartition des produits recueillis se fera de la manière suivante :

Cinquante pour cent aux associés travailleurs, avant tout prélèvement, et *cinquante pour cent* à la Société.

Le partage, pour les travailleurs, s'opérera en Californie tous les trois mois, par les soins du Comptable nommé par la Direction.

La part revenant à la Société sera envoyée, toujours par les soins du Comptable, à la Direction générale, à Paris, qui, après prélèvement de tous les frais et dépenses généralement quelconques, en fera la répartition de la manière suivante :

Quatre-vingt pour cent aux Actionnaires,

Dix pour cent à la Gérance,

Cinq pour cent au Conseil de surveillance,

Et *cinq pour cent* aux employés de l'Administration

qui l'auront mérité par leur zèle et leur aptitude.

De cette façon, le capital est associé au travail, et chacun participe aux bénéfices de l'entreprise dans une proportion équitable.

Un conseil de surveillance est établi auprès de la gérance ; il est composé d'hommes honorables, qui offrent toutes les garanties aux personnes qui viendront s'intéresser dans la Compagnie que nous venons de fonder sur les bases les plus solides et les plus vraies.

Pour devenir actionnaire de la Société, il suffit de souscrire une ou plusieurs actions, qui sont de 10 fr. chacune, et d'envoyer le montant, *soit en espèces* ou *en marchandises*, au Directeur-Gérant à Paris, ou aux sous-directeurs en province.

Le travailleur, aux termes de l'engagement dont copie est à la suite du présent prospectus, doit verser 800 fr. espèces, qui sont convertis en quatre-vingts actions de la Société, donnant droit au partage de tous les bénéfices sociaux ; cette somme est affectée au prix du passage du travailleur, y compris la nourriture pendant la traversée.

On souscrit et l'on donne tous les renseignements au siége de la Société, et chez les représentants de la Compagnie en province.

La Société a été constituée suivant acte en date du 20 mars 1850, déposé chez Mᵉ Aumont-Thiéville, notaire à Paris, boulevard Saint-Denis, 19. La publication en a été faite conformément à la loi dans les journaux judiciaires et au tribunal de commerce de la Seine.

La Société est formée pour la culture des terres et l'exploitation des *Mines d'or en Californie.*

La raison sociale est Alphonse Fasquelle et Cⁱᵉ. La durée de la Société est fixée à huit années, à partir du 20 mars 1850. Son capital social est de 800,000 fr. divisé en 80,000 actions de 10 fr. chacune.

Le Gérant ne peut disposer des fonds provenant des actions que pour les besoins de la Société, et il doit justifier de leur emploi par des pièces comptables soumises au contrôle de surveillance.

Les actions sont au porteur ; elles sont signées du Directeur-Gérant et revêtues du timbre de la Société.

Les actions donnent droit à 80 p. 100 sur les bénéfices nets dont la répartition se fait de la manière suivante : 80 p. 100 aux Actionnaires, 10 p. 100 au Directeur-Gérant, 5 p. 100 au Conseil de surveillance, 5 p. 100 aux employés et représentants de la Cⁱᵉ.

Un conseil de surveillance suit et surveille toutes les opérations de la Société et tous les actes du Gérant ; il vérifie la caisse, le portefeuille, les livres et les pièces comptables.

Il sera fait chaque année un inventaire qui sera soumis au Conseil de surveillance et à l'approbation définitive de l'assemblée générale des actionnaires.

Les actionnaires seront convoqués aux assemblées par insertions dans les journaux, et s'ils le veulent, ils peuvent se faire représenter.

Le paiement des dividendes s'opère au siége de la Société, sur la simple présentation du titre d'action.

Le Directeur-Gérant est seul responsable.

Les actionnaires ne sont que simples *commanditaires*, et comme tels, ils ne peuvent jamais être engagés au delà du prix de leurs actions, et ne sont sujets à aucuns rapports pour les dividendes qu'ils ont touchés.

L'acte qui constitue la Société *la Bretonne* a été signé le 20 mars 1850, et publié conformément à la loi le 27 du même mois.

Dès le 17 mai suivant, un convoi de trente émigrants, organisé par ses soins, quittait le Havre sur le navire le *Pescatore.*

Aucune entreprise du même genre n'avait encore accompli aussi rapidement une expédition d'associés-travailleurs. Les émigrants de *la Bretonne* ont acheté eux-mêmes, avec les fonds de la Société, maison, tentes, outils, machines à lavage de l'or, instruments de toutes sortes ; vêtements, lits, matelas, draps, couvertures, chaussures, vivres, graines, pharmacie, fusils de chasse, instruments de pêche, etc., etc., dont ils ont été abondamment pourvus.

C'est en accomplissant avec cette libéralité les conditions de son contrat avec les travailleurs que *la Bretonne* est sûre de constituer en Californie une agrégation de chercheurs d'or et d'agriculteurs d'autant plus compacte et d'autant plus productive pour ses actionnaires qu'elle sera maintenue par le lien le plus puissant de tous : l'intérêt personnel.

Ce n'est pas toutefois qu'elle ait cru pouvoir négliger les liens moraux si nécessaires à toute association, et la présence d'un respectable aumônier, qui sera bientôt secondé par un autre ecclésiastique, donnera aux familles des émigrants toutes les garanties possibles sur la direction de l'entreprise. Les mesures qu'elle a prises à cet égard lui ont valu déjà des sympathies précieuses qu'elle tiendra toujours à justifier.

Seule jusqu'à présent, *la Bretonne* a songé à tirer parti de l'élément agricole en Californie, où de vastes terrains, d'une fertilité inouïe, se concèdent à moins d'un dollar (5 fr. 35 c.) l'acre. — Une ample provision de semences de fourrages et de légumes, expédiée par le *Pescatore*, mettra les émigrants à même de se procurer des fourrages — et par le fourrage des bestiaux — des légumes — et par la culture potagère des vivres frais tous les jours, au grand avantage de la santé des travailleurs et à la grande économie des capitaux de la Société.

La ferme de *la Bretonne*, qui prendra nécessairement plus tard de vastes proportions, ne pouvait être située aux *Placers*, dont le terrain est impropre à la culture et dont l'emplacement varie d'ailleurs d'après le choix et les découvertes des travailleurs ; mais, placée à 12 ou 15 milles (4 ou 5 lieues) du centre des recherches d'or, cette ferme deviendra un lieu de refuge précieux pour les émigrants qu'une indisposition pourrait atteindre.

Les ressources commerciales que présente la Californie, devenue pour de longues années le marché le plus animé et le plus profitable de l'univers, n'ont point échappé à l'attention des fondateurs de *la Bretonne*, et des ordres ont été donnés à l'un des chefs de la deuxième expédition partie par le *Pescatore*, d'établir à San-Francisco un comptoir de vente et d'échange où la Compagnie pourra opérer le placement des marchandises qui lui sont offertes de toutes parts. — Les vins, les spiritueux, les étoffes et les substances alimentaires trouvent en Californie un placement assuré à des prix très-élevés. Le second convoi parti par le *Ferrière*, capitaine Grielen, magnifique navire de 1,300 tonneaux, emportait déjà des consignations qui fourniront un premier aliment à ce comptoir.

Les retardataires du *Ferrière* et quelques émigrants impatients de toucher la terre d'or ont été mis à bord du *Louisiana*, capitaine Liger, parti du Havre, le 22 juillet.

Après la troisième grande expédition que la Compagnie, liée par des engagements de travailleurs, ne peut se dispenser d'effectuer, dans la seconde quinzaine d'août, elle mettra un intervalle de deux mois au moins entre les départs.

Le Directeur de *la Bretonne*, assuré des beaux résultats réservés à son entreprise, dont le succès a été d'une rapidité sans exemple, croit devoir s'abstenir de toute évaluation anticipée de ses bénéfices ; il compte sur le bon sens public pour faire justice et de certaines promesses exagérées et des dénigrements intéressés contre les opérations californiennes.

La lettre suivante a été adressée au directeur de la *Bretonne*, par les émigrants partant sur le *Pescatore*.

Havre, 16 mai 1850.

MONSIEUR FASQUELLE,

Au moment de nous séparer pour quelques années, nous devons, pour notre satisfaction personnelle, vous remercier cordialement des soins qui on présidé à l'organisation de notre Société. Nous savons tous qu'il y a à peine six semaines que votre Compagnie est organisée; mais ce dont nous devons vous remercier, c'est que vous avez fait ce qu'il y avait humainement de possible. Quand dans un temps aussi restreint vous avez organisé et pourvu *largement* notre Société, nous vous devons un remercîment cordial. Aussi veuillez agréer notre reconnaissance la plus profonde pour tant de soins.

Adieu, monsieur Fasquelle, gardez le souvenir de la plus profonde reconnaissance de braves garçons qui comptent sur vous. Comptez sur nous aussi, car nous ne faillirons pas à l'engagement que nous avons contracté. Confiance pleine et entière en nous. Nous comptons sur vous.

Signé : Henri RAZOUX, ancien capitaine d'artillerie, directeur de l'association; l'abbé MARÉCHAUX, aumônier de l'expédition; Stanislas JEAN, ancien receveur des domaines, comptable de l'expédition; Edgard de DION, propriétaire; Eugène BOUTILLIER-CASSIN, ancien directeur des postes; RENSON; TERDIE; Alfred DÉCAUDIN; CARTIER; Alphonse DÉCAUDIN; ALAMELLE; Fortuné OASSIN, pour eux et les autres émigrants.

Ce certificat lui a aussi été adressé par les émigrants partant sur le *Ferrière* :

Nous, Travailleurs-associés de la société la *Bretonne*, soussignés, partant par le *Ferrière*, aujourd'hui 22 juin, déclarons n'avoir qu'à nous louer de M. Fasquelle, notre directeur, et que par son zèle et son activité, il a assuré le succès de notre entreprise. Notre Directeur peut donc compter sur nous pour justifier la reconnaissance que nous lui devons ainsi qu'à la Société.

Fait à bord du *Ferrière*, le 22 juin 1850.

Signé : BOULLAGER, propriétaire à Gemonzac; RUFFIN fils, faubourg Poissonnière, 12, J. RUFFIN, rue de l'Echiquier, 46; N. RUFFIN, id.; BAGARD, propriétaire à Moustaché, près Sens; HARTHMAN, cultivateur à Altkirch; GEOFFROY, ancien conducteur de travaux du chemin de fer de Strasbourg, pour eux et les autres émigrants.

Actions de...... (Voir page 32).

COMPAGNIE

TRANSATLANTIQUE

(COMPTOIR DES DEUX MONDES).

S'il fut jamais une entreprise destinée à un brillant avenir, c'est sans contredit celle créée sous le titre de *Comptoir des Deux Mondes*. Il appartenait à des hommes versés dans les affaires commerciales et industrielles, connaissant jusque dans leurs coins les plus reculés les pays d'outre-mer, ayant des relations sérieuses, solides, dans tous les ports, dans toutes les capitales, dans toutes les villes de l'Amérique, au courant des meilleurs, des plus expéditifs, des moins onéreux moyens de transport; en relations avec toutes les compagnies de chemins de fer anglais, avec toutes les administrations des steamers transatlantiques, il appartenait, disons-nous à ces hommes de mettre à exécution le grand projet de relier par des liens commerciaux solides, l'Amérique à l'Europe, à la France surtout.

Le *Comptoir des Deux-Mondes* va résoudre un grand problème pour l'industrie et le commerce français, le problème de lutter avec succès contre l'étranger depuis malheureusement si longtemps en possession du marché américain. Contrairement à l'opinion des Anglais et des Allemands, nous disons que les Français n'ont pas de rivaux pour leurs produits,—la plupart des étrangers qui viennent visiter nos manufactures *et nos ateliers sont de notre avis*, —et conséquemment que, dans un temps donné et prochain, ces produits seront estimés à leur valeur et recherchés là même où ils sont encore tout à fait inconnus.

Pour arriver à ce but grandiose, le *Comptoir des Deux-Mondes* a commencé par étudier à fond le terrain sur le quel il voulait s'engager, et par se bien rendre compte des coutumes, des mœurs, des habitudes de chaque pays où il a l'intention d'opérer; puis ces travaux préliminaires accomplis, il a établi cinquante agences principales sur les cinquante points les plus saillants de l'Amérique, et près de deux cents agences secondaires rayonnant autour des premières. A la tête des cinquantes principales agences, sont des hommes actifs, probes, intelligents, solvables, des hommes *marchands* surtout, comme disent les Anglais. Les agents auxiliaires sont sous la direction et sous la responsabilité des agents principaux.

Cette organisation, fruit de longues années de travail, répondrait à elle seule du succès de l'entreprise, si le succès pouvait être mis en doute.

Le *Comptoir des Deux Mondes* a pour but principal d'acheter, de transporter et de vendre toute espèce de marchandises.

Ses grands comptoirs étant établis dans les colonies françaises, anglaises et espagnoles, au Mexique, dans la Plata, au Brésil, dans toutes les républiques du centre de l'Amérique, du Pérou, au Chili, dans l'Equateur et en Californie notamment, ce sont les marchandises ayant un débouché assuré dans ces pays qu'il achète de préférence.

Il transporte et vend pour compte des marchands et fabricants, moyennant commission, ou part des bénéfices, avec ou sans responsabilité.

Il transporte à destination donnée toutes marchandises qui lui sont confiées soit par navires français, soit par steamers anglais. Il assure des passages pour tous les pays d'outre-mer, et se charge de tous recouvrements dans les villes où il a établi des sous-comptoirs.

Enfin, il vend sur les marchés d'Europe les produits qui lui sont adressés d'Amérique, tels que sucres, cafés, cacaos, cochenille, cuirs, cotons, laines, bois, etc., etc. Comme on le voit, son cadre d'opérations est colossal, et des bénéfices immenses lui sont assurés.

La création du *Comptoir des Deux Mondes* a produit en Angleterre une grande sensation. Immédiatement la compagnie de PANAMA, qui compte à sa tête comme directeurs des hommes considérables : MM. Dunlop, directeur de la banque coloniale, les banquiers Masterman, les directeurs de mines Wilson, William, Thorny, Thomas, les grands négociants Mollet, Applety, Eaton et beaucoup d'autres notabilités, a sollicité la création de relations d'intérêts avec le nouveau Comptoir, et a demandé que son siège social devînt le sien à Paris. Les compagnies des paquebots et des chemins de fer anglais ont également offert immédiatement des réductions de prix pour les transports. Au Havre, à Anvers, la même faveur a salué la naissance du Comptoir des Deux Mondes, sur l'avenir brillant duquel aucun homme compétent n'a le moindre doute.

Le *Comptoir des Deux Mondes* est créé au capital de 1,800,000 fr. Ses actions ont été mises à la portée de toutes les fortunes ; elles sont de 10, de 50, de 100 et de 500 francs payables immédiatement, soit en enchères, soit en marchandises, acceptées et réduites au cours de la commission.

Elles se délivrent au siège social, rue Laffitte, n° 44.

La compagnie de Panama, créée au capital de 30 mille liv. ster., divisé en 6,000 actions, a immédiatement placé sans publicité aucune 4,000 de ces actions ! 1,000 titres sont tenus en réserve. Quant aux mille autres, le directeur du Comptoir des Deux Mondes les a réclamés pour être placés en France, afin de faciliter les relations commerciales françaises avec l'Océan Pacifique. Ces 1,000 actions lui ont été accordées ; la moitié environ est encore en sa possession et sera délivrée de préférence aux actionnaires du Comptoir. Les actions de *Panama* sont de 5 liv. ster, dont 3 exigibles, savoir 1 livre, soit 25 fr. 80 c. en souscrivant, 1 livre un mois après, enfin la troisième le 15 novembre.

Les prospectus de la compagnie de Panama se distribuent rue Laffitte, 44, au Comptoir des Deux Mondes.

Actions de..... (Voir page 32).

LE NOUVEAU MONDE

Société constituée par acte passé par-devant M^e
notaire à Paris, le   juin 1849.

Les fondateurs de la Compagnie Franco-Anglaise du Nouveau-Monde n'ont pas cédé à l'entraînement général, et se sont défendus longtemps contre l'attrait souvent trompeur des choses nouvelles.

Ils auraient pu fonder depuis un an l'entreprise qu'ils inaugurent aujourd'hui. Plusieurs d'entre eux appartenaient à une compagnie de colonisation déjà établie à Paris, et se trouvaient mieux placés que beaucoup d'autres pour profiter du mouvement industriel et commercial qui se rattache à la découverte des richesses minérales de la Californie. Mais pour ne rien livrer au hasard, et pour se donner le temps d'étudier mûrement toutes les questions soulevées par cette grande découverte, ils ont préféré attendre les documents officiels et les résultats des premières explorations.

Ces résultats ont dépassé les espérances les plus exagérées et convaincu les consciences les plus incrédules.

La quantité d'or que recèlent les terrains aurifères du Sacramento, du San-Joaquin et du Stanislaüs suffisent pour occuper et pour enrichir pendant plusieurs siècles des millions de travailleurs.

La Californie, deux fois grande comme la France, et qui ne compte pas plus de 100,000 individus, appellera longtemps toutes les populations exubérantes de l'Europe, et leur offre, indépendamment de ses richesses minérales, un sol admirable, dont la colonisation est encore une mine d'or. Son climat, tempéré comme le nôtre, et qui a plus d'une analogie avec la température de Paris, n'expose les colons français à aucune épreuve sanitaire, à aucune influence endémique.

Les immenses travaux récemment entrepris dans l'isthme de Panama pour relier l'Atlantique au Grand-Océan vont bientôt rapprocher la Californie de notre hémisphère et diminuer de plus de moitié la distance et les difficultés de la navigation.

Tout se réunit pour inviter les hommes actifs et laborieux à profiter de cette chance providentielle, et à prendre leur part dans cette nouvelle libéralité de la nature. Le moment est donc venu, même pour les esprits les plus sérieux et les plus circonspects, de fonder sur des bases solides une grande entreprise qui embrassera les trois branches d'industrie qui s'offrent d'elles-mêmes à l'association du travail et du capital :

1° La recherche de l'or ;
2° La colonisation ;
3° Le commerce.

Tel est le triple but que se propose d'atteindre la Compagnie Franco-Anglaise du Nouveau-Monde.

Fondée à l'instar et sur le modèle des grandes compagnies anglaises, elle n'a pas cru devoir borner ses opérations à une exploration passagère du sol californien, et à quelques fouilles superficielles des terrains aurifères.

C'est à une œuvre plus sérieuse et plus durable qu'elle consacrera ses efforts.

Etablir une communication permanente entre la France et la Californie, au moyen de comptoirs spéciaux et de relations continues ;

Acquérir, aux meilleures conditions possibles, des terres et des terrains dont la valeur s'augmentera en proportion des arrivages et de l'accroissement des populations ;

Faire fructifier ces possessions en ajoutant à la fertilité naturelle du territoire le puissant aliment de l'agriculture et de la colonisation ;

Profiter de toutes les chances favorables que peut présenter un pays neuf en établissant entre l'Amérique, l'Angleterre et la France un échange continuel d'exportation et un service régulier de transports ;

Ouvrir à l'activité française de vastes débouchés dans un moment où elle s'épuise sur le terrain de la concurrence, et où tant de familles ruinées par les révolutions ne savent plus à quelle industrie se vouer.

Tel est le plan adopté par les fondateurs de la Compagnie, et qui promet aux actionnaires, indépendamment d'une part considérable dans la récolte de

l'or, des dividendes réguliers pendant toute la durée de la Société, c'est-à-dire pendant cinquante ans.

Grâce aux diverses combinaisons de travail qu'elle fera marcher parallèlement, elle pourra, dans un bref délai, couvrir ses commanditaires de leurs avances, et leur servir, pendant un demi-siècle, des intérêts bénéficiaires qui s'accroîtront chaque année par la marche naturelle des choses.

C'est donc une rente considérable qu'on peut se promettre d'acquérir gratuitement en plaçant aujourd'hui un capital dans les mains de la Compagnie Franco-Anglaise.

C'est une loterie à coup sûr, dans laquelle chacun est certain de recouvrer sa mise et de gagner un lot.

Aussi a-t-on vu en Angleterre les capitalistes les plus prudents concourir à la fondation de plusieurs compagnies du même genre, dont les succès dépassent déjà toutes les prévisions.

Ainsi, les actions de la société d'East-Wheel-Rose, émises à 50 livres sterling (1,260 fr.), se négocient déjà à la Bourse de Londres à 15,500 fr. : *douze capitaux pour un !*

Celles du Sud-Caradan, émises à 5 livres sterling (125 fr.) se négocient à 3,750 fr. : *trente capitaux pour un !!*

Celles de Great-Consols, sur lesquelles on n'a versé que 25 fr., se négocient à 3,270 fr. : *cent trente capitaux pour un !!!*

Ces bénéfices fabuleux, auxquels on ne pourrait croire s'ils n'étaient certifiés par des documents authentiques, sont d'ailleurs en rapport avec les résultats obtenus en moins de 18 mois par une foule de travailleurs qui sont déjà revenus de Californie et qui rapportent en France, les uns 200,000 fr., les autres 500, et jusqu'à 800,000 fr. !

Or, si le travail d'un homme seul, arrivé sans appui, sans renseignements, sans secours, a pu produire de tels bénéfices en si peu de temps, qu'on juge de ce que pourra produire pendant 50 ans le travail d'une Compagnie puissante, aidée d'un capital considérable et munie des instruments de travail les plus perfectionnés !

Mais tout raisonnement devient superflu devant le document officiel suivant que nous empruntons au *Journal des Débats* des 23, 24 et 27 mai courant; nous copions textuellement :

« Les nouvelles de la Californie vont jusqu'au 1er avril ; l'or est plus abondant que jamais.

« La législation de la Californie a passé un bill qui impose une taxe de 25 dollars (132 fr. 50 c.) par mois à tout étranger qui travaille aux mines.

« 25 dollars, *c'est à peu près la valeur d'une journée et demie de travail*.

« Près d'un lieu nommé Frémont's Camp, on a trouvé un lingot d'or du poids de huit livres et demie ; à Carew-Creek, il en aurait été découvert un bien plus merveilleux encore, il pèserait, dit-on, *quatre-vingt-treize livres*. Sa valeur serait de 150,000 *francs environ*. »

Que pourrait-on ajouter à l'évidence et à l'importance de ces preuves ?

Actions de....... (Voir page 32).

LA MOISSON D'OR

Société constituée par acte passé par-devant Mᵉ Dufour, notaire à Paris, le 8 juin 1850.

——◦——

EXTRAIT DU RAPPORT.

Sur le plan général des opérations de la Compagnie la MOISSON D'OR, lu par le Directeur-Général, au conseil d'Administration, dans la séance du samedi 13 juillet 1850.

Le travail productif manque aujourd'hui en France. Il y a disette de capitaux, et ceux qui entrent dans la circulation ne peuvent trouver eux-mêmes qu'un emploi stérile ou périlleux. Il faut donc que les hommes de labeur et d'intelligence réunissent leurs efforts à ceux des capitalistes, pour utiliser les immenses ressources que nous offre un pays lointain.

De nombreuses compagnies se sont déjà formées, dans le but de faire participer l'Europe aux trésors enfouis dans la Californie ; l'étendue et la richesse des terrains aurifères à exploiter sont telles, que les travailleurs ont la certitude d'obtenir dans quelques années des résultats plus avantageux que ceux que pourrait espérer l'ouvrier le plus habile, à la fin d'une carrière laborieuse.

Il y a même cet avantage pour ceux qui arrivent un peu plus tard, qu'éclairés par l'expérience de leurs devanciers, ils marcheront avec plus de sécurité vers le but à atteindre, et qu'ils éviteront les tâtonnements, les fautes qui retardent ou empêchent le succès de toute entreprise nouvelle.

Les uns inventent, les autres appliquent et perfectionnent ; s'il y a plus d'honneur pour les premiers, il y a presque toujours plus de profits pour les seconds. C'est ainsi que se développe, d'individu à individu, de nation à nation, cette grande loi du progrès, d'après laquelle chaque année, chaque siècle profite de tous les travaux et de toutes les découvertes du passé.

Le capital alimente le travail, et le travail seul peut rendre le capital productif. Au lieu de mettre en hostilité ces deux grands éléments de la richesse publique et privée, il faut les amener, par l'argument le plus irrésistible, celui de l'intérêt personnel, à se prêter une assistance réciproque. En industrie comme en politique, c'est l'union qui fait la force.

Le directeur de la *Moisson d'Or* a voulu mettre en œuvre cette doctrine, aujourd'hui adoptée par tous les bons esprits. Le travailleur et le capitaliste contribuent également au succès de l'entreprise pour laquelle il appelle leur concours : l'un et l'autre en recueilleront les avantages par moitié.

Dès lors, il faut leur prouver qu'on ne saurait faire un emploi plus utile de son temps et de son argent.

Les capitaux réunis par la Compagnie doivent être employés dans trois opérations principales :

1o L'exploitation des mines d'or et des terrains aurifères en Californie ; 2o le commerce d'exportation et d'échange avec ce pays ; 3o la fondation de colonies agricoles. (Art. 2 des statuts.)

Les deux premières opérations doivent être simultanément commencées dans un prompt délai.

Le bâtiment qui transportera le premier convoi de travailleurs en Californie, outre les objets d'approvisionnement de tous genres,—maisons, cabanes, vêtements, linge, provisions de bouche, outils, machines, médicaments, etc.,—recevra en même temps une certaine quantité de marchandises de diverses natures destinées à la vente, ce qui assurera un bénéfice immédiat à la Société, en attendant la réalisation de celui que procurera l'extraction de l'or.

Quant aux colonies agricoles, elles seront instituées plus tard, dès que des études faites sur les lieux auront permis de se fixer d'une manière définitive sur les moyens d'exécution.

Présentons quelques aperçus généraux qui démontreront l'importance de chacune de ces opérations, et feront connaître l'esprit dans lequel elles doivent être organisées et dirigées.

Nous n'essaierons pas de fixer par un chiffre ce que peut produire d'or le travail d'un jour, d'un mois ou d'une année. Le choix du terrain à exploiter, le plus ou moins de perfection des outils et machines, la force et l'adresse des travailleurs, voilà ce qui influe sur l'importance des produits, et nous ne négligerons rien pour faire concourir ces divers moyens de succès.

Ce qui a dû surtout nous préoccuper, c'est d'assurer la religieuse exécution du contrat formé avec les travailleurs.

1° Chacun d'eux verse, au moment de son admission, une somme de 1,000 fr. qui est à peu près l'équivalent des frais de son transport en Californie.

Cette somme est définitivement perdue pour lui, s'il rompt le contrat qui le lie pour trois ans à la Compagnie; dans le cas contraire, elle reste sa propriété, et elle est convertie en actions qui jouissent du même dividende que les autres ; de sorte qu'à la fin de son engagement, l'ouvrier travailleur reçoit un capital dix fois plus considérable que celui qu'il avait versé;

2° La direction a dû considérer comme une garantie morale les avantages assurés à celui qui remplit fidèlement ses obligations. En conséquence, elle fournira à tous ses travailleurs, *au prix de revient*, tous les objets de nourriture, de vêtement et d'entretien qui leur seront nécessaires, ce qui leur procurera une économie à cause du prix excessif auquel sont vendus, en Californie, la plupart des objets de première nécessité.

Ils jouiront des mêmes avantages à l'égard du logement, ainsi qu'en cas de maladie, pour les médicaments et leur traitement par un médecin attaché à la Compagnie.

Sur ce point important, le Directeur ne veut s'en rapporter qu'à lui; il sait que lorsqu'on a l'honneur de diriger une grande entreprise, c'est surtout par son zèle et son dévouement qu'on doit s'en montrer digne.

Peu de jours après le départ de la première expédition, il s'embarquera pour la Californie ; et comme il prendra la route la plus directe, il s'y trouvera avant l'arrivée du convoi.

Tout sera ainsi disposé d'avance pour recevoir les travailleurs, les installer d'une manière convenable, et donner à leurs travaux la direction la plus utile.

Après avoir complété l'organisation de cette petite colonie, institué le comptoir chargé de la réception et de la vente des marchandises, et pris les renseignements nécessaires au sujet de l'établissement agricole qui pourra être fondé plus tard, le Directeur laissera des instructions aux personnes chargées de le représenter en Californie; car, dans sa pensée, toutes les institutions ne se développent et ne se perfectionnent que grâce à une surveillance active et intelligente.

Dans la pensée du Directeur et de ceux qui ont bien voulu l'éclairer de leurs conseils, il peut y avoir des inconvénients à réunir un trop grand nombre de travailleurs, avant d'être complétement édifié sur les moyens de les employer de la manière la plus utile. On sait d'ailleurs que la discipline s'établit avec peine, et que la surveillance elle-même s'exerce difficilement sur une masse d'individus jusqu'alors affranchis de tout règlement.

Aussi le premier convoi, dont le départ aura lieu vers la fin d'août ou au commencement de septembre, ne comprendra-t-il que 30 ou 40 travailleurs ; et comme le Directeur ira présider lui-même à leur débarquement, à leur installation et à l'ouverture des travaux, il déposera le germe de sages institutions dans la petite colonie ; si bien que lorsque de nouveaux travailleurs seront successivement expédiés de la métropole, à certains intervalles réglés par l'administration, ils n'auront qu'à se conformer aux traditions qui se trouveront déjà établies parmi leurs devanciers.

Les fonds de la Société ne resteront pas, d'ailleurs, oisifs, car l'émission des actions n'aura lieu que par séries et jusqu'à concurrence des sommes qui pourront être employées à réunir de nouveaux ouvriers travailleurs, ou à expédier en Californie, soit des approvisionnements, soit des marchandises destinées à la vente.

Si l'on se pénètre de l'esprit dans lequel cette première opération est conçue et doit être dirigée, on sera convaincu qu'elle suffirait seule pour assurer au capitaliste un intérêt de ses fonds, et au travailleur un emploi utile de son temps, tels qu'ils ne pourraient espérer de le trouver dans aucune entreprise industrielle ou commerciale.

Il s'agit ici de l'opération la plus simple et dont il est facile à chacun de se rendre compte.

L'extraction de l'or en Californie offrant d'immenses avantages à ceux qui s'en occupent, peu de personnes sont tentées de se livrer à une autre industrie ; aussi les journées des ouvriers et des artisans y sont-elles payées à des prix tellement exagérés que les traitements de nos grands fonctionnaires sont de beaucoup inférieurs à ce que peut gagner un maçon ou un menuisier dans le pays de l'or.

Il résulte de cet état de choses que les objets de première nécessité, les vêtements, les chaussures, les outils, les ustensiles de ménage sont très-rares en Californie, et que l'on trouve plus d'avantages à les payer fort cher aux étrangers qui les importent, qu'à les faire confectionner sur les lieux.

Aussi tandis que les chercheurs d'or faisaient fortune en Californie, d'autres s'enrichissaient en vendant aux indigènes et aux étrangers de grossiers instruments de fer, des souliers, du linge et des vêtements.

Pour faire avec succès ce genre de commerce, il suffit d'opérer avec prudence et à propos.

Le Directeur de la *Moisson d'Or* est depuis longtemps familiarisé avec ces sortes d'opérations; il a des correspondants en Californie qui lui transmettent des renseignemens exacts au sujet des marchandises dont le placement est le plus facile et le plus avantageux. C'est d'après ces renseignements qu'il prend d'avance ses mesures pour composer la première expédition d'objets destinés à la vente et qui doit débarquer à San-Francisco en même temps que les travailleurs qui vont être employés à l'exploitation des terrains aurifères.

Le séjour qu'il se propose de faire en Californie après l'arrivée du bâtiment lui permettra d'abord de vendre les marchandises, ou plutôt de les échanger contre de la poudre d'or ;

Ensuite, d'établir à San-Francisco un comptoir où seront adressées les expéditions subséquentes, et dont la direction sera confiée à un gérant qui offrira toutes les garanties d'intelligence et de probité; enfin d'obtenir des renseignements toujours plus positifs que ceux que des correspondants peuvent transmettre, sur la nature et la quantité des marchandises destinées à alimenter ce commerce d'exportation.

En général, les marchandises seront embarquées sur les bâtiments qui transporteront en Californie de nouvelles colonies de travailleurs, avec les approvisionnements qui leur sont destinés.

Dans certaines circonstances, la cargaison pourra être entièrement composée de marchandises, sauf à y admettre des personnes étrangères à la Compagnie et qui paieraient leur passage.

Enfin, s'il y avait urgence, et s'il ne s'agissait que de l'envoi de quelques tonneaux, l'expédition pourrait en être faite par des navires de commerce se rendant à San-Francisco et moyennant le fret d'usage.

Plus tard, le conseil d'administration et les actionnaires, convoqués en assemblée générale, seront consultés sur le point de savoir s'il serait avantageux à la Compagnie d'acheter un ou deux bâtiments au moyen desquels elle organiserait un service régulier, pour le transport de ses colons et de ses marchandises.

Soit que la Compagnie effectue le chargement complet d'un navire pour son compte, soit qu'elle expédie quelques colis en Californie par un bâtiment de commerce à cette destination, il est facile d'établir le prix de *revient* de ces marchandises à son arrivée, sauf dans le premier cas à régler la part du fret à la charge de l'exploitation aurifère, et celle qui concerne l'expédition des marchandises destinées à la vente.

Le déboursé le plus considérable est celui du paiement des droits de douanes, régulièrement établis depuis quelque temps à San-Francisco ; il ne s'agit ici en réalité que d'une avance de fonds, car on sait que partout les consommateurs supportent en définitive les droits dont les marchandises sont grevées à l'importation.

Le commerce ne peut être fait aujourd'hui sur une grande échelle avec la Californie, que par des négociants riches ou des compagnies fortement organisées ; c'est ce qui explique la hausse qui vient de s'opérer sur certaines marchandises.

Cette hausse doit devenir plus considérable encore, lorsque les approvisionnements qui encombraient le marché de San-Francisco se seront écoulés, et que les produits de l'extraction de l'or y seront plus abondants. Les opérations de vente ou d'échange auront nécessairement alors un immense développement, par suite des besoins des populations et de la nécessité d'écouler le minerai ou la poudre d'or.

Toute expédition de marchandises sera accompagnée d'un envoi d'argent qui permettra d'acquitter les droits de douanes et les autres dépenses, sans être obligé de recourir à des consignations toujours désastreuses, quand on est forcé de vendre en temps inopportun pour acquitter ses engagements.

On peut donc répéter ici, pour le capitaliste, ce qu'on disait il y a quelques instants pour le capitaliste et pour le travailleur.

N'eût-on à s'occuper que du commerce d'exportation avec la Californie, dans les conditions qu'on a sommairement indiquées, cet emploi donné aux fonds des actionnaires leur assurerait des avantages bien supérieurs à ceux qu'ils pourraient espérer d'obtenir en France.

Le directeur de la Compagnie considère comme un devoir de n'employer les fonds des actionnaires qu'à des opérations dont l'expérience a déjà démontré les utiles résultats.

Aussi se bornera-t-il à poser les termes d'un grand problème dont il ne donnera la solution qu'après son voyage en Californie.

Les terres aurifères et celles qui sont propres à la culture (ces dernières surtout) doivent être à très-bas prix, dans un pays dont la population n'est pas, jusqu'à présent, en rapport avec l'étendue de son territoire.

Il y aurait dès lors des avantages incontestables à acheter, pour la Compagnie la *Moisson d'Or*, une certaine étendue de terres dans chacune des deux catégories.

D'une part, si la Compagnie était propriétaire de terrains plus ou moins considérables d'où l'on pût extraire de l'or, elle se trouverait à l'abri des mesures que le gouvernement local peut prendre plus tard pour restreindre ou même interdire cette exploitation fructueuse ; car dans cette partie de l'Amérique, comme partout ailleurs, le droit de propriété est protégé par les lois, et ce droit consiste essentiellement à jouir et disposer de la chose comme on le juge convenable.

D'autre part, des terrains aurifères d'une certaine étendue constitueraient pour la Compagnie un actif immobilier qu'elle pourrait vendre avec avantage lors de sa dissolution.

A l'égard des terrains d'une autre nature, situés en général à une assez grande distance des placers, on pourrait en tirer un parti avantageux sous deux rapports.

Ceux qui se trouveraient dans une position topographique favorable seraient destinés à devenir un centre de population. Avec le procédé *expéditif* employé en Californie, qui consiste à monter en quelques heures une maison en pièces de rapport, fabriquées en Allemagne ou en Angleterre, des villages et même des villes s'improviseraient sur les parties de territoire jusqu'alors désertes, et le terrain sur lequel ces cités nouvelles seraient assises décuplerait immédiatement de valeur.

Relativement aux terrains propres à la culture, on n'y ensemencerait des céréales que pour la subsistance des colonies de travailleurs ; mais on ferait de vastes jardins potagers dont les produits seraient considérables, si l'on se trouvait à peu de distance de grands centres de population ; car en Californie les fruits et les légumes se vendent aussi cher que les outils nécessaires au travailleur, et les vêtements dont nul ne peut se passer.

On pourrait d'ailleurs établir sur ces derniers terrains des colonies agricoles qui se combineraient parfaitement avec les colonies des travailleurs employés à la recherche et à l'extraction de l'or.

Les ouvriers qui par suite de fatigues ou de maladies ne pourraient se livrer sans danger à la recherche et à l'extraction de l'or seraient admis pendant un ou plusieurs mois dans la colonie agricole, qui constituerait l'habitation ou manoir de la *Moisson d'Or*, et, sans perdre leurs droits au partage des produits de l'extraction, ils recouvreraient leur santé ou répareraient leurs forces, en se livrant aux travaux des champs, auxquels la plupart d'entre eux étaient habitués dès leur enfance.

On pourrait même, comme mesure générale, accorder tous les ans aux travailleurs chercheurs d'or un congé qu'ils passeraient alternativement dans l'habitation, ou bien les réunir tous dans cette colonie, pendant la saison de l'année où les travaux d'extraction sont plus pénibles et moins productifs.

Dans l'exposé qui précède, nous avons surtout voulu faire connaître à tous ceux qui doivent s'y intéresser à divers titres, avec plus de développements qu'on ne pourrait le faire dans un prospectus, le but d'une Compagnie fondée sous le patronage d'hommes honorables.

La première émission des actions se bornera à deux ou trois séries, et une délibération spéciale du conseil d'administration sera prise à cet effet.

Au moyen du capital de 2 ou 300,000 fr. qui sera ainsi réalisé, on fera une première expédition de 30 ou 40 travailleurs, avec tous les objets d'approvisionnement qui peuvent assurer pendant six mois leur subsistance, leur logement et leur entretien. Les outils et les machines propres à rendre l'exploitation plus facile et plus fructueuse seront nécessairement compris dans cet envoi.

Pour compléter le chargement, on fera un assortiment de marchandises dont le placement pourra être le plus prompt et le plus avantageux; de sorte qu'au retour du bâtiment, la Compagnie aura à encaisser le prix de la vente des marchandises, et peut-être aussi les premiers produits de l'exploitation aurifère.

Dans les six mois qui suivront cette expédition, et dès que les premiers résultats en seront connus, le conseil d'administration sera appelé à délibérer sur l'émission d'une ou plusieurs nouvelles séries d'actions, ainsi que sur la somme à employer soit à l'envoi d'une seconde colonne de travailleurs, soit à l'achat d'une partie plus ou moins considérable de marchandises pour être vendue en Californie.

Quant aux actionnaires, ils peuvent évaluer eux-mêmes les produits de leurs fonds; et, sans qu'il soit nécessaire de reproduire des chiffres, que l'on peut supposer être exagérés par cela seul qu'ils sont considérables, il suffira de leur dire qu'avec un système d'exploitation bien organisé, une administration loyale, une comptabilité régulière et un zèle à toute épreuve, le Directeur de *la Moisson d'Or*, croit pouvoir leur promettre des résultats au moins aussi avantageux que ceux qui ont pu être obtenus jusqu'à ce jour.

Le Directeur général : Leroy.

Le conseil d'administration, et de surveillance ne peut qu'approuver la rédaction de ce rapport, dans lequel se trouvent formulées ses propres pensées.

Les explications franches qu'il contient sont de nature à inspirer une entière sécurité à ceux qui se lieront à la compagnie de *la Moisson d'Or*, soit comme travailleurs, soit comme actionnaires.

Sans doute, on doit faire la part des *éventualités*, dans une entreprise de cette nature. Ce qu'il faut désirer avant tout, c'est qu'elle soit dirigée avec intelligence et probité. Les soussignés considèrent d'ailleurs comme un devoir d'aider le Directeur de leurs conseils, en même temps que d'exercer la surveillance la plus exacte sur la tenue des écritures et la comptabilité.

MM. **COFFINIÈRES**, ancien avocat à la Cour de cassation, chevalier de la Légion d'honneur, *Président.* —**CHAUBRY**, ancien receveur des finances, *Secrétaire.*—**VERNHETTE**, représ. du peuple (Aveyron), ancien magistrat. —**DE BARANTE**, ancien receveur-général, officier de la Légion d'honneur.—L'abbé **DE LACOSTE**, chanoine du diocèse de Troyes. — **DUVAUX**, ingénieur en chef des ponts-et-chaussées en retraite.—L'abbé **MARTIN** du diocèse de Lyon, procureur-général du clergé et des missions catholiques.

Actions de........ (Voir page 32).

LA FORTUNE

Société constituée par acte passé par-devant Mᵉ **Planchat**, notaire à Paris, le 6 avril 1850.

La richesse des terrains aurifères de la Californie n'est plus aujourd'hui un doute pour personne. Ce qui pouvait, il y a quelques mois encore, paraître chimérique est désormais une vérité incontestable, surtout depuis que la France et l'Angleterre ont retiré de ce pays privilégié plusieurs centaines de millions. Ces chiffres ne paraîtront nullement exagérés quand on saura que les terrains qui renferment de l'or ont une étendue de plus de **500 lieues**; c'est-à-dire qu'ils occupent un espace plus grand que la France.

Les Sociétés qui nous ont devancés dans le même but n'ont pu mettre à la disposition de leurs travailleurs que des machines déjà en usage depuis longtemps. La Compagnie **La Fortune** a dû rechercher les moyens les plus nouveaux et les plus efficaces pour retirer le plus d'or de la terre; et ce qui la distingue essentiellement des autres Sociétés, c'est qu'elle possède des machines nouvelles, *brevetées en France et aux Etats-Unis*, et dont les résultats, prouvés par de nombreuses expériences, sont constatés par des procès-verbaux authentiques.

Nous croyons intéresser le public en l'instruisant des avantages positifs que nous devons tirer de nos machines. Il résulte d'expériences faites que cinq travailleurs obtiennent facilement, en un jour, avec une de nos machines, le même résultat que cent hommes isolés opérant avec les procédés préexistants. Nous ajouterons que le travailleur isolé *ne recueille que deux dixièmes de l'or, tandis qu'avec nos procédés mécaniques on en recueille les neuf dixièmes*; de plus, nos procédés garantissent les travailleurs du contact incessant de l'eau, cause principale des fièvres si fréquentes en Californie; ils permettent enfin de ne pas interrompre le travail aux *placers* pendant la saison des pluies.

La Compagnie **La Fortune** dispose, dès à présent, de quatre machines représentant chacune la force de 100 hommes, et qui, mises en activité, donneront par jour 2 kilogrammes d'or l'une, ci.   **6,000** fr.

Soit pour les quatre ensemble 8 kilogrammes d'or par jour, ci.   **24,000**

Et pour l'année de travail (huit mois). **5,770,000**

D'après ces chiffres, il reviendra à chaque action de 10 fr. par an. . .   **80**

A chaque action de 50 fr., par an.   **400**

Et à chaque travailleur, par an.   **70,000**

Bien que ces résultats paraissent extraordinaires, leur authenticité ne peut être contestée, puisqu'elle s'appuie sur des rapports officiels émanant du ministère de l'Agriculture et du Commerce; d'ailleurs, l'empressement avec lequel les actions des Compagnies californiennes sont recherchées en Angleterre suffirait, à défaut d'autre preuve, pour convaincre les esprits les plus incrédules. Ainsi, les actions de la

Société d'East-Wheel-Rose, émises à 50 liv. sterl. (1,250 fr.), se négocient à la Bourse de Londres, 15,500 fr.; celles de Sud-Caradan, émises à 5 liv. sterl. (125 fr.), se négocient à 3,750 fr.; celles de Great-Consols, sur lesquelles on n'a versé que 25 fr., se négocient à 3,275 fr.

Nous citerons encore à l'appui de ce que nous avançons ces hardis travailleurs qui, partis pour la Californie il y a 18 mois, sont de retour en France après avoir réalisé, les uns **400,000** fr., les autres **600,000** et **800,000** fr.

Nous terminerons en disant que la compagnie **La Fortune** n'a admis au nombre de ses travailleurs que des hommes dont la moralité, la bonne conduite et le courage sont attestés par les certificats les plus honorables.

(Extrait des Statuts.)

Suivant acte passé devant Mᵉ Planchat et son collègue, notaires à Paris, le 6 avril 1850, il a été formé entre M. G. Thibault, comme gérant, et toutes les personnes qui deviendront propriétaires d'actions, une société en commandite, sous la dénomination de la FORTUNE, Compagnie des mines d'or de la Californie, au capital de 300,000 francs, divisé en 15,000 actions de 10 francs et 3,000 actions de 50 fr. chacune dont le montant sera versé en souscrivant dans la caisse sociale.

Les actions sont au porteur; elles seront signées par le gérant; elles porteront un timbre sec et humide, et seront détachées d'un registre à souche. Leur émission devra servir à la première expédition de trente travailleurs. Il ne pourra être fait une nouvelle émission d'actions qu'en cas de nécessité de départ d'autres travailleurs, et avec l'autorisation du conseil de surveillance.

Les fonds provenant de la souscription seront déposés à la Banque de France, et ne pourront y être retirés que pour les besoins de la Société.

La Société fera l'exploitation des mines et rivières de la Californie, par *des moyens mécaniques brevetés en France et aux États-Unis*, et créés à l'effet du draguage des rivières et cours d'eau, et du lavage des terres et sables aurifères, avec l'application d'un *système d'amalgamation également* breveté en France et aux États-Unis.

La durée de la Société est de cinq années, et elle pourra être prolongée de cinq autres années par décision de l'assemblée générale des actionnaires.

La Société est constituée à partir du 6 avril 1850.

Le gérant a nommé un ingénieur directeur qui aura pour mission de diriger l'expédition en Californie par lui-même, sans pouvoir se faire remplacer.

Un médecin sera attaché à l'expédition.

Pour être admis, comme travailleur dans la Compagnie, il faut verser dans la caisse sociale une somme de 1,000 francs, qui sera convertie immédiatement en 20 actions de 50 francs; de plus, le travailleur sera tenu de contracter envers la Société une obligation de 10,000 francs, pour la dédommager dans le cas de désertion. Les actions souscrites par les travailleurs resteront déposées dans la caisse de dépôt établie au siége social, à titre de garantie de l'exécution de l'engagement qui sera contracté par chacun des travailleurs.

Tout travailleur a droit à son transport (aller et retour), à son logement, à sa nourriture, à son entretien et aux soins du médecin, le tout gratuitement.

La durée de l'engagement d'un travailleur est de trois années entières et consécutives, à dater du jour où le navire prendra la haute mer; à son expiration, il aura le droit de contracter un nouvel engagement.

Une fois par mois au moins, le directeur de l'expédition en Californie devra expédier à la Société les produits des opérations, qui seront déposés immédiatement à la Banque de France, pour être repartis aux intéressés quatre fois par an, après déduction faite des frais généraux, et dans les proportions suivantes : *deux cinquièmes aux actions souscrites et réalisées; deux cinquièmes aux travailleurs de la Société; un cinquième aux gérants et fondateurs.*

Les actionnaires sont représentés dans leurs rapports sociaux par un conseil de surveillance. Ce conseil sera composé de sept membres élus en assemblée générale, pris parmi les actionnaires porteurs d'au moins dix actions; ils choisiront entre eux un président et un secrétaire.

Pour être admis en assemblée générale, il faut être propriétaire de dix actions de 10 francs ou de deux actions de 50 francs, et les titres doivent être déposés à la caisse sociale, contre récépissé, huit jours avant celui de la réunion; le jour de la réunion sera annoncé par lettres, et dans les trois journaux d'annonces légales, quinze jours à l'avance.

Chaque actionnaire aura autant de voix qu'il aura de fois dix actions de 10 francs ou deux actions de 50 francs, sans toutefois qu'il puisse avoir plus de trois voix.

Toutes les délibérations des assemblées générales seront obligatoires pour tous les porteurs d'actions.

Les actionnaires, en aucun cas, ne peuvent être soumis, sous quelque prétexte que ce soit, à un appel de fonds, ni à aucun rapport de dividendes perçus.

Il y aura une assemblée générale extraordinaire des actionnaires, quinze jours avant le départ des travailleurs.

En cas de décès du gérant ou intéressé, ou de la femme de l'un d'eux, les héritiers ne pourront, en aucun cas, faire apposer les scellés sur les titres, papiers ou biens de la Compagnie; ils devront s'en rapporter au dernier inventaire, qui établira les droits de chacun.

Le succès de la compagnie la *Fortune* n'a pas tardé à justifier les prévisions de ses fondateurs.

Depuis sa création, ses machines ont été soumises à des expériences publiques devant un nombreux concours de notabilités scientifiques, et chacune de ces expériences est venue démontrer, de la façon la plus concluante, tous les résultats qu'on en obtient sur les terrains Californiens.

Nous croyons utile de placer sous les yeux de nos lecteurs un certificat signé par plus de cent personnes qui ont assisté à la dernière expérience, ainsi qu'une lettre de l'un des actionnaires, qui nous paraît avoir parfaitement compris la situation particulière de cette compagnie.

Procès-verbal de l'Expérience faite au siège de l'administration de la Compagnie la Fortune.

Les soussignés, ayant assisté à l'expérience faite ce jour, au siège de la société la Fortune, reconnaissent que sur dix grammes d'or mêlés en leur présence à une quantité indéterminée de sable de rivière, il a été retiré neuf cent quatre-vingt-dix centièmes de ce métal, et que cette opération a été faite au moyen de la machine dont le dessin a été reproduit sur le premier numéro du journal de cette Société, portant la date du mois de juin.

En foi de quoi, nous avons signé le présent, pour attester la vérité.

Paris, le 4 juillet 1850.

Suivent les signatures:

Actions de....... (Voir page 32).

M. Philippart, rus Dauphine, 18, à Paris,—qui procure les Actions de toutes les Compagnies indistinctement,—nous prie d'insérer les lignes suivantes :

« *Aux personnes qui veulent s'intéresser comme actionnaires dans les Compagnies,—et à celles qui veulent partir pour la Californie.*

« On m'adresse à chaque instant des questions auxquelles je vais tâcher de répondre :

Demande.—Quelles sont les Compagnies qui donneront les meilleurs résultats?

Réponse.—Je n'en sais rien. Ce que je sais—ce qui est—c'est qu'il y aura, pendant de nombreuses années encore, *énormément* d'or en Californie.

Les Sociétés qui conserveront un noyau d'associés-travailleurs obtiendront, en *or recueilli*, de bons résultats ;—et quant à celles qui se consacrent plus exclusivement au commerce avec la Californie, il est bien acquis, par de nombreux documents, « que l'on vend facilement, en Californie, à des prix très-élevés, « certains objets fabriqués à bas prix en France. »

Ainsi donc la Société qui, réellement, procurera à ses associés-travailleurs le bien-être de l'association, cette Société conservera au moins une partie de ses travailleurs...... et il ne faut pas un nombre considérable de ces travailleurs pour donner de grands résultats : — il suffira seulement de quelques travailleurs ayant compris leurs véritables intérêts,—avec une direction intelligente et honnête.

Quant aux opérations commerciales, bien dirigées,—les Sociétés qui n'enverront de France que des objets d'une vente facile obtiendront de grands bénéfices ; — et, avec l'expérience, ces bénéfices seront successivement plus considérables.

D.—Comment placer, *avec prudence*, quelque argent dans les Compagnies?

R. — DIVISEZ votre argent. Il n'est pas à présumer que toutes les Compagnies seront mal dirigées. *Divisez* votre argent entre presque toutes celles qui sont bien administrées...

D. Qu'est-ce que l'*associé-travailleur* et le *passager libre?*

R.—Le passage (nourriture comprise), qui coûte environ 650 francs pour un passager non-associé, coûte, pour un *associé*, 900 francs.—Différence, 250 francs.—Pour cette différence, les Directeurs de Compagnies s'engagent ordinairement à procurer, à bord du navire, une nourriture meilleure,—les soins d'un médecin,—d'un aumônier,—quelques vêtements, etc...—Tout cela, assurément, vaut bien 250 francs. Voilà pour le voyage. — Voici à l'arrivée en Californie : on doit vous procurer là tout ce qui est nécessaire à la vie, et, de plus, des instruments de travail, des *machines à amalgamation de l'or*, qui, avec moins de peine, procurent beaucoup plus de produits; et comme la Société ne réclame de ses associés-travailleurs qu'une part de bénéfices (peu importante en comparaison de ce qu'ils reçoivent de la Société), il y a avantage pour le travailleur. —Les bénéfices de la Société ne seront considérables que parce qu'ils seront prélevés sur *tous* les travailleurs....

La durée de l'engagement est ordinairement de 2, 3 ou 5 ans;— les bénéfices sont partagés de temps en temps.—Les 900 francs que paie le travailleur pour le passage sont immédiatement consacrés à 900 francs d'*actions inscrites au nom de ce travailleur :*— ces actions, qui participent aux intérêts et à tous les bénéfices de l'entreprise, sont remises au travailleur à l'expiration de son engagement.... — Le fond de ces *détails* est à peu près le même pour toutes les Compagnies.

D. — Il y a des Compagnies dont les calculs prouvent une foule de capitaux pour un.....

R. — Elles auraient tort de les promettre, — et il faut qu'il y ait réellement de bien bonnes opérations à faire avec la Californie pour que des espérances par trop considérables ne discréditent pas ces Compagnies. — Je sais bien qu'elles prennent, pour base de la *Recette*, des chiffres à peu près officiels ; — elles disent : « L'expérience a prouvé qu'*un* homme trouve, en moyenne, *telle* « quantité d'or en une journée ; — *plusieurs* hommes, aidés par nos *machines* « *qui facilitent* le travail, DEVRONT, par conséquent, obtenir *telle quantité* qui, « divisée annuellement entre les actions, feront, *au profit de l'actionnaire et du* « *travailleur lui-même*, des dividendes de *tant* de capitaux *pour un...* » — Certes ce chapitre des *Recettes* est magnifique ! — Mais..... mais celui des *Dépenses imprévues ?* des *choses imprévues ?*

Ce que je crois la vérité, le voici :

On peut, avec l'*or* et le *commerce* de la Californie, donner de beaux dividendes de bénéfices. — et celles des Compagnies qui ont parlé des *Recettes possibles,* — possibles c'est vrai, — et qui n'ont pas ouvert le chapitre des *Dépenses imprévues,* feraient peut-être bien, à l'avenir, d'en parler au Public..... — elles auraient ainsi, pour elles, le public *sérieux,* c'est quelque chose !

Librairie de PHILIPPART, rue Dauphine, 18, Paris.

BIBLIOTHÈQUE POUR TOUT LE MONDE

RELIGION, MORALE, ÉDUCATION.

Chaque ouvrage ne coûte que 20 centimes.

HISTOIRE, GÉOGRAPHIE, SCIENCES, ETC.

En adressant un mandat de Poste de onze francs à M. PHILIPPART, *libraire, rue Dauphine, 18, Paris, on recevra immédiatement, franc de port pour toute la France, les 50 ouvrages qui composent cette excellente Bibliothèque d'instruction élémentaire.*

1 Alphabet (*avec 100 gravures*).	18 Art poétique (*avec notes*).	35 Robinson raconté en famille.
2 Civilité (2e *livre de lecture*).	19 Morale en action.	36 Merveilles de la nature.
3 Tous les genres d'écriture.	20 Franklin (*Œuvres morales*).	37 Découvertes et inventions.
4 Grammaire de Lhomond.	21 Les hommes utiles.	38 Erreurs et Préjugés popul.
5 Le mauvais langage corrigé.	22 Les bons conseils.	39 Le Bonhomme *Pourquoi.*
6 Traité de ponctuation.	23 Histoire ancienne.	40 Histoire Naturelle
7 Arithmétique simplifiée.	24 — grecque.	41 Géologie
8 Mythologie.	25 — romaine.	42 Astronomie) avec
9 Géographie générale.	26 — sainte.	43 Physique amusante } gravures.
10 — de la France.	27 — du moyen âge.	44 Chimie amusante)
11 Statistique de la France.	28 — moderne.	45 Tenue des livres simplifiée.
12 La Fontaine (*avec notes*),	29 — de l'Amérique.	46 Géométrie)
13 Florian (*avec notes*).	30 — de France.	47 Algèbre } avec
14 Esope, etc. (*avec notes*).	31 — de Paris.	48 Arpentage } gravures.
15 Une lecture pour chaque dimanche	32 — de Napoléon.	49 Dessin linéaire)
16 Morceaux de littérature : *Prose.*	33 Tablettes universelles.	50 Poids et mesures.
17 — — *Vers.*	34 Le monde à vol d'oiseau.	

Pour que cette Bibliothèque justifie son titre et qu'une place lui soit donnée dans toutes les familles ; — pour qu'elle soit réellement *élémentaire, instructive,* il faut que, TOUTE d'instruction, elle ne s'occupe que de sujets religieux, moraux ou scientifiques : — il faut aussi que son prix *extraordinairement bas* en rende l'acquisition très-facile *à tout le monde* : tel a été notre but.

Paris. — Imprimerie Bonaventure et Ducessois, 55, quai des Grands-Augustins.

Les actions des Compagnies californiennes n'étant presque toutes que de quelques francs chacune, il est indispensable, pour s'éviter les frais et embarras de correspondance, de s'adresser à Paris à un CORRESPONDANT qui puisse, *sans augmentation de prix*, les fournir toutes *indistinctement*, — et qui, si on ne lui désigne pas les Compagnies, soit en position de placer au mieux des intérêts des demandeurs, en DIVISANT la somme entre ces Compagnies.

Il vaut donc mieux diviser son argent entre les meilleures pagniesque de le placer dans *une seule*, — car malgré l'assurance donnée par les Compagnies de faire produire plusieurs capitaux pour un, il est à présumer que toutes ne donneront pas ce résultat, — et, en divisant son argent entre celles qui offrent le plus de garanties, la chance de réaliser des bénéfices est plus grande.

Pour augmenter les chances de bénéfices, *diviser* le placement d'argent, et, pour le *diviser*, il suffit d'adresser à M. PHILIPPART, éditeur de la *Bibliothèque pour tout le monde*, rue Dauphine, 18, à Paris, un mandat pris à la poste de *cinq francs* seulement : on ne paiera l'excédant du montant de la demande qu'en recevant les actions, *qui sont au porteur.* — Si l'on veut placer 25 fr., 50 fr., 100 fr. *et plus*, il ne faut, d'abord, *envoyer que cinq francs* : ce n'est qu'en recevant les actions demandées qu'on paiera le surplus. — (*Désigner* les actions qu'on désire, — et si on ne les *désigne pas*, M. Philippart *divisera* la somme entre les Compagnies qui lui paraîtront offrir les garanties les plus sérieuses.)

(Lire l'article placé à la page 7.)

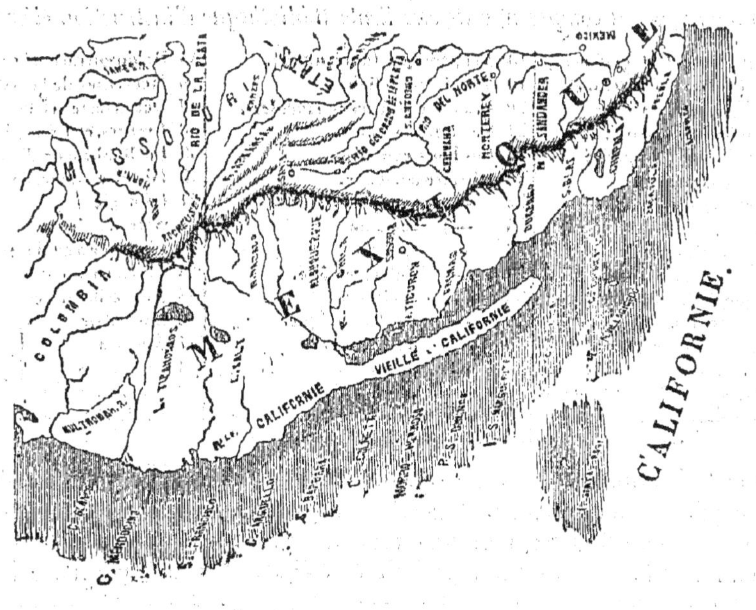

Le Gérant, GUERNET.

N° 4 du 17 septembre 1850.

LE COURRIER
DE LA
CALIFORNIE

Journal mensuel.

1ᴱᴿ ET 2ᴹᴱ RAPPORTS OFFICIELS
adressés au Gouvernement Américain ;

Combinaisons sur lesquelles sont basées les Sociétés,
ET
MOYENS D'OPÉRATIONS

EXTRAITS DE LEURS STATUTS, ETC,
PLACEMENT DE FONDS.

Les Numéros se vendent séparément 25 cent.

BUREAUX, RUE DAUPHINE, 18, A PARIS.

Le prix de l'abonnement est de 5 fr. par an.

Les actions des nombreuses Compagnies qui viennent d'être créées pour la **Recherche de l'or en Californie,** — et pour le **Commerce avec ce pays,** si prodigieusement riche, — n'étant presque toutes que de quelques francs chacune, il est indispensable, pour s'éviter les frais et embarras de correspondance, de s'adresser à un **Correspondant** qui puisse, **sans augmentation de prix** (et sans frais supplémentaires pour commission), les procurer toutes **indistinctement,** — et qui, si on ne lui désigne pas les Compagnies, soit à même de placer au mieux des intérêts des demandeurs, en **divisant la somme,** — car malgré l'assurance donnée par les Compagnies de faire produire plusieurs capitaux pour un seul capital engage, toutes ne donneront pas ce résultat.

En **divisant son argent** entre celles qui paraissent offrir **le plus de garanties,** la chance de réaliser des bénéfices est donc certainement beaucoup plus grande.

Mais en cela est la difficulté pour l'actionnaire : car pour **diviser** un petit capital, soit de 50 francs entre quatre ou cinq Compagnies, — et de 100 francs ou de 200 francs et plus entre une dizaine de Compagnies qui aient déjà prouvé qu'elles ont commencé des opérations,—comment fera l'actionnaire?— Voici le moyen :

Pour placer cet argent dans ces Compagnies, adresser à M. Philippart, libraire, **rue Dauphine, 18,** à Paris, un mandat pris à la poste de **cinq francs** seulement : on ne paiera l'excédant du montant de la demande qu'en recevant les actions, qui sont **au porteur.**— Si l'on veut placer 25 fr., 100 ou 200 fr. *et plus,* il ne faut d'abord envoyer que ce mandat de poste de **cinq francs :** ce ne sera donc qu'en recevant les actions demandées qu'on paiera le surplus.—(**Désigner** les actions qu'on désire, et, si on ne les **désigne pas,** M. Philippart [1] **divisera la somme** entre plusieurs Compagnies.)

(Lire les articles placés aux pages 7 et 29.)

---

[1] M. Philippart est l'éditeur de la *Bibliothèque pour tout le monde,* très-excellente collection d'ouvrages moraux, instructifs, à 20 centimes chacun.—[Voir page 31.]

CALIFORNIE

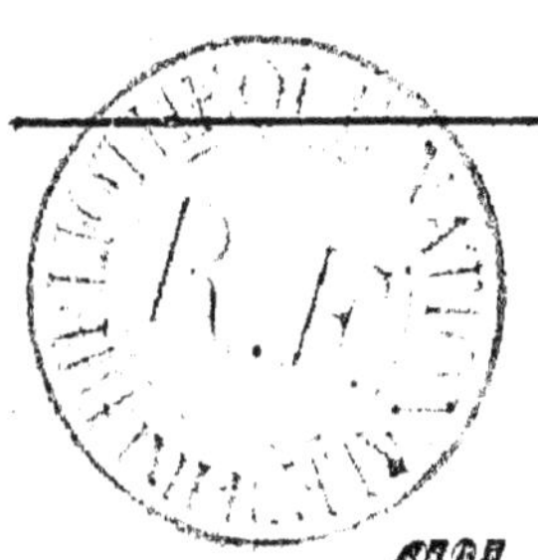

DOCUMENTS OFFICIELS

au Gouvernement Américain.

EXTRAIT

D'UN PREMIER RAPPORT OFFICIEL

adressé au

GOUVERNEMENT AMÉRICAIN

« On savait, à l'époque de la découverte de la Californie, qu'il s'y trouvait beaucoup de mines de métaux précieux. Des découvertes récentes autorisent à croire que ces mines sont plus étendues et plus précieuses qu'on ne l'avait pensé d'abord. *Les récits sur l'abondance de l'or dans ce pays sont si extraordinaires, qu'on les croirait à peine s'ils n'étaient confirmés par des rapports authentiques de fonctionnaires publics qui ont visité le district minéral pour y faire des observations personnelles.*

« L'officier qui commande nos forces dans la Californie, hésitant à ajouter foi aux bruits qui circulaient sur l'abondance de l'or, visita, au mois de juillet dernier, le district minéral, pour y recueillir des renseignements précis. Je soumets au congrès son rapport au département de la guerre, sur le résultat de son examen, ainsi que les faits constatés sur les lieux. Lorsqu'il visita ce pays, quatre mille personnes étaient occupées à extraire de l'or. Il y a de justes raisons de croire que ce nombre a augmenté depuis. Les explorations déjà faites permettent de croire que les mines sont abondantes et que l'or se trouve en divers endroits sur une vaste étendue du pays.

« Les effets produits par la découverte de ces riches dépôts minéraux et le succès des travaux entrepris ont amené un changement étonnant dans l'état des affaires de la Californie. Le taux des salaires est exorbitant, et toute autre occupation que la recherche de l'or est abandonnée. Presque toute la population du pays est allée dans le district des mines.

« L'abondance de l'or et la recherche de ce métal, qui est la préoccupation de tout le monde, ont déjà occasionné dans la Californie une hausse extraordinaire dans le prix des denrées nécessaires à la vie.

« Pour que nous puissions entrer plus promptement et d'une manière plus complète en jouissance de la richesse de ces mines, il est de la plus haute importance que l'établissement d'une succursale de la monnaie des États-Unis soit autorisé, pendant votre présente session, pour la Californie. »

2ᵐᵉ RAPPORT

LE COLONEL MASSON AU GOUVERNEMENT AMÉRICAIN

« J'ai l'honneur de vous informer qu'accompagné du lieutenant Sherman, mon aide de camp, je suis parti le 12 juin dernier pour visiter le nord de la Californie. Mon principal objet était d'aller voir par moi-même les mines d'or qu'on venait de découvrir dans la vallée du Sacramento. Nous arrivâmes à San-Francisco le 20, et, à notre grand étonnement, nous trouvâmes que toute ou du moins presque toute la population mâle était partie pour les mines d'or. La ville, qui, peu de temps auparavant, présentait une activité si remarquable, semblait maintenant presque déserte.

« Le 25, nous reprîmes notre route, par Bodega et Sonoma, pour le fort de Sutter, où nous arrivâmes le 2 juillet au matin. Sur toute notre route, nous ne vîmes que maisons désertes, fermes abandonnées, moulins inoccupés, champs et récoltes livrés aux troupeaux, aux animaux errants. Au fort de Sutter, on voyait un peu plus d'activité et d'affaires. Des bateaux déchargeaient leurs cargaisons; des charrettes transportaient des marchandises au fort, où déjà sont établis quelques magasins, un hôtel, etc. Le capitaine Sutter n'avait pu cependant conserver que deux ouvriers à son service, un carrossier et un forgeron, qu'il payait alors au prix de 10 dollars par jour (53 fr.). Les marchands lui paient à lui-même 100 dollars (550 fr.) par mois

pour une seule chambre ; et tandis que j'étais sur les lieux, j'ai vu louer une petite maison du fort au prix de 500 dollars (2,650 fr.) par mois.

« Sollicité par un grand nombre de personnes, je suis resté au fort pour y célébrer l'anniversaire de l'indépendance nationale, et je n'en suis parti que le 5 juillet. Ce jour-là, je fis vingt-cinq milles, qui me conduisirent à la Fourche américaine, lieu connu aujourd'hui sous le nom de *Lower-Mines* (les Mines - Basses) ou *Mormon-Diggens* (Fouilles des Mormons). Les flancs des collines étaient, en cet endroit, couverts de tentes en toile ou d'abris provisoires en branchages ; on y voyait aussi un magasin et plusieurs cantines en plein air. La chaleur du jour était étouffante. Deux cents hommes cependant travaillaient sous les rayons d'un soleil ardent, lavant le sable pour en extraire l'or, armés les uns de casseroles, les autres de paniers indiens d'un tissu très-serré ; le plus grand nombre opérait à l'aide d'un appareil très-grossier, connu sur les lieux sous le nom de *cradle* (berceau). Il est porté, comme les chevaux de bois ou les berceaux d'enfants, sur une bascule ; il a six ou huit pieds de long, est ouvert par le bas et garni dans le haut d'une grille ou d'un crible grossier ; le fond est arrondi et traversé, de distance en distance, par des baguettes de bois qui, à vrai dire, font l'office de filtre.

« Il faut quatre hommes pour travailler avec cette machine : l'un enlève le sable sur le bord de la rivière, l'autre le jette dans l'appareil, sur la grille ; le troisième tient la machine en mouvement ; le quatrième, enfin, puise de l'eau et la précipite avec le sable. La grille empêche les pierres d'entrer dans l'appareil ; le courant d'eau délaye la terre, et le sable descend au fond de la machine, laissant l'or mêlé à un sable noir sur les baguettes qui traversent le fond de l'appareil. L'or et le sable, ainsi mélangés, sont retirés à la main de l'appareil, et séchés au soleil, et enfin séparés en vannant le sable à l'air libre. Quatre hommes armés de cet appareil gagnaient alors environ 100 dollars (550 fr.) par jour. Les Indiens et ceux qui n'ont que des casseroles ou des paniers de jonc font le lavage à la main, extraient d'abord les grains, et font ensuite sécher le sable mêlé à la poudre d'or selon le procédé que j'ai décrit. L'or des *Lower-Mines* est d'un titre élevé, et j'en envoie avec cette dépêche plusieurs échantillons.

DÉCOUVERTE DE L'OR.

« En remontant la branche méridionale de la Fourche américaine, le pays devient de plus en plus montagneux, et, à la scierie mécanique, établie à vingt-cinq milles des derniers lavages d'or, c'est-à-dire à cinquante milles du fort Sutter, la hauteur des montagnes est d'environ 1,000 pieds au-dessus de la vallée du Sacramento. Là commence à croître une espèce de pins dont l'exploitation a été la cause de la découverte de l'or. Le capitaine Sutter, voulant entreprendre le commerce des planches, passa, en septembre dernier, marché avec un M. Marshall, pour faire construire en ce lieu une scierie mécanique, mise en mouvement par une chute d'eau. Le moulin fut construit pendant l'hiver dernier ; mais, quand on voulut lâcher l'eau sur la roue, il se trouva que le sas de la roue était trop étroit pour laisser échapper le volume d'eau qu'on lui apportait. M. Marshall, pour épargner la main-d'œuvre et les frais, laissa tout simplement à la chute d'eau le soin de se creuser elle-même un passage en approfondissant le sas de la roue. Il en résulta qu'au bout d'un peu de temps un monceau de sable et de détritus se forma au pied de la chute.

« Or, un jour où M. Marshall venait examiner le résultat de l'opération, il remarqua, dans le sable accumulé quelques particules brillantes, qu'il ramassa, et dont, après examen, il reconnut la valeur. Il raconta sa découverte au capitaine Sutter, et tous deux se promirent bien de la tenir secrète ; mais, précaution inutile ! Le bruit s'en répandit comme par enchantement. Les merveilleux succès des premiers explorateurs attirèrent, en quelques semaines, des centaines d'hommes. Au moment de mon voyage, il y avait à peine trois mois que la découverte était connue, et déjà l'on estimait à plus de quatre mille le nombre des gens qui s'étaient lancés dans les déserts à la recherche de l'or. Auprès du moulin, on voit un magnifique banc de sable aurifère, que l'on respecte comme la propriété du capitaine Sutter, bien que lui-même n'y prétende aucun droit. M. Marshall demeurait, lui, auprès du moulin, et il m'apprit que beaucoup de gens travaillaient au-dessus et au dessous de lui, recueillant environ d'une à trois onces par jour et par homme. Cet or est un peu moins pur que celui des *Lower-Mines*.

« Le 7 juillet, je partis du moulin et passai sur les bords d'un petit ruisseau qui se décharge dans la Fourche américaine, à trois ou quatre milles en avant du moulin. Je l'ai traversé au lieu connu aujourd'hui sous le nom de Webers'-Creek, et où MM. Sanol et compagnie ont établi présentement leurs lavages. Ils emploient une trentaine d'Indiens, qu'ils paient en marchandises. Je vous adresse quelques échantillons de l'or ramassé par ces messieurs ; il est d'un titre très-élevé, comme celui des *Lower-Mines*.

« De là, après avoir remonté le ruisseau l'espace d'environ dix milles, nous rencontrâmes une grosse masse de peuple, Indiens et autres, explorant le cours d'eau ou celui des ravins qui l'alimentent en hiver. Ces ravins sont excessivement riches, et l'on y recueillait alors, en moyenne, environ deux onces d'or par homme et par jour. On me signala une crevasse assez longue, d'une centaine de yards sur quatre pieds de large et deux ou trois de profondeur, comme le lieu où deux hommes, W. Dirly et Perry Mac-Coon, ont, en peu de jours, recueilli de l'or pour une valeur de 17,000 piastres (90,000 fr.). Le capitaine Weber m'apprit que ces messieurs avaient employé quatre blancs et une centaine d'Indiens, et qu'après une semaine de travail ils avaient pu payer leurs hommes en gardant pour eux 10,000 dollars (55,000 fr.). Un autre petit ravin, qui me fut montré, a produit de même 12,000 dollars. **Il y a des centaines, des milliers de ravins de cette espèce, qui n'ont pas encore été explorés et qui, selon toute vraisemblance, sont aussi riches.**

« Je pourrais citer des centaines d'exemples du même genre; mais, pour donner une idée des quantités d'or qui affluent dans les poches de tout le monde, je vous raconterai ce que j'ai vu sous mes yeux, au lieu dit le *Magasin-de-Weber*. Ce magasin n'est, à proprement parler, qu'une hutte en branchages, sous laquelle le capitaine a créé une boutique d'épicerie et de mercerie. J'ai vu un homme qui, ayant découvert dans la boutique une bouteille de poudre de Sedlitz, voulait l'acheter ; le capitaine répondit que la bouteille n'était pas à vendre. « J'en offre une once d'or.—Non; d'ailleurs, elle ne me coûte que 1/2 dollar (2 fr. 65 c.).—Alors, en voulez-vous une once d'or et demie.» Le capitaine se laissa faire. D'après cela, vous jugez si tout y est hors de prix. Eh bien! les Indiens, qui, il y a quelques mois, n'avaient pas même de haillons pour se couvrir, sont tous, aujourd'hui, chamarrés d'étoffes éclatantes.

« Le 8 juillet, je retournai à *Lower-Mines*, et je me préparais à aller visiter les rivières Feather, Yubah et Bear, lorsque je fus rappelé à Monterey par d'importantes dépêches du capitaine A. Long. Avant de partir cependant, j'ai acquis la certitude qu'il avait été découvert de l'or dans le lit de chacune des rivières et dans la plupart des petits ruisseaux qui coulent entre le Bear et la Fourche américaine, comme aussi dans les consummes, au sud de la Fourche.

« M. Sinclair, dont le *rancho* (la ferme) est située à trois milles au-dessus du fort Sutter, emploie environ cinquante Indiens. Quand je l'ai vu, il y avait presque cinq semaines qu'il travaillait, et ses Indiens n'employaient que des paniers d'un tissu très-serré ; cependant sa part de bénéfice, que j'ai vue, se montait à la valeur d'environ 16,000 piastres (85,000 fr.). Il me fit voir le résultat de son travail pour la semaine qui venait de s'écouler : 14 livres avoir-de-poids d'or bien lavé.

« Le principal magasin du fort Sutter, celui de Brannan et Comp., a reçu, depuis le 1er mai jusqu'au 10 juillet, pour une somme d'environ 36,000 dollars (190,800 fr.) d'or nouvellement découvert. D'autres négociants n'en ont pas moins reçu. Tous les jours, on expédiait de la côte pour les mines de grandes quantités de marchandises : car les Indiens, autrefois si pauvres et si misérables, sont des consommateurs importants.

« Si beaucoup, si le plus grand nombre des fermiers ont abandonné les travaux de la terre pour se jeter sur les mines, il n'en est point ainsi du capitaine Sutter, qui vient de rentrer une importante récolte de 40,000 boisseaux de grains. La farine se vend déjà au fort 35 dollars le baril; elle sera bientôt à 50. A moins qu'on ne nous expédie de très-grandes quantités de denrées alimentaires, nous devons craindre la disette. Cependant, comme tout le monde est aujourd'hui capable de payer des prix élevés, nous devons espérer que du Chili et de l'Orégon on nous enverra des provisions en quantité suffisante pour nous permettre de passer l'hiver.

« La découverte de ces riches dépôts a changé complétement l'aspect de la Haute-Californie. Ses habitants, occupés exclusivement, il y a quelques mois encore, aux travaux de l'agriculture, sont tous allés aux mines. Les ouvriers de toutes professions ont abandonné leurs métiers et les commerçants leurs boutiques; les marins désertent aussitôt qu'ils arrivent. Il y a maintenant deux ou trois navires qui sont mouillés dans la baie de San-Francisco, et n'ont pas un homme à bord. La même cause a entraîné beaucoup de désertions dans les troupes. Pendant quelques jours le mal a été si menaçant, que j'ai dû craindre de voir la garnison de Monterey déserter en masse. Il faut le dire, la tentation est si grande! peu de danger d'être repris, l'assurance d'un salaire énorme, double en un jour de la paie d'un soldat pour un mois! Pour les appointements d'un lieutenant ou même d'un capitaine (c'est au moins 500 fr. par mois aux Etats-Unis), on ne peut pas avoir un domestique.

« Un charpentier, un ouvrier de quelque profession que ce soit, ne loue pas ses services à moins de 15 ou 20 dollars (80 à 106 fr. par jour). Que faire dans une situation pareille? Maintenant, d'ailleurs, il n'est plus, en Californie, possible à un officier de vivre avec sa solde ; l'argent a si peu de valeur, les prix des objets manufacturés et ceux des denrées alimentaires sont si élevés, et la main-d'œuvre est si chère, que ceux-là seulement peuvent avoir un domestique ou un cuisinier qui gagnent 40 à 50 dollars ! Cet état de choses ne peut pas durer.

« Une foule de lettres particulières ont annoncé, avant moi, aux Etats-Unis, l'importance des découvertes qui viennent d'être faites, et peut-être s'étonnera-t-on que je n'aie pas écrit plus tôt sur le même sujet. Ma réponse sera facile : Je ne pouvais pas croire aux merveilleux rapports que je recevais avant d'avoir visité le pays moi-même.

« Mais aujourd'hui je n'hésite pas à dire qu'il y a plus d'or dans les vallées arrosées par le Sacramento et le San-Joaquin qu'il n'en faut pour payer et payer cent fois tout ce qu'a pu coûter la guerre avec le Mexique. Et, pour mettre ces mines en valeur, il n'y a pas de capital à dépenser : un pic, une pelle et un plat de terre, c'est tout ce qu'il faut pour recueillir le précieux métal.

« M. Dye, habitant de Monterey, homme instruit et digne de confiance, revient aujourd'hui même des explorations faites sur la rivière Feather. Il me raconte que la Compagnie à laquelle il appartient, après avoir travaillé sept semaines et deux jours, en employant environ cinquante Indiens par jour, a recueilli, comme produit brut, 273 livres pesant d'or. Pour sa part (un septième), il a reçu, après tous frais payés, 57 livres pesant, qu'il vient d'apporter à Monterey et de me montrer. Je ne vois personne revenir sans rapporter ses 2, 3 ou 4 livres d'or. Un soldat d'artillerie, qui avait obtenu un congé de vingt jours, vient de nous rentrer avec 1,500 dollars (7,950 fr.), et son voyage lui a pris onze jours, de sorte qu'il n'a réellement travaillé que neuf jours, qui lui ont rapporté plus qu'un engagement au service de l'Etat. Tous ces faits paraissent incroyables, et cependant ils sont vrais.

« On donne pour certain qu'il a été découvert

de l'or sur le versant occidental de la Sierra-Nevada. Quand j'étais moi-même au *Gold-District*, j'ai appris d'un Mormon, homme intelligent, qu'il avait été trouvé de l'or près du grand lac Salé par quelques-uns de ses frères. Presque tous les Mormons ont quitté aujourd'hui la Californie pour se rendre au lac Salé, et certainement ils ne le feraient pas s'ils n'étaient pas sûrs d'y trouver pour le moins autant d'or qu'ils en peuvent recueillir maintenant sur les rives du Sacramento.

« Le gisement d'or situé près de la mission de San-Fernando est connu depuis longtemps, mais le défaut d'eau a empêché de l'exploiter. C'est un rayon détaché de la Sierra-Nevada, c'est-à-dire de la chaîne où l'on vient de découvrir tout-à-coup tant de richesses. Il y a donc lieu de croire que, dans l'espace intermédiaire de cinq cents milles, complétement inexplorés aujourd'hui, il doit se trouver beaucoup de richesses cachées.

« Avant de quitter cet intéressant sujet, je dois dire qu'à mon retour du Sacramento, je me suis arrêté au Nouvel-Almaden, à la mine de mercure de M. Alexandre Forbes, consul de Sa Majesté britannique, à Tepic. Cette mine se trouve sur un éperon des montagnes, situé à un millier de pieds au-dessus du niveau de la baie de San-Francisco. Elle est éloignée d'environ douze milles, et dans la direction du sud, du Pueblo de San-José.

«Le minerai (cinabre) se présente sur une grande veine qui s'enfonce dans la montagne en décrivant un angle très-ouvert avec l'horizon. On emploie des ouvriers mexicains à l'extraire par des galeries d'environ six pieds de haut sur sept de large, et qui suivent les contours de la veine. Les fragments de roc et de minerai sont enlevés à dos d'Indiens, dans des sacs de cuir. A la sortie de la mine, on charge le minerai sur des tombereaux qui le descendent dans une vallée bien fournie de bois et d'eau, et où s'élèvent les fourneaux. Ils sont de la construction la plus simple, exactement semblables au four ordinaire des boulangers. Au sommet, ils sont couronnés par une marmite de baleinier, à laquelle une autre marmite renversée sert de couvercle ; une ouverture pratiquée à ce couvercle conduit, par un canal en brique, à une chambre, au fond de laquelle est placé un chaudron de fer. Cette chambre a une bonne cheminée.

« Tous les matins, on remplit les marmites de minerai concassé et mêlé de chaux, puis on allume le feu et on l'entretient jusqu'à la nuit. Le mercure se volatilise, passe dans la chambre, se condense sur ses parois, et retombe dans le récipient qui lui a été préparé. On n'emploie pas d'eau pour opérer la condensation.

« Lors d'une visite qu'au printemps dernier j'ai faite à cette mine, quatre fours, comme celui que je viens de décrire, étaient en activité, et, pendant les deux jours que j'ai passés sur les lieux, ils ont produit 656 livres pesant de mercure, qui se vendait alors 1 dollar 80 c. (9 fr. 75 c.) la livre à Mazatlan. M. Walkinshaw, le directeur actuel des travaux, me mande que la veine est devenue beaucoup plus abondante, et qu'elle rend assez pour lui permettre de garder ses ouvriers, même dans ces temps extraordinaires.

« Cette mine est très-précieuse par elle-même, et l'est d'autant plus, qu'on emploie le mercure à l'extraction de l'or et de l'argent. On ne l'emploie pas en Californie pour cet objet, mais il faudra bientôt y avoir recours. Quand j'ai visité cette mine, on faisait des recherches aux environs pour découvrir d'autres veines, mais on n'a encore rien trouvé d'important. Cependant la couleur du sol, tout aux alentours, ne permet pas de douter qu'il ne renferme des gisements considérables. Au 15 juillet dernier, le magasin de M. Forbes contenait environ 2,500 livres pesant de mercure.

« J'envoie, joints à ce rapport, treize échantillons d'or qui m'ont été fournis pour être offerts au gouvernement par les personnes dont les noms sont mentionnés sur les enveloppes des paquets. J'y ajoute deux cent trente onces d'or achetées par mon ordre à San-Francisco, que je vous adresse comme échantillon des produits donnés par les mines du Sacramento. C'est un mélange de tous les ors fournis par les diverses parties du *Gold-District*.

« Signé : R.-B. MASSON. »

Quartier-général de Monterey, le 10 septembre.

Après la reproduction des pièces officielles, nous avons cru devoir mettre sous les yeux du public les *Prospectus, Extraits de statuts, Moyens d'opération,* etc. (reproduction des publications des *diverses Sociétés*), afin de faire connaître les combinaisons sur lesquelles elles sont basées.

Dans ces *prospectus, extraits de statuts,* etc., chaque Société a exposé elle-même ses moyens d'action, ses combinaisons. Nous n'avons pas qualité pour nous ériger en juges entre ces différentes combinaisons : le public a sous les yeux les éléments qui peuvent former sa conviction : c'est à lui qu'il appartient de choisir les entreprises qui semblent lui présenter le plus d'éventualités de succès [1].

---

[1] Pour placer quelque argent dans ces compagnies, et pour que la somme soit *divisée* entre celles qui paraissent offrir le plus de garanties, adresser à M Philippart, libraire, éditeur de la *Bibliothèque pour tout le monde*, rue Dauphine, 18, Paris, un mandat pris à la poste de *cinq francs* seulement ; on ne paiera l'excédant du montant de la demande qu'en recevant les actions, *qui sont au porteur.*—On les recevra par retour du courrier.

DES SOCIÉTÉS

CRÉÉES POUR LA RECHERCHE DE L'OR EN CALIFORNIE

ainsi que pour le commerce d'exploitation

ET DES PLACEMENTS DE FONDS DANS CES SOCIÉTÉS.

———————⋆0⋆———————

Depuis bientôt trois ans que les mots *mines d'or de la Californie* ont apparu pour la première fois dans les *Rapports officiels adressés au Gouvernement américain,* que n'a-t-on pas dit, écrit, rêvé sur les produits merveilleux de ces terrains aurifères, de ces fleuves, de ces rivières dont les flots roulent des paillettes d'or, de ces rocs qu'il suffit d'entamer par les haches pour faire jaillir des éclats du métal précieux !

Chose étrange cependant ! tout ce qui a été dit s'est vérifié, tout ce qui a été écrit s'est trouvé dépassé, et les rêves des imaginations les plus brillantes sont restés de beaucoup au-dessous de la réalité mathématiquement constatée.

Ce sont, dans tous les grands ports, des arrivages de poudre et de lingots d'or, *des fortunes,* en un mot, qui sont le produit du travail de quelques mois, de quelques semaines, parfois de quelques jours.

Aussi, de nombreuses compagnies se sont-elles formées en France dans le but d'aider le travailleur à faire une fortune rapide, tout en assurant des bénéfices considérables aux actionnaires dont les capitaux permettent l'affrétement des navires, le paiement des passages, l'achat des vivres pour la traversée, et, pour les travailleurs arrivés sur les placers, l'établissement de machines facilitant l'extraction de l'or. — Ces sociétés ont dû étudier les questions qui se rattachent à l'envoi des travailleurs, à l'exploitation des mines, aux relations commerciales, aux bénéfices à réaliser.

Parmi tant de combinaisons, quelles sont celles qui méritent la préférence? Quels sont les moyens qui doivent donner le plus de résultats positifs? En un mot, quelles sont les Compagnies auxquelles doivent accorder leur confiance les personnes qui veulent participer à des bénéfices qu'on peut espérer d'après les fortunes si promptement réalisées en Californie?

S'il n'est donné à personne de résoudre cette question, que faut-il donc pour réussir?

Il faut appliquer aux finances le précepte du prince des politiques : *Il faut diviser pour s'enrichir.*

Toutes les associations promettent les plus beaux résultats; mais telle pourra donner plusieurs capitaux pour un seul engagé, tandis que telle autre perdra une partie de ce capital.

Pour conjurer de pareilles éventualités, il faut *diviser* son argent entre plusieurs Compagnies; et, par exemple, deux ou trois Sociétés seulement réalisant le quart de ce qu'elles promettent, l'argent qu'on aura engagé dans une pareille opération, *sagement divisé et réparti,* cet argent, disons-nous, rentrera, augmenté de bénéfices, sans avoir laissé à l'imprévu des chances de pertes considérables.

En résumé :

A l'homme à l'esprit aventureux on peut dire : « Mettez tout votre capital dans une de « ces Compagnies : si elle réussit, vous vous « serez créé une fortune immense; — si elle « ne réussit pas, vous aurez le regret de ne pas « avoir *divisé* votre argent. »

Mais ce que nous aimons à dire, nous,—*et à tous,*—c'est ceci :

« N'employez pas une somme par trop con- « sidérable dans une entreprise isolée, qui peut « échouer; — faites *diviser* ce capital entre « des entreprises bien administrées; quelques- « unes dussent-elles échouer, et seulement deux « ou trois réussir, que vous seriez encore cer- « tain d'avoir augmenté dans de grandes pro- « portions le capital que vous auriez placé... »

— C'est surtout dans ces conditions qu'on peut s'intéresser dans les opérations californiennes

Avec cette combinaison, — *division de l'ar-*

gent entre diverses Sociétés, — le bénéfice est à peu près certain, — la perte est presque impossible; — et ne point participer à ces opérations serait le plus mauvais des calculs.

———————

Quelques journaux (l'*Univers Religieux*, le *Constitutionnel*, la *Gazette de France*, les *Débats*) on bien voulu reproduire la note suivante : ·

M. Philippart, rue Dauphine, 18, à Paris, — qui procure les Actions de toutes les Compagnies *indistinctement*, créées pour la *Recherche de l'Or en Californie*, — nous prie d'insérer les lignes suivantes :

« On m'adresse à chaque instant des questions auxquelles je vais tâcher de répondre :

«— D. Quelles sont les Compagnies qui donneront les meilleurs résultats ?

« — R. Je n'en sais rien. Celles qui, par une bonne administration, sauront s'attacher un certain nombre d'associés travailleurs, obtiendront, en *or recueilli*, de bons résultats ; — et quant à celles qui se consacrent plus exclusivement au commerce avec la Californie, il est bien acquis, par une grande quantité de documents, « que l'on vend facilement, en Cali-
« fornie, à des prix très-élevés, certains objets fabri-
« qués à bas prix en France. »

«— D. Comment, avec prudence, placer quelque argent dans ces opérations ?

« — R. Divisez l'argent... les Compagnies qui seront bien administrées donneront des bénéfices... »

«— D. Il y a des Compagnies dont les calculs prouvent une foule de capitaux pour un...

« — R. Ces Compagnies prennent, pour base de la *Recette*, des chiffres àpeu près officiels; — elles disent :
« L'expérience a prouvé qu'*un* homme trouve, en
« moyenne, *telle* quantité d'or en une journée; —
plusieurs hommes, à l'aide de nos *machines facilitant*
« *le travail,* devront, par conséquent, obtenir *telle*
« *plus grande quantité* qui, divisée entre les actions,
« produira, *au profit de l'actionnaire et du tra-*
« *vailleur lui-même,* des dividendes de *tant* de ca-
« *pitaux pour un...*»

« Ces *calculs*, qui reposent sur des faits connus, constatés par les *Rapports officiels adressés au gouvernement américain,* procureraient ainsi, il est vrai, d'*immenses* bénéfices.....—Mais je pense qu'il est sage de défalquer de ces bénéfices si énormes les *dépenses imprévues,* et de ne pas oublier le chapitre des *difficultés*

imprévues:...Ce que je crois le plus conforme à la *possibilité* pour toute Compagnie bien administrée, c'est ceci :

« Elle pourra, avec l'*or* et le *commerce* de la Californie, donner de beaux dividendes de bénéfices; et, même dans leur intérêt, les Compagnies n'ont rien à exagérer, rien à dissimuler. Elles auront ainsi, pour elles, le public sérieux : c'est quelque chose ! »

———————

Liste, par ordre alphabétique, de quelques Compagnies qui ont expédié des marchandises, — effectué des départs, — ou dont les navires vont partir.

BRETONNE
Actions de 10, de 50, de 100 et de 500 fr.

CALIFORNIENNE
Actions de 100 et de 1,000 fr.

COMMERCIALE
(*plus spécialement pour les opérations commerciales*)
Actions de 10, 50, 100 et 500 fr.

COMMERCE DE SAN-FRANCISCO (CAVEL et Cᵉ.)
Actions de 25 fr.

COMPTOIR TRANSATLANTIQUE DES DEUX-MONDES
(*plus spécialement pour les opérations commerciales*)
Actions de 10, 50, 100 et 500 fr.

ELDORADO
Actions de 10, de 100 et de 1,000 fr.

FORTUNE
Actions de 10 fr.

FRANÇAISE-AMÉRICAINE
Actions de 5 fr., de 25 et 100 fr.

MINEUR
Actions de 10 fr.

MOISSON D'OR
Actions de 20 fr.

NOUVEAU MONDE
Actions de 10, de 100 et de 1,000 fr.

RUCHE D'OR
Actions de 5, de 25, de 50 et de 125 fr.

SACRAMENTO
Actions de 10, de 50 et de 100 fr.

SOCIÉTÉ IMMOBILIÈRE DE SAN-FRANCISCO
Actions de 10, de 20, de 100 et de 1,000 fr.

———————

Avis aux personnes qui veulent partir pour la Californie.

Les personnes qui désirent des renseignements pour partir pour la Californie peuvent s'adresser (par *lettres seulement*) à M. Philippart, rue Dauphine, 18, Paris.
Il leur sera répondu par retour du courrier.

LA CALIFORNIENNE

Société constituée par acte passé par-devant Mᵉ Thion de la Chaume, notaire à Paris, le 16 avril 1849.

Extrait des Statuts.

La Société a été définitivement constituée le 16 avril 1849, par acte passé devant Mᵉ Thion de la Chaume, notaire, rue Laffitte, nº 3, à Paris, et le dépôt de cet acte et sa publication ont été faits au greffe du Tribunal de commerce de la Seine, à Paris, le 24 avril 1849.

La Société est formée pour le commerce d'exportation, et l'exploitation des mines d'or et autres de la Californie.

La raison sociale est Ch. Hochgesangt et compagnie.

Sa durée est fixée à 50 années, à partir du premier janvier 1849.

Le Capital social est fixé provisoirement à cinq millions de francs, divisés en 50,000 Actions de 100 francs et de 1,000 francs.

Le Directeur général ne peut en disposer que pour les besoins de la Société, et il doit, par des pièces comptables, justifier de leur emploi au Conseil de surveillance.

Les Actions donnent droit à un intérêt annuel de 5 p. 0/0, après un prélèvement de 10 p. 0/0, pour fonds de réserve, sur les bénéfices réservés aux Actions; le surplus est réparti comme dividende de la manière suivante :

75 0/0 aux Actionnaires ;
15 0/0 au Directeur général ;
5 0/0 au Conseil de surveillance ;
5 0/0 aux Employés et aux Représentants de la Compagnie.

Un Conseil de surveillance, composé d'Actionnaires, suit et surveille toutes les opérations de la Société, tous les actes du Directeur général ; il vérifie la caisse, le portefeuille, les livres, la correspondance, quand il le juge à propos.

Un inventaire sera fait chaque année, au 31 mars, soumis à l'examen du Conseil de surveillance et à l'approbation définitive de l'Assemblée générale des Actionnaires, ayant lieu le 5 mai de chaque année, à deux heures de relevée, et pour la première fois le 5 mai 1850, au siége de la Société.

Les Actionnaires propriétaires de 50 Actions, de même que plusieurs Actionnaires réunissant ensemble 40 Actions, pourront se faire représenter, s'ils le veulent, aux Assemblées générales, par un mandataire, pourvu que celui-ci soit lui-même propriétaire de 10 Actions, et que, muni de celles de ses mandants, il les ait déposées avec les siennes au siége de la Société, deux jours au moins avant la réunion de l'Assemblée générale.

Les Actionnaires ont droit à autant de voix qu'ils ont de fois 50 Actions : toutefois, un Actionnaire ne pourra avoir plus de dix voix, quel que soit le nombre des Actions qu'il possède ou qu'il représente.

Les réunions des Actionnaires en Assemblées générales ordinaires ou extraordinaires se constitueront sous la présidence du Président du Conseil de surveillance, et en son absence sous celle du plus âgé des membres de ce Conseil.

Extrait du rapport de M. Ch. Hochgesangt, directeur de la Californienne présenté aux Actionnaires réunis en Assemblée générale.

Messieurs ,

« J'ai l'honneur de vous présenter le compte des opérations de *la Californienne*. Dès son début, notre entreprise a été pénible, difficile : on n'était pas bien fixé sur la richesse des terrains aurifères de la Californie; ses capitaux se hasardaient timidement dans une entreprise qui devait s'exécuter à plus de trois mille lieues de Paris; on craignait aussi que les travailleurs de la Compagnie n'allassent travailler pour leur propre compte.

« Aujourd'hui, Messieurs, la situation est complétement rassurante : on connaît d'une manière authentique la grande richesse des gisements aurifères de la Californie. Les lettres des maisons de commerce, les nombreux travailleurs revenus de ce pays avec de grandes quantités d'or, amassées en quelques mois, témoignent de la véracité des récits merveilleux des journaux.

« Quant à nos travailleurs, leur propre intérêt doit nous les attacher et les retenir : sans les bienfaits de l'Association, ils n'auront ni matériel, ni vivres, ni machines décuplant le produit de leurs travaux. Par la division du travail, bien organisé, l'Association offre des ressources qu'ils ne trouveraient pas isolément. Et si quelques-uns d'entre eux se détachaient de la Société ou se faisaient expulser, la compagnie n'y perdrait rien : les actions qui leur ont été données en échange de la somme versée par eux pour leur passage redeviendront la propriété de la Société, en vertu des contrats qu'ils ont signés, et qui les rendent aussi passibles de dommages et intérêts s'ils n'exécutent pas leurs engagements : mais un règlement sévère, quoique paternel, assure l'accomplissement de leurs devoirs.

« L'Association mutuelle des travailleurs en Californie est confiée à la direction d'un homme d'énergie, de loyauté, qui réunit les conditions nécessaires pour une semblable mission. J'ai la confiance la plus entière dans M. H. Gaillard, appartenant à une des plus honorables familles de la Charente-Inférieure, et jouissant d'une belle fortune en biens-fonds; il a donné sa démission des fonctions de maire de sa commune et de membre du conseil de son arrondissement, pour aller diriger notre exploitation en Californie. Il sera parfaitement secondé dans sa tâche, pour l'organisation et l'exécution, par M. Pommier, ingénieur d'un mérite reconnu et d'une aptitude toute spéciale pour l'exploitation des mines. J'espère que M. Fournier, sous-ingénieur, M. Chatelier, conducteur des ponts-et-chaussées, M. Vancrombrughe, comptable, partis aussi par la première expédition, faciliteront à MM. Gaillard et Pommier l'accomplissement de leurs mandats : — et M. l'abbé Renaut, du diocèse d'Agen, maintiendra l'harmonie et la concorde dans notre jeune colonie.

« Les cent quarante-quatre associés-travailleurs embarqués sur le *Jacques-Laffitte* et le *Grétry*, formant la première et la deuxième expéditions, sont partis animés des sentiments les plus dévoués pour la Société. Ils avaient compris que de leur union dépendait leur bien-être, leur fortune future; aussi les lettres qu'ils ont adressées à la Direction expriment-elles leur entier dévouement à la Compagnie.

« J'ai la confiance la plus entière dans le résultat que doivent produire ces deux expéditions, et la somme que j'ai envoyée à M. Gaillard, depuis son départ, jointe à celle qu'il aura réalisée par la vente des marchandises désignées dans les connaissements que je lui ai remis, sera plus que suffisante pour satisfaire aux premiers besoins de nos travailleurs à leur arrivée.

« Pour donner une grande extension aux opérations de *la Californienne*, j'ai envoyé dans les chefs-lieux de départements des inspecteurs chargés d'établir des agences.

« Les pays étrangers ont aussi été l'objet de mon attention. La Belgique a dépassé les espérances que j'avais conçues. La Compagnie a engagé dans ce pays beaucoup d'émigrants et elle y a obtenu une grande quantité de marchandises; mais ces résultats elle les doit en grande partie à l'activité et à l'intelligence de M. Mailliet, son agent général en Belgique. La Compagnie possède aujourd'hui des agences en Hollande, en Allemagne, en Suisse, en Italie et en Espagne. Elle a obtenu des souscriptions en Angleterre, malgré le grand nombre de sociétés qui s'y sont formées, et sans y avoir établi d'agence.

« Trois nouveaux départs, formant les 3e, 4e et 5e expéditions, se préparent sur trois navires *entièrement affrétés* par la Société. Jusqu'à ce jour, aucune des autres compagnies n'a fait un seul affrétement pour son propre compte. Le navire le *Uncas*, formant la 3e expédition, et qui mettra à la voile sous quelques jours du port d'Anvers, a son chargement presque complet en passagers et en marchandises (ces dernières appartiennent presque toutes à la Société).

« Le *Louisiana*, du Havre, va effectuer le quatrième départ [1].......

« La situation de la Compagnie, qui compte à peine une année d'existence, est aujourd'hui, Messieurs, des plus satisfaisantes. Elle avait émis, au 31 mars dernier, 5,636 actions [2], représentant une somme de *cinq cent soixante-trois mille six cents francs*. D'ici quelques mois, j'espère recevoir des produits du travail des associés-travailleurs de notre première expédition.

« J'ai l'honneur, Messieurs, de soumettre à votre approbation les comptes de la Société. »

L'Assemblée a approuvé à l'unanimité les comptes de la gérance.

La *Californienne* rappelle aux actionnaires qui n'ont pas encore fait toucher les intérêts de leurs actions échus le 31 mars 1850, que ces intérêts sont payés à partir du 5 mai dernier, à bureau ouvert, à la caisse de la Société.

CONSEIL DE SURVEILLANCE.

MM. Renou de Ballon, représentant du peuple à la Constituante;
Breymand, représentant du peuple;
Chiapini, curé d'Asnières (Oise);
le baron J.-B. Dupin, général.

Actions de...... (Voir page 32).

[1] Ce départ vient d'être effectué.
[2] Depuis le 31 mars, quatre mille nouvelles actions ont été demandées, représentant quatre cent mille francs.

L'ELDORADO

Société constituée par acte passé par-devant Me TURQUET, notaire
à Paris, le 18 juillet 1850.

Depuis que la présence de l'or a été constatée d'une manière irrécusable dans les montagnes de la Nouvelle-Californie, que les extractions opérées pendant deux campagnes ont donné des résultats prodigieux, un irrésistible désir de richesse entraîne vers cette contrée tout ce que le vieux monde renferme d'hommes jeunes, vigoureux et intelligents.

Les émigrations ne s'élèvent pas à un chiffre moindre de centaines de mille par an.

L'or qui descend des placers en abondance, divisé entre cette multitude de personnes, développe des besoins qui deviennent chaque jour d'autant plus grands qu'ils sont moins satisfaits.

Pour satisfaire ces besoins, il s'est formé un certain nombre de sociétés, qui toutes réussiront, celle-ci un peu plus, celle-là un peu moins.

Quand nous disons qu'elles réussiront toutes plus ou moins, ce n'est pas que, dans notre pensée, les chances de succès ne soient point égales pour les unes et les autres : la mine est ouverte sur une étendue immense; elle est inépuisable, et tout le monde est admis à en profiter.

Chacune des Compagnies est donc en droit d'espérer une part dans la grande moisson des trésors de la Californie, part plus ou moins brillante, selon les lumières plus ou moins étendues des hommes qui la dirigent : les hommes étrangers à tout genre d'exploitation, peu; les hommes pratiques, beaucoup.

Mais si des connaissances particulières sont indispensables dans les entreprises de toute nature, il y a quelque chose qui ne l'est pas moins : c'est une bonne administration.

Une bonne administration ne peut exister qu'à la condition que tous ses membres en ont parfaitement étudié les difficultés, et ces difficultés ne peuvent être appréciées et vaincues que par des hommes spéciaux.

La Compagnie l'*Eldorado* remplit-elle toutes ces conditions? Oui.

D'abord, les fondateurs de cette Société, avant d'appeler le concours des capitalistes, ont voulu se rendre compte, à leurs risques et périls, de toutes les certitudes, comme aussi de toutes les éventualités. En conséquence, ils ont établi à San-Francisco, dès l'année 1849, un comptoir de commerce qui fonctionne depuis cette époque, de manière à ne laisser aucun doute sur les brillants résultats d'une exploitation à grandes proportions.

Ensuite, la Compagnie s'est attaché un ingénieur qui a servi pendant treize ans en qualité d'officier de marine, qui connaît la Californie pour l'avoir explorée dans tous les sens, et qui possède les plus grandes connaissances sur les précieuses richesses et les moindres ressources de ce moderne *Eldorado*.

De plus, ses fondateurs appartiennent au commerce, et sont tous des négociants exercés depuis longtemps au maniement des affaires.

Cet ensemble de capacités et d'expérience ne constitue-t-il pas pour la Compagnie les plus grands éléments de succès?

Mais une crainte déjà hautement manifestée par le public a vivement préoccupé les fondateurs de l'*Eldorado*. — On a dit que les travailleurs une fois arrivés au lieu de leur destination pourraient abandonner les Compagnies afin de tenter la fortune pour leur propre compte.

Cette crainte n'est nullement fondée, car il est bon que l'on sache qu'il existe en Californie un code de convention très-sévère, qui punit toute espèce de fraude; d'ailleurs, tout en renchérissant sur les mesures prises par d'autres sociétés pour s'assurer la foi des traités, l'*Eldorado* a voulu empêcher jusqu'à la supposition de leur violation.

Pour atteindre ce but, elle assure aux travailleurs une large quotité dans la répartition de l'or, puis elle les intéresse dans toutes ses exploitations, qui certainement ne produiront pas moins que celle des mines.

Ainsi, l'homme qui apportera chaque jour dans la caisse commune le fruit de son labeur y trouvera une part de bénéfice déjà recueillie à son profit par d'autres mains que les siennes.

D'un autre côté, en doublant les chances de succès, la Compagnie ne double-t-elle pas la sécurité de l'actionnaire? S'il était possible de ne réussir que médiocrement, les deux demi-réussites produiraient encore un résultat des plus magnifiques.

Mais le doute ne peut être permis, car l'organisation de l'*Eldorado* lui assure le loyal concours de ses travailleurs. Quant aux marchandises, elle n'expédiera jamais que sur les notes sérieuses de ses agents partis en 1849, et parfaitement au courant de tout le commerce d'outre-mer.

La Compagnie embrasse toutes les opérations d'échange et d'exploitation industrielle ou de travail propre au pays : transport de marchandises et de passagers; construction de maisons en fer et en bois, fondation de colonies agricoles, enfin tout ce qui se rattache au commerce en général.—Déjà elle a traité avec une Société brevetée à Londres pour l'établissement de maisons de fer.—Elle vient aussi de s'assurer la propriété d'un autre brevet pour la fabrication de matériaux artificiels pour construction.

En résumé, la Compagnie l'ELDORADO est la première des sociétés californiennes et la seule qui, jusqu'à ce jour, ait conçu l'heureuse idée de joindre au travail des mines et au commerce d'exportation l'envoi de travailleurs de diverses professions et l'exploitation d'usines industrielles. Aussi n'est-il pas étonnant que de toutes parts elle rencontre déjà les plus vives sympathies.

Actions de...... (Voir page 32.)

COMPAGNIE

FRANÇAISE & AMÉRICAINE

DE SAN-FRANCISCO

Société constituée par acte passé par-devant Mᵉ Gréuaut, notaire
à Paris, le 19 janvier 1850.

———————

La Compagnie Française et Américaine de San-Francisco à ses adhérents.

Il y a deux ans à peine, un cri de surprise et d'espérance, échappé des rivages de la Californie, retentit d'un bout à l'autre de l'Europe, et y produisit l'effet d'une étincelle électrique. Des mines d'or bien plus considérables que celles du Mexique et du Pérou venaient d'être découvertes ; des sables aurifères recouvrant des plaines immenses, d'un abord et d'une exploitation faciles, entrecoupées de fleuves et de rivières roulant de l'or, avaient offert, aux yeux des voyageurs étonnés, des richesses inconnues jusqu'ici.

Les peuples du vieux monde, pour la plupart surpris par cette nouvelle au milieu de leurs convulsions politiques, prêtèrent cependant une oreille attentive au récit de toutes ces merveilles ; et le premier moment de crise et d'étonnement passé, les émigrations commencèrent. Le mouvement s'est communiqué avec une incroyable rapidité : on s'embarque aujourd'hui en France, en Angleterre, en Espagne, aux Etats-Unis et dans tous les ports de la Baltique ; on émigre de la Belgique, de la Hollande, des provinces d'Allemagne, du Piémont, de la Savoie et de tous les pays, enfin, où le cancer de la misère et le progrès de l'intelligence ont posé aux gouvernements le problème terrible du travail aux prises avec la faim.

Il n'est plus besoin de chercher à démontrer l'existence des mines d'or de la Californie, ni des autres matières précieuses que la terre y renferme. S'il y eut des indifférents et des incrédules au moment où cette existence fut révélée, autant il y a aujourd'hui de croyants et d'intrépides voyageurs. Si nous-mêmes faisons passer plus loin sous les yeux de nos lecteurs les documents officiels publiés à ce sujet par les gouvernements, et reproduits par les journaux de toutes les nations, c'est plutôt pour faire connaître toute l'abondance de ces richesses que pour en attester la réalité.

Non, ce n'est plus le doute que l'on a à combattre, c'est l'ardeur des imaginations qui s'enflamment, et l'imprudence inconsidérée de plusieurs émigrants qu'il importe de réprimer et de diriger. Chacun se hâte, se presse, accélère sa marche, dans la crainte d'arriver trop tard à ce grand banquet de la fortune. On pousse cette imprudence et cette ardeur à un tel excès, on va si loin, que des centaines d'ouvriers, sans s'inquiéter des périls et du peu de chance de succès que donnent l'isolement et un empressement exagéré, ne s'occupent que de prendre leur valise et de partir. D'autres, moins téméraires, se groupent en petites associations de quatre, de six, de huit individus, pour aller chercher au-delà des mers le bien-être que leur refuse leur patrie. Les premiers comme les seconds, il est pénible de le dire, manquant

dès leur entrée en campagne, de la protection, des vivres, des instruments de travail et des puissants moyens d'action que donne une grande communauté et que nécessite une exploitation longue et fructueuse, ont peu d'avenir, beaucoup de déceptions et peut-être bien des malheurs en perspective. Seul ou en trop petit nombre, comment se conserver sur cette terre lointaine ? Comment garantir la sécurité des personnes et des produits, sans laquelle le travail est inutile ?

Au milieu de cette confusion et de cette imprévoyance, si propres à transformer en instruments de ruine les sources mêmes d'une grande prospérité, des hommes sérieux, forts de leur conscience et de leur dévouement, ont cherché, non sans quelque succès, à rallier ces forces éparses, à les soumettre à une impulsion régulière et productive, à détruire ou à prévenir les dangers auxquels entraîne l'individualisme, et à en appeler du délire de la fièvre aux procédés logiques de la science et de la raison. Mais est-ce assez de prévoir les catastrophes, de donner une direction nouvelle et plus convenable à des travaux, et de traduire même en fait certain les espérances et les idées qui ont tout-à-coup surgi du sein des masses ? N'y a-t-il pas un choix tout particulier à faire dans les moyens à employer, sur les meilleures combinaisons à mettre en pratique ? ne convient-il pas aussi de se demander quelle est la partie la plus malade du corps social qu'il importe promptement de soulager ? A notre avis ce n'est pas assez, lorsque les couches inférieures de la société sont plus particulièrement livrées aux souffrances de la misère et au plus grand dénûment, d'appeler les grands capitalistes, le riche commerçant, presque seuls, et les ouvriers les plus favorisés de la fortune, aux avantages de la commandite et de l'association. Il est véritablement à regretter que des idées plus larges, plus généreuses et sans esprit d'exclusion, n'aient pas toujours présidé aux résolutions des hommes qui se sont occupés de cette grave matière. Il nous semble encore que ce n'est pas comprendre toute l'étendue de sa mission que d'établir exclusivement la base d'opération d'une grande compagnie industrielle de cette nature sur l'exploitation unique, quoique déjà considérable, des richesses métallurgiques de la Californie, alors que le grand événement de leur découverte est capable de modifier si profondément et dans un temps prochain les relations économiques et commerciales des individus et des nations ! Ne point associer à cette première entreprise les bénéfices de l'exportation d'un choix de marchandises, c'est négliger, à notre avis, nous ne dirons pas le point le plus important de l'entreprise, mais un des faits capitaux sur lesquels elle doit reposer, et une des plus grandes sources de richesses.

Pénétrée de ces vices d'organisation et de ce défaut d'ampleur dans la conception, *la Compagnie française et américaine de San-Francisco* vient prendre part à l'œuvre, au moment favorable peut-être où plusieurs compagnies ont achevé ou achèvent d'émettre leurs actions. Il va sans dire qu'elle profitera de l'expérience du passé, et résoudra, de la manière la plus satisfaisante, toutes les hautes questions d'intérêt qui se rattachent au but qu'elle se propose d'atteindre.

Pour appeler indistinctement le riche et le pauvre à la même fortune, et donner à son œuvre, en la généralisant, les proportions d'un fait humanitaire, elle a mis le prix de ses actions à CINQ FRANCS. Partant du même principe, elle a divisé ses actions en séries de cinq mille numéros, et a concédé à chacune de ces séries le droit d'envoyer GRATUITEMENT un travailleur au chantier californien.

Son capital social a été élevé au chiffre de un million deux cent mille francs, pour deux motifs : le premier, afin d'asseoir, sans exagération toutefois, la base de ses opérations sur un terrain solide et à l'abri de tout écueil ; le second, pour qu'elle pût surtout annexer à l'exploitation des matières métallurgiques la fondation d'un comptoir à San-Francisco, dont les transactions commerciales, négligées sous cette forme jusqu'à ce jour, seront aussi avantageuses aux actionnaires que les produits obtenus par les travailleurs. Elle s'est pourtant demandé si la réalisation de ce capital, quoique élevé à ce chiffre sur les considérations les plus sages, ne paraîtrait pas longue à l'impatience de quelque actionnaire désireux de voir arriver le plus tôt possible le jour du résultat. Cette crainte disparaît vite si l'on songe que, d'après des dispositions prévues par les statuts, une grande quantité d'actions sera appliquée à l'achat des marchandises nécessaires à l'alimentation du comptoir de San-Francisco.

Après ces considérations d'une haute importance, une autre considération non moins importante encore s'est présentée à son esprit : elle s'est préoccupée de ne point abandonner le sort des travailleurs et les résultats de l'expédition à des mains mercenaires qui rarement rendent en services ce qu'elles reçoivent en argent. Dès lors elle a résolu de faire tout par elle-même, et par ses associés ; et en cela, favorisée par le dévouement de ses gérants, elle s'est décidée à en envoyer deux en Californie, MM. Raparlier et Grenier, qui seront chargés, l'un de surveiller les travaux avec le concours d'un ingénieur qui est déjà sur les lieux, l'autre de se livrer à San-Francisco, avec un personnel nécessaire, aux opérations du comptoir, qui servira en outre de point intermédiaire entre le chantier des *Placers* et la maison de Paris. Ce dernier touche au moment de son départ, et arrivera sur le sol américain deux mois avant la première expédition, qui trouvera un pied-à-terre tout préparé et des renseignements précis sur les gisements auriferes qu'il convient d'exploiter de préférence et sans retard. Il va sans dire que toutes les autres dispositions de détail nécessaires pour assurer le succès complet de l'entreprise ont acquis aussi le perfectionnement qui résulte des améliorations que nous avons apportées sur les parties fondamentales de l'œuvre. ainsi impulsion puissante et calculée, médecins et médicaments, aumônier et ingénieur, vivres et vêtements, armes, machines et instruments à la main, rien ne manque ; toutes les précautions ont été prises pour garantir la position matérielle et morale des travailleurs. Placés dans de semblables conditions, nous osons l'affirmer, les résultats pour nous doivent être certains.

Mais admettons, s'il est possible, la pire de toutes les hypothèses, supposons que nos travailleurs désertent le drapeau de l'association, que les recherches faites pour recueillir le métal précieux soient pour nous, à l'encontre des résultats obtenus jusqu'ici par nos devanciers, complétement infructueuses, eh bien ! qu'on nous permette de dire notre dernier mot, c'est bien le cri de l'honneur en face du parjure ! Les cinq gérants, dans ce cas extrême, prennent ici l'engagement (et l'opération commerciale, qu'ils ont eu le bon esprit d'annexer à l'extraction de l'or, leur en fournit le moyen) de rembourser dans un temps donné le capital aux actionnaires et de servir à tous, pendant toute la durée des transactions, des dividendes à raison de 5, 10 et peut-être 20 pour 100, selon les résultats des opérations. Tels sont déjà pour nous les avantages de la fondation d'un comptoir à San-Francisco, avantages méconnus jusqu'ici par

quelques hommes à vue basse, et qui peuvent pourtant nous faire affronter des périls qui mettraient en ruine bien d'autres Compagnies californiennes. Nous avons la ferme conviction que de pareilles suppositions sont inadmissibles, nous aurons l'occasion de le démontrer, mais notre dévouement et notre prévoyance n'en seront pas moins compris.

Nous ne pourrions entrer plus avant dans la discussion de notre pacte fondamental sans nous exposer à dépasser les limites que nous nous sommes imposées dans ce premier article. Les longs extraits de nos statuts, que nous publions, permettront d'ailleurs à nos lecteurs de se convaincre des efforts que nous avons faits pour mettre en harmonie tous les intérêts, pour augmenter, autant que possible, la somme des bénéfices et en assurer tout le succès. Qu'il nous soit cependant permis d'ajouter en terminant que notre premier soin a été de nous entourer de toutes les garanties désirables d'honneur et de probité, de toutes les lumières que la science et la prudence peuvent suggérer. Nous avons appelé auprès de nous des hommes recommandables, qui, en se faisant les premiers cessionnaires d'actions, ont formé notre commission de surveillance. Nous ne nous sommes pas dissimulé que le témoignage de sa propre conscience, du savoir et du dévouement ne suffisent pas pour obtenir la confiance que méritent les réputations déjà faites. Il ne nous appartient pas d'insister là-dessus davantage ; nous laissons à notre bonne gestion le soin de nous recommander elle-même.

—————◦◦◦◦◦—————

Cette Compagnie a effectué plusieurs départs, et expédié 500 tonneaux de marchandises : elle vient de publier la note suivante :

La clôture de l'émission des actions de la Compagnie française et américaine de San-Francisco pour l'exploitation des Mines d'or de la Californie et le commerce d'exportation avait été fixée au 15 juillet dernier. Les demandes nombreuses qui ont été spontanément adressées à l'administration, au moment de la clôture, par la plupart des principaux actionnaires, ont déterminés la commission de surveillance à autoriser les gérants à poursuivre la réalisation de leur capital, divisé, comme on le sait, en 240,000 titres de 5 fr. À l'heure qu'il est 105,000 titres ont été détachés des souches ; 75,000 restent encore à la disposition des souscripteurs, qui ne tarderont pas à les épuiser, vu la prospérité croissante de cette Compagnie.

Actions de..... (Voir page 32).

LA RUCHE D'OR

Société constituée par acte passé par-devant Mᵉ FOUCHER, notaire
à Paris, le 9 avril 1850.

AVANTAGES AUX ACTIONNAIRES.

Dix pour cent avant tout partage; — Quarante
pour cent dans les bénéfices. — Nul doute que les
bases nouvelles adoptées par la Compagnie pour *intéresser* et par conséquent *conserver* ses associés-
travailleurs, ne donnent en peu de temps à ses actions
la valeur de celles d'Angleterre, cotées à des primes
considérables. — ACTIONS de 5 francs et au-dessus.

DEUXIÈME DÉPART.

Les documents officiels publiés par le Gouvernement français et par celui des Etats-Unis sur la Californie ; les relations très-détaillées , revêtues de
tous les caractères d'authenticité que donnent sur
ce pays les journaux les plus sérieux de France,
d'Angleterre, d'Amérique et de la localité même,
c'est-à-dire de San-Francisco, ne permettent plus
aux esprits les plus prévenus, les plus sceptiques, de
mettre en doute l'existence des trésors immenses
que renferme dans son sol l'Eldorado moderne. Pendant longtemps on a pu être ébranlé dans sa croyance
au récit de ces fortunes considérables, brillantes et
rapides dont la découverte du Pérou et du Mexique,
ces mines d'or inépuisables qui ont enrichi les Etats
de l'Europe méridionale, n'avaient pas donné d'exemple; mais maintenant que nous avons vu arriver à
New-York, à Londres et à Paris pour plus de *cinq
cents millions de francs* d'or en poudre, en paillettes,
en grains, en pépites; mais maintenant que nous
avons vu tous les peuples du globe s'émouvoir et
courir faire fortune sur les rives de l'Océan Pacifique;
mais maintenant que nous avons vu plus de six mille
de nos compatriotes partir résolument pour la Californie, non pour aller y chercher une existence médiocre
que la stagnation des affaires leur refusait en France,
non pour aller y chercher un bien-être éphémère,
mais pour y faire une vraie fortune, le doute, après
tant de preuves irréfragables s'appellerait indifférence, et cette indifférence....... nous ne la qualifierons pas.

Convaincus, par l'évidence des faits, de l'existence d'une terre aurifère, on s'est demandé si dans
six mois, dans un an, dans deux ans, le précieux
métal ne serait pas épuisé et si cette terre fortunée ne
deviendrait pas un aride désert, un *champ d'asile*. Non,
répondrons-nous, il ne peut en être ainsi si on considère, 1º L'étendue du pays, qui est le double de celle
de la France; 2º Les gisements de l'or, qui sont très-
nombreux et disséminés sur tous les points du sol;
3º Que la totalité de l'or recueilli jusqu'à ce jour provient des lits desséchés des nombreux cours d'eau
qui sillonnent la contrée; qu'il a été trouvé dans les
sables, dans les limons roulés ou déposés par les torrents débordés, et que ces plaines ou ces ravins sablonneux qu'on appelle *placers* redeviennent vierges
d'explorations, chaque année, après la saison de
pluies qui dure quatre mois (octobre, novembre, décembre et janvier); 4º Que des filons d'or ont été
trouvés, que des mines du précieux métal existent,
mais qu'elles n'ont pas été encore attaquées.

Il importe que la France suive le mouvement
si heureusement commencé, qu'un grand nombre de
ses enfants aille chercher sur cette terre lointaine,
mais qui n'offre pas de dangers sérieux, une existence
que notre ciel politique rend tous les jours plus difficile, plus problématique; mais il faut aussi que
l'émigration soit nombreuse, forte, unie, compacte,
dont les travaux, les fatigues, les périls, s'il s'en présente, soient partagés aussi bien que les joies, le
bien-être, la fortune; dont les intérêts enfin soient
solidaires. L'*association* est donc ici de toute nécessité :
elle est à l'*isolement* ce qu'est l'abondance aux privations, la fortune à la pauvreté, la vie à la mort.

. . . .

Nous appellerons, en outre, l'attention de nos commanditaires sur ces quelques points principaux :

1º Les Gérants ne se sont attribué aucune part
d'action ;

2º Le cinquième dans les bénéfices nets qui leur
est afférent, comme fondateurs de la Société, se
trouve réduit de fait à moins d'*un vingtième*, par
suite des divers prélèvements effectués avant tout
partage, en faveur des Actionnaires et des travailleurs;

3º L'un d'eux au moins se rendra en Californie
pour y surveiller les intérêts des Actionnaires ;

4º 25 actions donnent droit de faire partie des
assemblées générales et de surveiller par soi-même
les intérêts de la Compagnie;

5º Afin de faire participer les fortunes les plus
modestes aux bienfaits de cette riche découverte, ils
ont fixé à *cinq francs* seulement le prix de leurs
actions;

6º Enfin ils ont fait imprimer sur le verso de chaque action leurs statuts en entier pour que chaque
actionnaire connaisse parfaitement ses droits.

Telles sont nos dispositions générales; elles sont,
croyons-nous, de nature à rassurer même les plus
craintifs, à satisfaire même les plus exigeants.

Il nous reste maintenant à faire connaître la situation actuelle de la Compagnie.

Les premiers travailleurs sont partis sous la direction de MM. le comte de Pons, ingénieur, qui a déjà
fait deux fois le tour du monde, et Arnail, ex-capitaine de l'armée et métallurgiste distingué. M. l'abbé
Cossul, archiprêtre du diocèse de Turin, les accompagne en qualité d'aumônier.

Le départ de notre deuxième convoi vient d'avoir
lieu, de manière à arriver en Californie pour la saison des travaux aux mines.

C'est là incontestablement la plus sérieuse garantie de produits certains, de grands et loyaux bénéfices. Tout autre mode de procéder n'aurait pas été
moins désastreux pour les intérêts des travailleurs
que pour ceux des actionnaires; les uns et les autres
eussent couru de graves dangers. Notre devoir était
de les prévenir; nous avons la confiance de l'avoir
consciencieusement rempli.

Des combinaisons si prudentes, en assurant aux actionnaires le concours de nombreux travailleurs intéressés à leur rester fidèles, donneront bientôt à nos
actions la valeur de celles des compagnies anglaises,
qui sont cotées à des primes énormes.

*Nous croyons avoir résolu de la manière la plus
prudente, la plus morale et la plus sûre, le problème
de l'exploitation des mines d'or de la Californie. L'actionnaire et le travailleur y trouveront les éléments
d'une grande et rapide fortune, car la Californie n'est
pas un Eldorado chimérique, c'est bien réellement une
de ces terres vierges où le métal le plus précieux se
trouve répandu à profusion; il ne faut pour le recueillir que l'intelligence, de la persévérance, une
direction sage et éclairée, et c'est à ces différents
titres que nous soumettons au public nos projets de
Société, que nous faisons appel à ses sympathies, à
son actif concours.*

Actions de.....(Voir page 32).

LA COMMERCIALE.

Société constituée par acte passé par-devant Mᵉ PLUCHART, notaire à Paris.

———◆◆———

L'esprit de spéculation se porte avec une nouvelle force vers les entreprises californiennes : l'or qui, de San-Francisco, arrive par quantités considérables sur tous les grands marchés du monde ; — le succès des compagnies formées à New-York, à Panama, à Mexico, à Londres, à Liverpool, à Manchester, pour l'exploitation des mines du Sacramento ; — les lettres pressantes des travailleurs qui convient leurs amis à venir les rejoindre, car l'abondance des mines est si grande qu'elle exclut toute idée d'égoïsme ; — toutes ces circonstances réunies prouvent que pendant de nombreuses années encore la Californie est destinée à donner les résultats les plus brillants à ceux qui veulent sérieusement exploiter ses richesses.

La facilité avec laquelle les travailleurs recueillent l'or, et la rapidité des fortunes obtenues dans les placers, ayant surtout attiré la spéculation vers l'exploitation proprement dite des mines aurifères, ont fait négliger l'exploitation commerciale et industrielle, qui offre des bénéfices peut-être moins brillants en apparence, mais tout aussi considérables par leurs incessantes répétitions.

Sur les bords du Sacramento, dans les placers riches en produits métalliques, l'or se récolte avec abondance, mais les vivres sont chers, les objets de première nécessité sont hors de prix. Tout ce qui appartient à la vie matérielle, l'habitation, le couchage, se paient à des prix exorbitants, avec le même or qui a été si facilement obtenu ; et les importateurs prélèvent facilement de très-grands bénéfices sur les objets importés.

C'est aussi vers ce côté de l'exploitation des richesses californiennes que la société *la Commerciale*, fondée à Paris par M. Peters, va diriger ses forces.

Nous croyons devoir entrer à ce sujet dans quelques détails sur l'organisation de cette Compagnie :

Comme les autres Compagnies californiennes, elle reçoit des travailleurs qui mettent en communauté leurs efforts et qui rendent à la Société une part proportionnelle du produit de leur travail, en compensation des déboursés que *la Commerciale* a faits pour leur passage, les vivres de la traversée et leur entretien sur les placers.

Elle transporte des passagers libres, auxquels elle garantit des vivres et les objets de première nécessité ;

Elle forme des cargaisons de marchandises appropriées aux besoins de la population de la nouvelle colonie, besoins sur lesquels elle reçoit des renseignements certains.

Elle importe des *habitations*, pouvant se monter et se démonter en quelques heures, et propres à héberger immédiatement les colons, qui aujourd'hui paient des prix exorbitants pour les logements même les moins commodes.

Voilà en quelques mots les principales opérations auxquelles veut se livrer *la Commerciale*. Le simple aperçu que nous venons de donner est déjà très-vaste, et cependant il est à remarquer que le cadre peut s'élargir d'après les besoins nouveaux qui peuvent se révéler.

Les actions sont au porteur. Elles sont de 10, 50, 100 et 500 francs. Cette division a été heureusement imaginée pour permettre aux plus modestes fortunes de s'associer à une entreprise qui offre de grandes chances de succès.

La Commerciale croit que ses capitaux peuvent être fructueusement employés en achats de marchandises dont le placement est certain. Elle garantit, après le prélèvement des intérêts à 5 pour 100, **80** pour 100 aux actionnaires, sur les bénéfices nets.

Pour les esprits sérieux, la simple énonciation de *la Commerciale* a une haute portée : à toutes les sources de bénéfices que possèdent les autres Compagnies, elle joint ceux qui sont inhérents au commerce d'importation et d'exportation, avec des relations sûres dans un pays dont tous les habitants ont en quantité de l'or facilement acquis.

Nous ne pouvons, et surtout nous ne *voulons* faire ici aucune évaluation ; mais les personnes qui ont fait récemment des expéditions pour la Californie de marchandises habilement choisies, en ont retiré des bénéfices très-considérables. On peut donc considérer comme certains les bénéfices que procurera *la Commerciale*.

———◆◆———

La Compagnie prend des marchandises contre actions, qu'elle échange de préférence avec les Actionnaires.

Pour s'engager comme travailleur, il faut devenir actionnaire, souscrire et acquitter de suite 9 ou 12 actions de 100 fr. chacune. dont les titres seront remis après l'expiration de l'engagement.

Le passage est gratuit pour les *associés-travailleurs*. La Compagnie fait l'avance de tous les objets nécessaires à leur existence, à leur entretien et à l'exploitation des mines pendant la durée de leur engagement, qui est de deux ans ; ce terme est jugé suffisant pour permettre aux travailleurs d'acquérir une fortune honnête.

50 p. % de l'or trouvé revient aux travailleurs, et 50 p. % à la Compagnie.

La Compagnie fait de grands approvisionnements de conserves alimentaires et fait construire des maisons en bois qui serviront de comptoir, magasins pour les marchandises et vivres, d'habitation et de dépôt pour le minerai d'or que les travailleurs auront recueilli.

Les travailleurs emporteront par le prochain départ plusieurs machines d'amalgamation ainsi que tout le matériel nécessaire à l'exploitation des terrains aurifères.

Pour faciliter la direction, il est urgent de s'engager le plus tôt possible afin qu'elle puisse apporter un soin paternel à l'aménagement et au choix des vivres, etc.

Le départ des associés-travailleurs et du personnel du comptoir de San-Francisco vient d'avoir lieu du Havre.

M. A. Loison, homme d'énergie et d'une probité reconnue, fournira un cautionnement de 70,000 fr. pour garantie de sa bonne gestion de Directeur

Gérant à San-Francisco ; il prendra la direction de l'expédition.

Extrait des Statuts.

Pardevant M⁰ Pluchart et son collègue, notaires à Paris, soussignés, a comparu

M. Peters (Henri), négociant, demeurant à Paris, boulevart Montmartre, n⁰ 2.

Lequel a dit :

Que son intention est de fonder une Société commerciale dont le but sera ci-après expliqué.

FORMATION.

Il est formé par ces présentes une Société en commandite par actions, entre M. Henri Peters, d'une part, comme gérant responsable ;

Et, d'autre part, les personnes qui adhéreront aux présents Statuts, en devenant porteurs des actions dont il sera ci-après parlé.

BUT.

Exploitation des mines d'or et de toute autre nature de tous les pays, transports de passagers, de travailleurs, de marchandises, construction de maisons, plus particulièrement en bois et en fer, commerce en général, exportation et importation, recouvrements, enfin toutes affaires qui paraîtront présenter au Gérant un bénéfice pour la Société.

La raison sociale sera : H. Peters et Cⁱᵉ.

La Société portera le titre de : La Commerciale.

CONSTITUTION ET DURÉE DE LA SOCIÉTÉ.

Le capital social est fixé à *deux millions* de francs, représenté par des actions au porteur, par séries de 10, de 50, de 100, et de 500 francs (chaque série numéroté séparément), est ampillées, signées par le Gérant, et extraites de registres à souches.

Les actions participeront, proportionnellement à leur valeur, aux intérêts, bénéfices, et à l'actif de la Société.

Aucun actionnaire ne peut être tenu au-delà du montant de ses actions. Tout appel de fonds, rapport d'intérêt ou de dividende distribué sont interdits, et ne pourront être demandés sous quelque prétexte que ce soit.

Tout porteur d'action est réputé, de plein droit, avoir adhéré aux stipulations résultant du présent acte.

Le Gérant pourra suspendre l'émission des actions, afin que pour toute émission subséquente les actions soient émises à un prix plus élevé que leur prix nominal. Cette plus-value sera fixée par la majorité de l'assemblée générale, et profitera à tous les actionnaires.

Par suite d'une délibération prise en assemblée générale, le capital social pourra être augmenté. Les porteurs d'actions auront le droit, avant tout étranger à la Société, de prendre de ces nouvelles actions, en observant le délai qui sera prescrit par ladite assemblée, laquelle fixera les conditions de l'émission des actions nouvellement créées.

M. Peters déclare par ces présentes que la Société est constituée ; sa durée est de cinquante années à dater de ce jour ; elle pourra être prorogée par décision de l'assemblée générale des actionnaires

M. Peters est seul gérant responsable.

Le gérant sera obligé de donner au conseil de surveillance (dont il sera ci-après parlé) tous les renseignements que ce conseil pourra lui demander ainsi que la communication de ses livres, portefeuille et comptes de caisse.

Le gérant dressera l'inventaire de la Société le 1ᵉʳ juillet de chaque année à partir de mil huit cent, cinquante et un; cet inventaire contiendra l'état de toutes créances, objets, marchandises, ameublement, etc., constituant l'actif de la Société.

L'évaluation des marchandises sera faite d'après le prix de revient.

Toutes les obligations ainsi que les engagements contractés par le gérant dans l'intérêt de la Société constitueront le passif.

Ledit inventaire sera en juillet de chaque année, à partir de mil huit cent cinquante et un, présenté au conseil de surveillance pour qu'il puisse faire son rapport à l'assemblée générale.

S'il résulte, d'après le bilan, que les bénéfices nets de la Société aient produit plus que les intérêts payables à cette époque, l'excédant sera partagé en dividendes comme suit :

80 % aux actionnaires, 20 % au gérant.

Le dividende sera calculé d'après prélèvement des intérêts de 5 % par an; sur les actions émises à cette époque et après déduction faite de tous les frais sans aucune exception.

Les intérêts et le dividende seront chaque année payables, dès le quinze août mil huit cent cinquante et un, au siége de la Société.

CONSEIL DE SURVEILLANCE.

Il sera établi un conseil de surveillance composé de trois membres au moins, sur la proposition qu'en fera le gérant aux porteurs d'actions convoqués par lui à cet effet. Les membres de ce conseil nommeront un président parmi eux.

S'il s'élevait contre le gérant de graves sujets de plaintes, sa révocation sera suivie devant arbitres nommés par le tribunal de commerce du département de la Seine, à la diligence du conseil de surveillance, en vertu d'une décision prise par l'assemblée générale des actionnaires spécialement convoqués à ce sujet.

Dans le cas de décès, déconfiture, faillite, absence constatée, ou toute autre incapacité d'un actionnaire, d'un membre du conseil de surveillance, leurs créanciers personnels, ou leurs ayants-cause, ne pourront, à quelque titre que ce soit, s'immiscer dans les affaires de la Société, ou de la liquidation, requérir aucune apposition des scellés, inventaire, ni provoquer la licitation ou la discussion des biens sociaux; ils devront s'en rapporter pour la liquidation de leur droit au dernier inventaire de la Société.

JUGEMENT DES DIFFICULTÉS PAR DES ARBITRES.

En cas de contestation entre les actionnaires, soit à l'expiration de la Société ou à cause de la liquidation, et généralement sur l'interprétation de l'exécution du présent acte, elles seront jugées par-devant trois arbitres nommés par le tribunal de commerce du département de la Seine, à la requête de la partie la plus diligente.

Ces arbitres ainsi constitués prononceront comme amiable compositeur en dernier ressort, sans rappel, recours en cassation, ni requête.

Actions de...... (Voir page 32).

LA BRETONNE

Société constituée par acte passé par-devant M° Aumont-Thié- ville, notaire à Paris, le 20 mars 1850.

LA BRETONNE s'est formée sous les auspices de plusieurs propriétaires de la Bretagne qui ont en vue de donner une nouvelle impulsion à l'agriculture en l'introduisant sur le sol de la Californie.

Le but de la Compagnie est d'envoyer des travailleurs en Californie pour y recueillir le précieux minerai d'or que renferme son sol ; mais en même temps que la direction *envoie des travailleurs à la recherche de l'or,* elle veut leur assurer le bien-être et les moyens de faire promptement fortune.

Pour arriver à ce double résultat, elle a pensé que le meilleur moyen était de fonder d'abord un établissement agricole qui permettrait aux travailleurs chercheurs d'or de vivre à bon marché, dans un pays où les produits sont cotés aux prix les plus exagérés, et cela par l'absence complète de culture.

Il fallait donc remédier à cet inconvénient, et, en même temps que les travailleurs allaient chercher l'or, on devait aussi leur garantir la réalisation de grands bénéfices qui profiteraient à tous les intéressés.

Cette pensée a été le guide des fondateurs de la Société, et pour la mettre à exécution la Direction de LA BRETONNE envoie à ses frais des cultivateurs dirigés par un habile agriculteur, ancien élève de la ferme modèle de Grand-Jouan (Loire-Inférieure), munis de charrues dites *Dombasle* et de tous les instruments aratoires propres à la culture.

Ces hommes expérimentés vont fonder en Californie l'établissement agricole dont nous venons de parler, et demander à la terre les productions qui doivent nourrir ses enfants ; ils vont, les premiers, planter les jalons de la fortune sur ces rivages autrefois déserts et pourtant si fertiles !

Les encouragements qu'ils reçoivent des hommes sérieux qui s'occupent des classes laborieuses sont un sûr garant de leur dévouement envers la Société, dont ils deviendront le plus ferme appui.

Dans quelques mois, sous la main laborieuse de ces hommes de cœur, le sol californien aura donné à ses habitants les céréales, les légumes et toutes les productions nécessaires à la subsistance de l'homme ; ils auront ainsi réalisé la première condition de succès : vivre en travaillant et s'enrichir par l'économie.

Ce résultat obtenu, la Direction de LA BRETONNE organisera des départs réguliers d'associés travailleurs qui iront à leur tour demander au sol de la Californie, non plus ses richesses agricoles, mais ses richesses aurifères, qui sont immenses dans le pays.

Les travailleurs chercheurs d'or n'auront point à se préoccuper de leurs moyens d'existence ; la colonie agricole y aura pourvu d'avance, et ils trouveront dans ce pays des ressources qui, jusqu'alors, sont restées inconnues à ceux qui l'habitent.

Chaque expédition de travailleurs aura à sa tête un chef habile chargé de diriger et guider les hommes en Californie ; un ingénieur, un comptable et deux conducteurs de travaux feront également partie de l'expédition. La Société établira une ambulance à laquelle seront attachés un médecin, un aumônier et plusieurs sœurs de charité.

La Compagnie fournit des outils, des ustensiles, des armes, des vivres, des vêtements, des maisons en bois, etc., etc. ; de même qu'elle met à la disposition des travailleurs des machines à amalgamation pour le lavage de l'or, qui décuplent les produits tout en facilitant le travail.

Nous ne nous étendrons pas longuement sur ce point, désormais acquis, que l'or abonde en Califor- nie ; à l'heure qu'il est, le doute n'est plus permis : il y a de l'or !... beaucoup d'or !...

Les moyens d'exploitation mis en usage font facilement découvrir ce précieux métal, et le travailleur devient bientôt riche ; mais aussi, que de privations à endurer, si une administration intelligente et prévoyante n'a su parer à toutes les nécessités de la vie !

Cet or, si abondant qu'il soit, suffit à peine aux dépenses journalières, car, dans ce pays inculte, rien n'existe, rien n'est créé pour nourrir l'habitant ; il faut demander à l'étranger et devenir son tributaire pour ce qui a trait aux moyens d'existence. La spéculation impose et des droits exorbitants : la cherté des vivres, la difficulté de s'en procurer, tout cela réuni fait qu'en gagnant beaucoup, le travailleur est obligé d'abandonner les *Placers* pour venir habiter les villes du littoral ; dans ces mois de chômage, les dépenses sont plus grandes, et, comme nous le disions plus haut, la spéculation s'étant emparée de toutes les denrées, il devient impossible de s'en procurer, si ce n'est à des prix fabuleux. On est obligé de subir la loi des accapareurs, qui pèse d'une manière si fatale sur le travail et l'activité de l'homme.

Les associés travailleurs de la Compagnie LA BRE- TONNE n'auront à redouter aucun de ces inconvénients ; la Direction a tout prévu. L'établissement agricole pourvoira abondamment à tous leurs besoins, et dans les moments de chômage ils viendront augmenter le personnel de la colonie agricole, où ils trouveront un abri et des distractions de toutes sortes.

Ils pourront encore contribuer au succès de l'entreprise, en se livrant à des travaux de culture dont le produit leur appartiendra.

Il y aura association mutuelle de tous les travailleurs entre eux : l'agriculteur nourrira le chercheur d'or, et celui-ci enrichira le cultivateur en s'enrichissant lui-même.

Ainsi, dans quelques années, sans avoir subi les privations auxquelles ont été soumis les premiers émigrants, les associés travailleurs de la Compagnie LA BRETONNE reviendront dans leur patrie jouir de la fortune qu'ils auront si honorablement acquise ; et les actionnaires dont les capitaux auront tant aidé à la prospérité de l'entreprise auront fait un placement certain. La Société appelle le travailleur et le capitaliste à profiter de toutes les richesses californiennes en les faisant participer tous deux aux bénéfices de l'exploitation agricole et des mines d'or ; le commerce, de son côté, trouvera un nouveau débouché à ses productions, car la Compagnie accepte des marchandises contre des actions.

C'est la Compagnie qui fait l'avance de tout ce qui est nécessaire aux travailleurs pour la nourriture, les vêtements, les armes, le logement, etc., etc. ; elle s'en rembourse sur les bénéfices de façon à ce que l'ouvrier n'a rien à débourser pour cet objet.

La répartition des produits recueillis se fera de la manière suivante :

Cinquante pour cent aux associés travailleurs, avant tout prélèvement, et *cinquante pour cent* à la Société.

Le partage, pour les travailleurs, s'opérera en Californie tous les trois mois, par les soins du Comptable nommé par la Direction.

La part revenant à la Société sera envoyée, toujours par les soins du Comptable, à la Direction générale, à Paris, qui, après prélèvement de tous les frais et dépenses généralement quelconques, en fera la répartition de la manière suivante :

Quatre-vingt pour cent aux Actionnaires,

Dix pour cent à la Gérance,

Cinq pour cent au Conseil de surveillance.

Et *cinq pour cent* aux employés de l'Administration

qui l'auront mérité par leur zèle et leur aptitude.

De cette façon, le capital est associé au travail, et chacun participe aux bénéfices de l'entreprise dans une proportion équitable.

Un conseil de surveillance est établi auprès de la gérance ; il est composé d'hommes honorables, qui offrent toutes les garanties aux personnes qui viendront s'intéresser dans la Compagnie que nous venons de fonder sur les bases les plus solides et les plus vraies.

Pour devenir actionnaire de la Société, il suffit de souscrire une ou plusieurs actions, qui sont de 10 fr. chacune, et d'envoyer le montant, *soit en espèces* ou *en marchandises*, au Directeur-Gérant à Paris, ou aux sous-directeurs en province.

Le travailleur, aux termes de l'engagement dont copie est à la suite du présent prospectus, doit verser 800 fr. espèces, qui sont convertis en quatre-vingts actions de la Société, donnant droit au partage de tous les bénéfices sociaux ; cette somme est affectée au prix du passage du travailleur, y compris la nourriture pendant la traversée.

On souscrit et l'on donne tous les renseignements au siége de la Société, et chez les représentants de la Compagnie en province.

La Société a été constituée suivant acte en date du 20 mars 1850, déposé chez Mᵉ Aumont-Thiéville, notaire à Paris, boulevard Saint-Denis, 19. La publication en a été faite conformément à la loi dans les journaux judiciaires et au tribunal de commerce de la Seine.

La Société est formée pour la culture des terres et l'exploitation des *Mines d'or en Californie*.

La raison sociale est Alphonse Fasquelle et Cⁱᵉ. La durée de la Société est fixée à huit années, à partir du 20 mars 1850. Son capital social est de 800,000 fr. divisé en 80,000 actions de 10 fr. chacune.

Le Gérant ne peut disposer des fonds provenant des actions que pour les besoins de la Société, et il doit justifier de leur emploi par des pièces comptables soumises au contrôle de surveillance.

Les actions sont au porteur ; elles sont signées du Directeur-Gérant et revêtues du timbre de la Société.

Les actions donnent droit à 80 p. 100 sur les bénéfices nets dont la répartition se fait de la manière suivante : 80 p. 100 aux Actionnaires, 10 p. 100 au DirecteurGérant, 5 p. 100 au Conseil de surveillance, 5 p. 100 aux employés et représentants de la Cⁱᵉ.

Un conseil de surveillance suit et surveille toutes les opérations de la Société et tous les actes du Gérant ; il vérifie la caisse, le portefeuille, les livres et les pièces comptables.

Il sera fait chaque année un inventaire qui sera soumis au Conseil de surveillance et à l'approbation définitive de l'assemblée générale des actionnaires.

Les actionnaires seront convoqués aux assemblées par insertions dans les journaux, et s'ils le veulent, ils peuvent se faire représenter.

Le paiement des dividendes s'opère au siége de la Société, sur la simple présentation du titre d'action.

Le Directeur-Gérant est seul responsable.

Les actionnaires ne sont que simples *commanditaires*, et comme tels, ils ne peuvent jamais être engagés au delà du prix de leurs actions, et ne sont sujets à aucuns rapports pour les dividendes qu'ils ont touchés.

L'acte qui constitue la Société *la Bretonne* a été signé le 20 mars 1850, et publié conformément à la loi le 27 du même mois.

Dès le 17 mai suivant, un convoi de trente émigrants, organisé par ses soins, quittait le Havre sur le navire le *Pescatore*.

Aucune entreprise du même genre n'avait encore accompli aussi rapidement une expédition d'associés-travailleurs. Les émigrants de *la Bretonne* ont acheté eux-mêmes, avec les fonds de la Société, maison, tentes, outils, machines à lavage de l'or, instruments de toutes sortes ; vêtements, lits, matelas, draps, couvertures, chaussures, vivres, graines, pharmacie, fusils de chasse, instruments de pêche, etc., etc., dont ils ont été abondamment pourvus.

C'est en accomplissant avec cette libéralité les conditions de son contrat avec les travailleurs que *la Bretonne* est sûre de constituer en Californie une agrégation de chercheurs d'or et d'agriculteurs d'autant plus compacte et d'autant plus productive pour ses actionnaires qu'elle sera maintenue par le lien le plus puissant de tous : l'intérêt personnel.

Ce n'est pas toutefois qu'elle ait cru pouvoir négliger les liens moraux si nécessaires à toute association, et la présence d'un respectable aumônier, qui sera bientôt secondé par un autre ecclésiastique, donnera aux familles des émigrants toutes les garanties possibles sur la direction de l'entreprise. Les mesures qu'elle a prises à cet égard lui ont valu déjà des sympathies précieuses qu'elle tiendra toujours à justifier.

Seule jusqu'à présent, *la Bretonne* a songé à tirer parti de l'élément agricole en Californie, où de vastes terrains, d'une fertilité inouïe, se concèdent à moins d'un dollar (5 fr. 35 c.) l'acre. — Une ample provision de semences de fourrages et de légumes, expédiée par le *Pescatore*, mettra les émigrants à même de se procurer des fourrages — et par le fourrage des bestiaux — des légumes — et par la culture potagère des vivres frais tous les jours, au grand avantage de la santé des travailleurs et à la grande économie des capitaux de la Société.

La ferme de *la Bretonne,* qui prendra nécessairement plus tard de vastes proportions, ne pouvait être situé aux *Placers*, dont le terrain est impropre à la culture et dont l'emplacement varie d'ailleurs d'après le choix et les découvertes des travailleurs ; mais, placée à 12 ou 15 milles (4 ou 5 lieues) du centre des recherches d'or, cette ferme deviendra un lieu de refuge précieux pour les émigrants qu'une indisposition pourrait atteindre.

Les ressources commerciales que présente la Californie, devenue pour de longues années le marché le plus animé et le plus profitable de l'univers, n'ont point échappé à l'attention des fondateurs de *la Bretonne*, et des ordres ont été donnés à l'un des chefs de la deuxième expédition partie par le *Pescatore*, d'établir à San-Francisco un comptoir de vente et d'échange où la Compagnie pourra opérer le placement des marchandises qui lui sont offertes de toutes parts. — Les vins, les spiritueux, les étoffes et les substances alimentaires trouvent en Californie un placement assuré à des prix très-élevés. Le second convoi parti par le *Ferrière*, capitaine Griclen, magnifique navire de1,300 tonneaux, emportait déjà des consignations qui fourniront un premier aliment à ce comptoir.

Les retardataires du *Ferrière* et quelques émigrants impatients de toucher la terre d'or ont été mis à bord du *Louisiana*, capitaine Liger, parti du Havre, le 22 juillet.

Après la troisième grande expédition que la Compagnie, liée par des engagements de travailleurs, ne peut se dispenser d'effectuer (et qu'elle effectue en ce moment : *quatre-vingts* travailleurs), elle mettra un intervalle de deux mois au moins entre les départs.

Le Directeur de *la Bretonne*, assuré des beaux résultats réservés à son entreprise, dont le succès a été d'une rapidité sans exemple, croit devoir s'abstenir de toute évaluation anticipée de ses bénéfices ; il compte sur le bon sens public pour faire justice et de certaines promesses exagérées et des dénigrements intéressés contre les opérations californiennes.

La lettre suivante a été adressée au directeur de la *Bretonne*, par les émigrants partant sur le *Pescatore*.

Havre, 16 mai 1850.

MONSIEUR FASQUELLE,

Au moment de nous séparer pour quelques années, nous devons, pour notre satisfaction personnelle, vous remercier cordialement des soins qui on présidé à l'organisation de notre Société. Nous savons tous qu'il y a à peine six semaines que votre Compagnie est organisée; mais ce dont nous devons vous remercier, c'est que vous avez fait ce qu'il y avait humainement de possible. Quand dans un temps aussi restreint vous avez organisé et pourvu *largement* notre Société, nous vous devons un remerciment cordial. Aussi veuillez agréer notre reconnaissance la plus profonde pour tant de soins.

Adieu, monsieur Fasquelle, gardez le souvenir de la plus profonde reconnaissance de braves garçons qui comptent sur vous. Comptez sur nous aussi, car nous ne faillirons pas à l'engagement que nous avons contracté. Confiance pleine et entière en nous. Nous comptons sur vous.

Signé : Henri RAZOUX, ancien capitaine d'artillerie, directeur de l'association; l'abbé MARÉCHAUX, aumônier de l'expédition; Stanislas JEAN, ancien receveur des domaines, comptable de l'expédition; Edgard de DION, propriétaire; Eugène BOUTILLIER-CASSIN, ancien directeur des postes; RENSON; TERDIE; Alfred DÉCAUDIN; CARTIER; Alphonse DÉCAUDIN; ALAMELLE; Fortuné OASSIN, pour eux et les autres émigrants.

Ce certificat lui a aussi été adressé par les émigrants partant sur le *Ferrière* :

Nous, Travailleurs-associés de la société la *Bretonne*, soussignés, partant par le *Ferrière*, aujourd'hui 22 juin, déclarons n'avoir qu'à nous louer de M. Fasquelle, notre directeur, et que par son zèle et son activité, il a assuré le succès de notre entreprise. Notre Directeur peut donc compter sur nous pour justifier la reconnaissance que nous lui devons ainsi qu'à la Société.

Fait à bord du *Ferrière*, le 22 juin 1850.

Signé : BOULLAGER, propriétaire à Gemonzac; RUFFIN fils, faubourg Poissonnière, 12, J. RUFFIN, rue de l'Echiquier, 46; N. RUFFIN, id.; BAGARD, propriétaire à Moustaché, près Sens; HARTHMAN, cultivateur à Altkirch; GEOFFROY, ancien conducteur de travaux du chemin de fer de Strasbourg, pour eux et les autres émigrants.

Actions de...... (Voir page 32).

Nota. — La troisième expédition de travailleurs (79 travailleurs) vient d'avoir lieu 7 septembre. La cinquième expédition est fixée dans le courant de ce mois.

LE MINEUR

Société constituée par acte déposé chez M^c , notaire à Paris, le

CONSEIL DE SURVEILLANCE.

M. l'abbé MOIGNO, président.

B. LUNEL, membre de l'Institut historique de France.

CHIAPPINI, curé d'Asnières (Seine-et-O.).

CHOQUIN DE SARSEC, propriétaire.

JEAN-ETIENNE, ancien magistrat.

LOCRÉ, propriétaire.

ANQUETIL DES RUVAL, ancien magistrat.

ROUSSEAU, chanoine honoraire, secrétaire de l'Archevêché de Paris.

ANCELIN, curé des Invalides, chevalier de plusieurs ordres.

M. A. VILLAIN, vicaire à Saint-Nicolas-des-Champs.

TRIPPE, curé-doyen de Ta verne.

PONCET, curé de Rocles.

SONRIER, curé d'Élophe.

L'abbé SALES, curé de Simorre.

TAIBOUT, curé de Montbri.

SARROU, curé de Crandelles.

La première expédition du *Mineur*, composée de 111 travailleurs, a pris la mer le 4 septembre. 60 émigrants ont été refusés par défaut de place. 30 sont déjà inscrits pour le deuxième convoi qui partira du Havre dans le mois de novembre prochain. Tous les actionnaires participeront aux bénéfices du comptoir d'escompte et de consignation de San-Francisco, tenu par l'un des gérants, M. X. VAN DE CASTEELE.

COMPAGNIE

TRANSATLANTIQUE

(COMPTOIR DES DEUX MONDES).

S'il fut jamais une entreprise destinée à un brillant avenir, c'est sans contredit celle créée sous le titre de *Comptoir des Deux Mondes*. Il appartenait à des hommes versés dans les affaires commerciales et industrielles, connaissant jusque dans leurs coins les plus reculés les pays d'outre-mer, ayant des relations sérieuses, solides, dans tous les ports, dans toutes les capitales, dans toutes les villes de l'Amérique, au courant des meilleurs, des plus expéditifs, des moins onéreux moyens de transport; en relations avec toutes les compagnies de chemins de fer anglais, avec toutes les administrations des steamers transatlantiques, il appartenait, disons-nous à ces hommes de mettre à exécution le grand projet de relier par des liens commerciaux solides, l'Amérique à l'Europe, à la France surtout.

Le *Comptoir des Deux-Mondes* va résoudre un grand problème pour l'industrie et le commerce français, le problème de lutter avec succès contre l'étranger depuis malheureusement si longtemps en possession du marché américain. Contrairement à l'opinion des Anglais et des Allemands, nous disons que les Français n'ont pas de rivaux pour leurs produits,—la plupart des étrangers qui viennent visiter nos manufactures et nos ateliers sont de notre avis, —et conséquemment que, dans un temps donné et prochain, ces produits seront estimés à leur valeur et recherchés là même où ils sont encore tout à fait inconnus.

Pour arriver à ce but grandiose, le *Comptoir des Deux Mondes* a commencé par étudier à fond le terrain sur le quel il voulait s'engager, et par se bien rendre compte des coutumes, des mœurs, des habitudes de chaque pays où il a l'intention d'opérer; puis ces travaux préliminaires accomplis, il a établi cinquante agences principales sur les cinquante points les plus saillants de l'Amérique, et près de deux cents agences secondaires rayonnant autour des premières. A la tête des cinquantes principales agences, sont des hommes actifs, probes, intelligents, solvables, des hommes *marchands* surtout, comme disent les Anglais. Les agents auxiliaires sont sous la direction et sous la responsabilité des agents principaux.

Cette organisation, fruit de longues années de travail, répondrait à elle seule du succès de l'entreprise, si le succès pouvait être mis en doute.

Le *Comptoir des Deux Mondes* a pour but principal d'acheter, de transporter et de vendre toute espèce de marchandises.

Ses grands comptoirs étant établis dans les colonies françaises, anglaises et espagnoles, au Mexique, dans la Plata, au Brésil, dans toutes les républiques du centre de l'Amérique, du Pérou, au Chili, dans l'Equateur et en Californie notamment, ce sont les marchandises ayant un débouché assuré dans ces pays qu'il achète de préférence.

Il transporte et vend pour compte des marchands et fabricants, moyennant commission, ou part des bénéfices, avec ou sans responsabilité.

Il transporte à destination donnée toutes marchandises qui lui sont confiées soit par navires français, soit par steamers anglais. Il assure des passages pour tous les pays d'outre-mer, et se charge de tous recouvrements dans les villes où il a établi des sous-comptoirs.

Enfin, il vend sur les marchés d'Europe les produits qui lui sont adressés d'Amérique, tels que sucres, cafés, cacaos, cochenille, cuirs, cotons, laines, bois, etc., etc. Comme on le voit, son cadre d'opérations est colossal, et des bénéfices immenses lui sont assurés.

La création du *Comptoir des Deux Mondes* a produit en Angleterre une grande sensation. Immédiatement la compagnie de PANAMA, qui compte à sa tête comme directeurs des hommes considérables : MM. DUNLOP, directeur de la banque coloniale, les banquiers MASTERMAN, les directeurs de mines WILSON, WILLIAM, THORNL, THOMAS, les grands négociants MOLLET, APPLETY, EATON et beaucoup d'autres notabilités, a sollicité la création de relations d'intérêts avec le nouveau Comptoir, et a demandé que son siége social devint le sien à Paris. Les compagnies des paquebots et des chemins de fer anglais ont également offert immédiatement des réductions de prix pour les transports. Au Havre, à Anvers, la même faveur a salué la naissance du Comptoir des Deux Mondes, sur l'avenir brillant duquel aucun homme compétent n'a le moindre doute.

Le *Comptoir des Deux Mondes* est créé au capital de 1,800,000 fr. Ses actions sont de 10, de 50, de 100 et de 500 francs.

Actions de..... (Voir page 32).

LE NOUVEAU MONDE

Société constituée par acte déposé chez Mᵉ Foucné,
notaire à Paris, le 25 mai 1850.

———◆◇◆———

Les fondateurs de la Compagnie Franco-Anglaise du Nouveau-Monde n'ont pas cédé à l'entraînement général, et se sont défendus longtemps contre l'attrait souvent trompeur des choses nouvelles.

Ils auraient pu fonder depuis un an l'entreprise qu'ils inaugurent aujourd'hui. Plusieurs d'entre eux appartenaient à une compagnie de colonisation déjà établie à Paris, et se trouvaient mieux placés que beaucoup d'autres pour profiter du mouvement industriel et commercial qui se rattache à la découverte des richesses minérales de la Californie. Mais pour ne rien livrer au hasard, et pour se donner le temps d'étudier mûrement toutes les questions soulevées par cette grande découverte, ils ont préféré attendre les documents officiels et les résultats des premières explorations.

Ces résultats ont dépassé les espérances les plus exagérées et convaincu les consciences les plus incrédules.

La quantité d'or que recèlent les terrains aurifères du Sacramento, du San-Joaquin et du Stanislaüs suffisent pour occuper et pour enrichir pendant plusieurs siècles des millions de travailleurs.

La Californie, deux fois grande comme la France, et qui ne compte pas plus de 100,000 individus, appellera longtemps toutes les populations exubérantes de l'Europe, et leur offre, indépendamment de ses richesses minérales, un sol admirable, dont la colonisation est encore une mine d'or. Son climat, tempéré comme le nôtre, et qui a plus d'une analogie avec la température de Paris, n'expose les colons français à aucune épreuve sanitaire, à aucune influence endémique.

Les immenses travaux récemment entrepris dans l'isthme de Panama pour relier l'Atlantique au Grand-Océan vont bientôt rapprocher la Californie de notre hémisphère et diminuer de plus de moitié la distance et les difficultés de la navigation.

Tout se réunit pour inviter les hommes actifs et laborieux à profiter de cette chance providentielle, et à prendre leur part dans cette nouvelle libéralité de la nature. Le moment est donc venu, même pour les esprits les plus sérieux et les plus circonspects, de fonder sur des bases solides une grande entreprise qui embrassera les trois branches d'industrie qui s'offrent d'elles-mêmes à l'association du travail et du capital :

1º La recherche de l'or;
2º La colonisation;
3º Le commerce.

Tel est le triple but que se propose d'atteindre la Compagnie Franco-Anglaise du Nouveau-Monde.

Fondée à l'instar et sur le modèle des grandes compagnies anglaises, elle n'a pas cru devoir borner ses opérations à une exploration passagère du sol californien, et à quelques fouilles superficielles des terrains aurifères.

C'est à une œuvre plus sérieuse et plus durable qu'elle consacrera ses efforts.

Etablir une communication permanente entre la France et la Californie, au moyen de comptoirs spéciaux et de relations continues;

Acquérir, aux meilleures conditions possibles, des terres et des terrains dont la valeur s'augmentera en proportion des arrivages et de l'accroissement des populations;

Faire fructifier ces possessions en ajoutant à la fertilité naturelle du territoire le puissant aliment de l'agriculture et de la colonisation;

Profiter de toutes les chances favorables que peut présenter un pays neuf en établissant entre l'Amérique, l'Angleterre et la France un échange continuel d'exportation et un service régulier de transports;

Ouvrir à l'activité française de vastes débouchés dans un moment où elle s'épuise sur le terrain de la concurrence, et où tant de familles ruinées par les révolutions ne savent plus à quelle industrie se vouer :

Tel est le plan adopté par les fondateurs de la Compagnie, et qui promet aux actionnaires, indépendamment d'une part considérable dans la récolte de l'or, des dividendes réguliers pendant toute la durée de la Société, c'est-à-dire pendant cinquante ans.

Grâce aux diverses combinaisons de travail qu'elle fera marcher parallèlement, elle pourra, dans un bref délai, couvrir ses commanditaires de leurs avances, et leur servir, pendant un demi-siècle, des intérêts bénéficiaires qui s'accroîtront chaque année par la marche naturelle des choses.

C'est donc une rente considérable qu'on peut se promettre d'acquérir gratuitement en plaçant aujourd'hui un capital dans les mains de la Compagnie Franco-Anglaise.

C'est une loterie à coup sûr, dans laquelle chacun est certain de recouvrer sa mise et de gagner un lot.

Aussi a-t-on vu en Angleterre les capitalistes les plus prudents concourir à la fondation de plusieurs compagnies du même genre, dont les succès dépassent déjà toutes les prévisions.

Ainsi, les actions de la société d'East-Wheel-Rose, émises à 50 livres sterling (1,260 fr.), se négocient déjà à la Bourse de Londres à 15,500 fr. : *douze capitaux pour un !*

Celles du Sud-Caradan, émises à 5 livres sterling (125 fr.) se négocient à 3,750 fr. : *trente capitaux pour un!!*

Celles de Great-Consols, sur lesquelles on n'a versé que 25 fr., se négocient à 3,275 fr. : *cent trente capitaux pour un!!!*

Ces bénéfices fabuleux, auxquels on ne pourrait croire s'ils n'étaient certifiés par des documents authentiques, sont d'ailleurs en rapport avec les résultats obtenus en moins de 18 mois par une foule de travailleurs qui sont déjà revenus de Californie et qui rapportent en France, les uns 200,000 fr., les autres 500, et jusqu'à 800,000 fr. !

Or, si le travail d'un homme seul, arrivé sans appui, sans renseignements, sans secours, a pu produire de tels bénéfices en si peu de temps, qu'on juge de ce que pourra produire pendant 50 ans le travail d'une Compagnie puissante, aidée d'un capital considérable et munie des instruments de travail les plus perfectionnés !

Mais tout raisonnement devient superflu devant le document officiel suivant que nous empruntons au *Journal des Débats* des 23, 24 et 27 mai courant; nous copions textuellement :

« Les nouvelles de la Californie vont jusqu'au 1ᵉʳ avril; l'or est plus abondant que jamais.

« La législation de la Californie a passé un bill qui impose une taxe de 25 dollars (132 fr. 50 c.) par mois à tout étranger qui travaille aux mines.

« 25 dollars, *c'est à peu près la valeur d'une journée et demie de travail.*

« Près d'un lieu nommé Fremont's Camp, on a trouvé un lingot d'or du poids de huit livres et demie ; à Carew-Creek, il en aurait été découvert un bien plus merveilleux encore, il pèserait, dit-on, *quatre-vingt-treize livres*. Sa valeur serait de 150,000 *francs environ*. »

Que pourrait-on ajouter à l'évidence et à l'importance de ces preuves?

Le Conseil de surveillance du *Nouveau-Monde* est composé comme suit :

M. le général comte HULOT D'OSERY, président ;
M. le comte DE TALVANDE, propriétaire ;

M. le comte MILON DE VILLIERS, ancien préfet ;
M. DE WISSOCQ, ancien préfet ;
M. le baron DE BONNEFOUX, capitaine de vaisseau ;
M. l'abbé GOBERT, ex-vicaire général des colonies anglaises ;
M. DECOUSÉE, ingénieur-mécanicien, ancien questeur de l'Assemblée constituante ;
M. le docteur LONDE, de l'Académie de médecine.

Actions de...... (Voir page 32).

Nota. — La Compagnie le *Nouveau-Monde* vient d'effectuer son premier départ, composé d'un grand nombre de travailleurs, et d'une quantité de marchandises.

Elle vient d'acheter un solide trois-mâts, du port de 650 tonneaux, le *Henri*, qui va partir très-prochainement.

SOCIÉTÉ DE COMMERCE
DE SAN-FRANCISCO,

Constituée par acte passé pardevant Mᵉ Thion de la Chaume, notaire à Paris, le 1ᵉʳ juillet 1850.

OBJET DE LA SOCIÉTÉ, SON CAPITAL, SA DURÉE.

La Société a pour objet l'importation et le commerce en Californie de marchandises françaises, belges et allemandes.

Toute opération qui tendrait à former des associations de travailleurs est formellement interdite.

Le capital de la Société est fixé à trois millions de francs, représentés par six mille actions de deux cent cinquante francs chacune, payables en marchandises ou objets propres au commerce d'exportation en Californie, et dont le prix ne pourra pas être plus élevé que s'ils étaient achetés au comptant, et par soixante mille actions de vingt-cinq francs, payables en espèces.

La durée de la Société est fixée à dix années, prenant cours à dater de ce jour, pour finir le 30 juin 1860.

ACTIONS.

Les actions sont nominatives ou au porteur, au choix des preneurs.

Les actions nominatives sont transmissibles par un simple endossement.

Les actionnaires, n'étant que simples commanditaires, ne sont engagés que jusqu'à concurrence du montant de leurs actions, sans pouvoir jamais être obligés au delà de leur mise sociale, ni forcés, sous aucun prétexte, à un autre versement de fonds ni à aucun rapport d'intérêts ou de dividendes perçus.

COMITÉ DE SURVEILLANCE.

Le comité de surveillance est composée de cinq membres actionnaires choisis et nommés par l'assemblée générale.

Ils sont nommés pour un an, et sont rééligibles.

Le comité de surveillance représente les actionnaires auprès du gérant. Il exerce un contrôle général sur ltous ses actes, et vérifie les comptes et bilans annuels.

Le comité de surveillance se réunira une fois par mois au siége de la Société.

Il pourra en outre être convoqué extraordinairement par l'un de ses membres, ou par le gérant, chaque fois que les intérêts de la Société l'exigeront.

Les fonctions de membres du comité de surveillance ne sont pas rétribuées ; les membres du comité ont droit à un jeton de présence dont la valeur est fixée à vingt-cinq francs.

BILAN, INTÉRÊTS, BÉNÉFICES, FONDS DE RÉSERVE.

L'agent comptable chargé de la direction du comptoir de San-Francisco fera tous les mois un inventaire qui contiendra les opérations et la situation du comptoir, et l'enverra, par la poste, au siége de la Société.

Cet inventaire sera communiqué au comité de surveillance, et adressé ensuite à tous les actionnaires.

L'agent comptable devra aussi, à chaque occasion, expédier les fonds disponibles résultant de ses opérations. Ces fonds seront, aussitôt leur arrivée, déposés chez le banquier de la Société.

Le 31 décembre et le 30 juin de chaque année le gérant arrêtera tous les comptes et dressera le bilan.

Les comptes ayant été vérifiés par le conseil de surveillance, et le bilan approuvé par l'assemblée générale, il sera payé, après déduction des frais généraux, et sur les premiers bénéfices, un intérêt de 6 p. º[o aux propriétaires des actions de vingt-cinq francs seulement.

L'excédant, constituant les bénéfices nets, sera réparti entre les propriétaires de toutes les actions en général, dans la proportion de leur intérêt dans la Société, sans autre retenue que celle de 10 p. º[o qui sera affectée à un fonds de réserve destiné à accroître le capital, et à amortir les actions susceptibles d'être rachetées.

Les intérêts et les dividendes seront payés le 15 février et le 15 août de chaque année, au siége de la Société, à Paris, ainsi qu'à ses agences en Belgique, en Allemagne et dans les départements.

LA MOISSON D'OR

Société constituée par acte passé par-devant Me Dufoun,
notaire à Paris, le 8 juin 1850.

EXTRAIT DU RAPPORT.

*Sur le plan général des opérations de la Compagnie
la MOISSON D'OR, lu par le Directeur-Général, au conseil d'Administration, dans la séance
du samedi 13 juillet 1850.*

Le travail productif manque aujourd'hui en France.
Il y a disette de capitaux, et ceux qui entrent dans
la circulation ne peuvent trouver eux-mêmes qu'un
emploi stérile ou périlleux. Il faut donc que les
hommes de labeur et d'intelligence réunissent leurs
efforts à ceux des capitalistes, pour utiliser les immenses ressources que nous offre un pays lointain.

De nombreuses compagnies se sont déjà formées,
dans le but de faire participer l'Europe aux trésors
enfouis dans la Californie : l'étendue et la richesse
des terrains aurifères à exploiter sont telles, que les
travailleurs ont la certitude d'obtenir dans quelques
années des résultats plus avantageux que ceux que
pourrait espérer l'ouvrier le plus habile, à la fin
d'une carrière laborieuse.

Il y a même cet avantage pour ceux qui arrivent
un peu plus tard, qu'éclairés par l'expérience de
leurs devanciers, ils marcheront avec plus de sécurité vers le but à atteindre, et qu'ils éviteront les
tâtonnements, les fautes qui retardent ou empêchent
le succès de toute entreprise nouvelle.

Les uns inventent, les autres appliquent et perfectionnent; s'il y a plus d'honneur pour les premiers,il y
a presque toujours plus de profits pour les seconds.
C'est ainsi que se développe, d'individu à individu,
de nation à nation, cette grande loi du progrès, d'après laquelle chaque année, chaque siècle profite de
tous les travaux et de toutes les découvertes du passé.

Le capital alimente le travail, et le travail seul
peut rendre le capital productif. Au lieu de mettre
en hostilité ces deux grands éléments de la richesse
publique et privée, il faut les amener, par l'argument le plus irrésistible, celui de l'intérêt personnel, à se prêter une assistance réciproque. En industrie comme en politique, c'est l'union qui fait la force.

Le directeur de la *Moisson d'Or* a voulu mettre
en œuvre cette doctrine, aujourd'hui adoptée par
tous les bons esprits. Le travailleur et le capitaliste
contribuent également au succès de l'entreprise
pour laquelle il appelle leur concours : l'un et l'autre en recueilleront les avantages par moitié.

Dès lors, il faut leur prouver qu'on ne saurait faire
un emploi plus utile de son temps et de son argent.

Les capitaux réunis par la Compagnie doivent être
employés dans trois opérations principales :

1° L'exploitation des mines d'or et des terrains
aurifères en Californie ; 2° le commerce d'exportation et d'échange avec ce pays ; 3° la fondation de
colonies agricoles. (Art. 2 des statuts.)

Les deux premières opérations doivent être simultanément commencées dans un prompt délai.

Le bâtiment qui transportera le premier convoi
de travailleurs en Californie, outre les objets d'approvisionnement de tous genres,—maisons, cabanes,
vêtements, linge, provisions de bouche, outils, machines, médicaments, etc.,—recevra en même temps
une certaine quantité de marchandises de diverses
natures destinées à la vente, ce qui assurera un bénéfice immédiat à la Société, en attendant la réalisation de celui que procurera l'extraction de l'or.

Quant aux colonies agricoles, elles seront instituées plus tard, dès que des études faites sur les
lieux auront permis de se fixer d'une manière définitive sur les moyens d'exécution.

Présentons quelques aperçus généraux qui démontreront l'importance de chacune de ces opérations, et feront connaître l'esprit dans lequel elles
doivent être organisées et dirigées.

Nous n'essaierons pas de fixer par un chiffre ce
que peut produire d'or le travail d'un jour, d'un
mois ou d'une année. Le choix du terrain à exploiter, le plus ou moins de perfection des outils
et machines, la force et l'adresse des travailleurs,
voilà ce qui influe sur l'importance des produits, et
nous ne négligerons rien pour faire concourir ces
divers moyens de succès.

Ce qui a dû surtout nous préoccuper, c'est d'assurer la religieuse exécution du contrat formé avec
les travailleurs.

1° Chacun d'eux verse, au moment de son admission, une somme de 1,000 fr. qui est à peu près
l'équivalent des frais de son transport en Californie.

Cette somme est définitivement perdue pour lui, s'il
rompt le contrat qui le lie pour trois ans à la Compagnie; dans le cas contraire, elle reste sa propriété, et
elle est convertie en actions qui jouissent du même
dividende que les autres ; de sorte qu'à la fin de son
engagement, l'ouvrier travailleur reçoit un capital
dix fois plus considérable que celui qu'il avait versé;

2° La direction a dû considérer comme une garantie morale les avantages assurés à celui qui remplit fidèlement ses obligations. En conséquence, elle
fournira à tous ses travailleurs, *au prix de revient*,
tous les objets de nourriture, de vêtement et d'entretien qui leur seront nécessaires, ce qui leur procurera une économie à cause du prix excessif auquel
sont vendus, en Californie, la plupart des objets de
première nécessité.

Ils jouiront des mêmes avantages à l'égard du
logement, ainsi qu'en cas de maladie, pour les médicaments et leur traitement par un médecin attaché
à la Compagnie.

Sur ce point important, le Directeur ne veut s'en
rapporter qu'à lui; il sait que lorsqu'on a l'honneur de
diriger une grande entreprise, c'est surtout par son
zèle et son dévouement qu'on doit s'en montrer digne,

Peu de jours après le départ de la première expédition, il s'embarquera pour la Californie ; et comme
il prendra la route la plus directe, il s'y trouvera
avant l'arrivée du convoi.

Tout sera ainsi disposé d'avance pour recevoir les
travailleurs, les installer d'une manière convenable,
et donner à leurs travaux la direction la plus utile.

Après avoir complété l'organisation de cette petite colonie, institué le comptoir chargé de la réception et de la vente des marchandises, et pris les
renseignements nécessaires au sujet de l'établissement agricole qui pourra être fondé plus tard, le
Directeur laissera des instructions aux personnes
chargées de le représenter en Californie; car, dans
sa pensée, toutes les institutions ne se développent
et ne se perfectionnent que grâce à une surveillance
active et intelligente.

Dans la pensée du Directeur et de ceux qui ont bien voulu l'éclairer de leurs conseils, il peut y avoir des inconvénients à réunir un trop grand nombre de travailleurs, avant d'être complétement édifié sur les moyens de les employer de la manière la plus utile. On sait d'ailleurs que la discipline s'établit avec peine, et que la surveillance elle-même s'exerce difficilement sur une masse [d'individus jusqu'alors affranchis de tout règlement.

Aussi le premier convoi, dont le départ aura lieu vers la fin d'août ou au commencement de septembre, ne comprendra-t-il que 30 ou 40 travailleurs; et comme le Directeur ira présider lui-même à leur débarquement, à leur installation et à l'ouverture des travaux, il déposera le germe de sages institutions dans la petite colonie ; si bien que lorsque de nouveaux travailleurs seront successivement expédiés de la métropole, à certains intervalles réglés par l'administration, ils n'auront qu'à se conformer aux traditions qui se trouveront déjà établies parmi leurs devanciers.

Les fonds de la Société ne resteront pas, d'ailleurs, oisifs, car l'émission des actions n'aura lieu que par séries et jusqu'à concurrence des sommes qui pourront être employées à réunir de nouveaux ouvriers travailleurs, ou à expédier en Californie, soit des approvisionnements, soit des marchandises destinées à la vente.

Si l'on se pénètre de l'esprit dans lequel cette première opération est conçue et doit être dirigée, on sera convaincu qu'elle suffirait seule pour assurer au capitaliste un intérêt de ses fonds, et au travailleur un emploi utile de son temps, tels qu'ils ne pourraient espérer de le trouver dans aucune entreprise industrielle ou commerciale.

Il s'agit ici de l'opération la plus simple et dont il est facile à chacun de se rendre compte.

L'extraction de l'or en Californie offrant d'immenses avantages à ceux qui s'en occupent, peu de personnes sont tentées de se livrer à une autre industrie ; aussi les journées des ouvriers et des artisans y sont-elles payées à des prix tellement exagérés que les traitements de nos grands fonctionnaires sont de beaucoup inférieurs à ce que peut gagner un maçon ou un menuisier dans le pays de l'or.

Il résulte de cet état de choses que les objets de première nécessité, les vêtements, les chaussures, les outils, les ustensiles de ménage sont très-rares en Californie, et que l'on trouve plus d'avantages à les payer fort cher aux étrangers qui les importent, qu'à les faire confectionner sur les lieux.

Aussi tandis que les chercheurs d'or faisaient fortune en Californie, d'autres s'enrichissaient en vendant aux indigènes et aux étrangers de grossiers instruments de fer, des souliers, du linge et des vêtements.

Pour faire avec succès ce genre de commerce, il suffit d'opérer avec prudence et à propos.

Le Directeur de la *Moisson d'Or* est depuis longtemps familiarisé avec ces sortes d'opérations; il a des correspondants en Californie qui lui transmettent des renseignemens exacts au sujet des marchandises dont le placement est le plus facile et le plus avantageux. C'est d'après ces renseignements qu'il prend d'avance ses mesures pour composer la première expédition d'objets destinés à la vente et qui doit débarquer à San-Francisco en même temps que les travailleurs qui vont être employés à l'exploitation des terrains aurifères.

Le séjour qu'il se propose de faire en Californie après l'arrivée du bâtiment lui permettra d'abord de vendre les marchandises, ou plutôt de les échanger contre de la poudre d'or ;

Ensuite, d'établir à San-Francisco un comptoir où seront adressées les expéditions subséquentes, et dont la direction sera confiée à un gérant qui offrira toutes les garanties d'intelligence et de probité; enfin d'obtenir des renseignements toujours plus positifs que ceux que des correspondants peuvent transmettre, sur la nature et la quantité des marchandises destinées à alimenter ce commerce d'exportation.

En général, les marchandises seront embarquées sur les bâtiments qui transporteront en Californie de nouvelles colonies de travailleurs, avec les approvisionnements qui leur sont destinés.

Dans certaines circonstances, la cargaison pourra être entièrement composée de marchandises, sauf à y admettre des personnes étrangères à la Compagnie et qui paieraient leur passage.

Enfin, s'il y avait urgence, et s'il ne s'agissait que de l'envoi de quelques tonneaux, l'expédition pourrait en être faite par des navires de commerce se rendant à San-Francisco et moyennant le fret d'usage.

Plus tard, le conseil d'administration et les actionnaires, convoqués en assemblée générale, seront consultés sur le point de savoir s'il serait avantageux à la Compagnie d'acheter un ou deux bâtiments au moyen desquels elle organiserait un service régulier, pour le transport de ses colons et de ses marchandises.

Soit que la Compagnie effectue le chargement complet d'un navire pour son compte, soit qu'elle expédie quelques colis en Californie par un bâtiment de commerce à cette destination, il est facile d'établir le prix de *revient* de ces marchandises à son arrivée, sauf dans le premier cas à régler la part du fret à la charge de l'exploitation aurifère, et celle qui concerne l'expédition des marchandises destinées à la vente.

Le déboursé le plus considérable est celui du paiement des droits de douanes, régulièrement établies depuis quelque temps à San-Francisco; il ne s'agit ici en réalité que d'une avance de fonds, car on sait que partout les consommateurs supportent en définitive les droits dont les marchandises sont grevées à l'importation.

Le commerce ne peut être fait aujourd'hui sur une grande échelle avec la Californie, que par des négociants riches ou des compagnies fortement organisées ; c'est ce qui explique la hausse qui vient de s'opérer sur certaines marchandises.

Cette hausse doit devenir plus considérable encore, lorsque les approvisionnements qui encombraient le marché de San-Francisco se seront écoulés, et que les produits de l'extraction de l'or y seront plus abondants. Les opérations de vente ou d'échange auront nécessairement alors un immense développement, par suite des besoins des populations et de la nécessité d'écouler le minerai ou la poudre d'or.

Toute expédition de marchandises sera accompagnée d'un envoi d'argent qui permettra d'acquitter les droits de douanes et les autres dépenses, sans être obligé de recourir à des consignations toujours désastreuses, quand on est forcé de vendre en temps inopportun pour acquitter ses engagements.

On peut donc répéter ici, pour le capitaliste, ce qu'on disait il y a quelques instants pour le capitaliste et pour le travailleur.

N'eût-on à s'occuper que du commerce d'exportation avec la Californie, dans les conditions qu'on a sommairement indiquées, cet emploi donné aux fonds des actionnaires leur assurerait des avantages bien supérieurs à ceux qu'ils pourraient espérer d'obtenir en France.

Le directeur de la Compagnie considère comme un devoir de n'employer les fonds des actionnaires qu'à des opérations dont l'expérience a déjà démontré les utiles résultats.

Aussi se bornera-t-il à poser les termes d'un grand problème dont il ne donnera la solution qu'après son voyage en Californie.

Les terres aurifères et celles qui sont propres à la culture (ces dernières surtout) doivent être à très-bas prix, dans un pays dont la population n'est pas, jusqu'à présent, en rapport avec l'étendue de son territoire.

Il y aurait dès lors des avantages incontestables à acheter, pour la Compagnie la *Moisson d'Or*, une certaine étendue de terres dans chacune des deux catégories.

D'une part, si la Compagnie était propriétaire de terrains plus ou moins considérables d'où l'on pût extraire de l'or, elle se trouverait à l'abri des mesures que le gouvernement local peut prendre plus tard pour restreindre ou même interdire cette exploitation fructueuse; car dans cette partie de l'Amérique, comme partout ailleurs, le droit de propriété est protégé par les lois, et ce droit consiste essentiellement à jouir et disposer de la chose comme on le juge convenable.

D'autre part, des terrains aurifères d'une certaine étendue constitueraient pour la Compagnie un actif immobilier qu'elle pourrait vendre avec avantage lors de sa dissolution.

A l'égard des terrains d'une autre nature, situés en général à une assez grande distance des placers, on pourrait en tirer un parti avantageux sous deux rapports.

Ceux qui se trouveraient dans une position topographique favorable seraient destinés à devenir un centre de population. Avec le procédé expéditif employé en Californie, qui consiste à monter en quelques heures une maison en pièces de rapport, fabriquées en Allemagne ou en Angleterre, des villages et même des villes s'improviseraient sur les parties de territoire jusqu'alors désertes, et le terrain sur lequel ces cités nouvelles seraient assises décuplerait immédiatement de valeur.

Relativement aux terrains propres à la culture, on n'y ensemencerait des céréales que pour la subsistance des colonies de travailleurs; mais on ferait de vastes jardins potagers dont les produits seraient considérables, si l'on se trouvait à peu de distance de grands centres de population; car en Californie les fruits et les légumes se vendent aussi cher que les outils nécessaires au travailleur, et les vêtements dont nul ne peut se passer.

On pourrait d'ailleurs établir sur ces derniers terrains des colonies agricoles qui se combineraient parfaitement avec les colonies des travailleurs employés à la recherche et à l'extraction de l'or.

Les ouvriers qui par suite de fatigues ou de maladies ne pourraient se livrer sans danger à la recherche et à l'extraction de l'or seraient admis pendant un ou plusieurs mois dans la colonie agricole, qui constituerait l'habitation ou manoir de la *Moisson d'Or*, et, sans perdre leurs droits au partage des produits de l'extraction, ils recouvreraient leur santé ou répareraient leurs forces, en se livrant aux travaux des champs, auxquels la plupart d'entre eux étaient habitués dès leur enfance.

On pourrait même, comme mesure générale, accorder tous les ans aux travailleurs chercheurs d'or un congé qu'ils passeraient alternativement dans l'habitation, ou bien les réunir tous dans cette colonie, pendant la saison de l'année où les travaux d'extraction sont plus pénibles et moins productifs.

Dans l'exposé qui précède, nous avons surtout voulu faire connaître à tous ceux qui doivent s'y intéresser à divers titres, avec plus de développements qu'on ne pourrait le faire dans un prospectus, le but d'une Compagnie fondée sous le patronage d'hommes honorables.

La première émission des actions se bornera à deux ou trois séries, et une délibération spéciale du conseil d'administration sera prise à cet effet.

Au moyen du capital de 2 ou 300,000 fr. qui sera ainsi réalisé, on fera une première expédition de 30 ou 40 travailleurs, avec tous les objets d'approvisionnement qui peuvent assurer pendant six mois leur subsistance, leur logement et leur entretien. Les outils et les machines propres à rendre l'exploitation plus facile et plus fructueuse seront nécessairement compris dans cet envoi.

Pour compléter le chargement, on fera un assortiment de marchandises dont le placement pourra être le plus prompt et le plus avantageux; de sorte qu'au retour du bâtiment, la Compagnie aura à encaisser le prix de la vente des marchandises, et peut-être aussi les premiers produits de l'exploitation aurifère.

Dans les six mois qui suivront cette expédition, et dès que les premiers résultats en seront connus, le conseil d'administration sera appelé à délibérer sur l'émission d'une ou plusieurs nouvelles séries d'actions, ainsi que sur la somme à employer soit à l'envoi d'une seconde colonne de travailleurs, soit à l'achat d'une partie plus ou moins considérable de marchandises pour être vendue en Californie.

Quant aux actionnaires, ils peuvent évaluer eux-mêmes les produits de leurs fonds; et sans qu'il soit nécessaire de reproduire des chiffres, que l'on peut supposer être exagérés par cela seul qu'ils sont considérables, il suffira de leur dire qu'avec un système d'exploitation bien organisé, une administration loyale, une comptabilité régulière et un zèle à toute épreuve, le Directeur de *la Moisson d'Or*, croit pouvoir leur promettre des résultats au moins aussi avantageux que ceux qui ont pu être obtenus jusqu'à ce jour.

Le Directeur général : LEROY.

Le conseil d'administration et de surveillance ne peut qu'approuver la rédaction de ce rapport, dans lequel se trouvent formulées ses propres pensées.

Les explications franches qu'il contient sont de nature à inspirer une entière sécurité à ceux qui se lieront à la compagnie de *la Moisson d'Or*, soit comme travailleurs, soit comme actionnaires.

Sans doute, on doit faire la part des *éventualités*, dans une entreprise de cette nature. Ce qu'il faut désirer avant tout, c'est qu'elle soit dirigée avec intelligence et probité. Les soussignés considèrent d'ailleurs comme un devoir d'aider le Directeur de leurs conseils, en même temps que d'exercer la surveillance la plus exacte sur la tenue des écritures et la comptabilité.

MM. **COFFINIÈRES,** ancien avocat à la Cour de cas

sation, chevalier de la Légion d'honneur, *Président.*
—CHAUBRY, ancien receveur des finances, *Secrétaire.*—VERNHETTE, représ. du peuple (Aveyron), ancien magistrat.—DE BARANTE, ancien receveur-général, officier de la Légion d'honneur.—L'abbé DE LACOSTE, chanoine du diocèse de Troyes. — DU-

VAUX, ingénieur en chef des ponts-et-chaussées en retraite.—L'abbé MARTIN du diocèse de Lyon, procureur-général du clergé et des missions catholiques.

Actions de........ (Voir page 32).

LA FORTUNE

Société constituée par acte passé par-devant Me PLANCHAT, notaire à Paris, le 6 avril 1850.

La richesse des terrains aurifères de la Californie n'est plus aujourd'hui un doute pour personne. Ce qui pouvait, il y a quelques mois encore, paraître chimérique est désormais une vérité incontestable, surtout depuis que la France et l'Angleterre ont retiré de ce pays privilégié plusieurs centaines de millions. Ces chiffres ne paraîtront nullement exagérés quand on saura que les terrains qui renferment de l'or ont une étendue de plus de **300 lieues;** c'est-à-dire qu'ils occupent un espace plus grand que la France.

Nous croyons intéresser le public en l'instruisant des avantages positifs que nous devons tirer de nos machines. Il résulte d'expériences faites que cinq travailleurs obtiennent facilement, en un jour, avec une de nos machines, le même résultat que cent hommes isolés opérant avec les procédés préexistants. Nous ajouterons que le travailleur isolé *ne recueille que deux dixièmes de l'or, tandis qu'avec nos procédés mécaniques on en recueille les neuf dixièmes;* de plus, nos procédés garantissent les travailleurs du contact incessant de l'eau, cause principale des fièvres si fréquentes en Californie; ils permettent enfin de ne pas interrompre le travail aux *placers* pendant la saison des pluies.

La Compagnie **La Fortune** dispose, dès à présent, de quatre machines représentant chacune la force de 100 hommes, et qui, mises en activité, donneront par jour 2 kilogrammes d'or l'une, ci.   **6,000** fr.
Soit pour les quatre ensemble 8 kilogrammes d'or par jour, ci.   **24,000**
Et pour l'année de travail (huit mois). **5,770,000**
D'après ces chiffres, il reviendra à chaque action de 10 fr. par an. .   **80**
A chaque action de 50 fr., par an.   **400**
Et à chaque travailleur, par an.   **70,000**

Bien que ces résultats paraissent extraordinaires, leur authenticité ne peut être contestée, puisqu'elle s'appuie sur des rapports officiels émanant du ministère de l'Agriculture et du Commerce; d'ailleurs, l'empressement avec lequel les actions des Compagnies californiennes sont recherchées en Angleterre suffirait, à défaut d'autre preuve, pour convaincre les esprits les plus incrédules. Ainsi, les actions de la Société d'East-Wheel-Rose, émises à **50** liv. sterl. (**1,250** fr.), se négocient à la Bourse de Londres, **15,500** fr.; celles de Sud-Caradan, émises à **5** liv. sterl. (**125** fr.), se négocient à **3,750** fr.; celles de Great-Consols, sur lesquelles on n'a versé que **25** fr., se négocient à **3,275** fr.

Nous citerons encore à l'appui de ce que nous avançons ces hardis travailleurs qui, partis pour la Californie il y a 18 mois, sont de retour en France après avoir réalisé, les uns **400,000** fr., les autres **600,000** et **800,000** fr.

Nous terminerons en disant que la compagnie **La Fortune** n'a admis au nombre de ses travailleurs que des hommes dont la moralité, la bonne conduite et le courage sont attestés par les certificats les plus honorables.

Procès-verbal de l'Expérience faite au siège de l'administration de la Compagnie la Fortune.

Les soussignés, ayant assisté à l'expérience faite ce jour, au siège de la société la Fortune, reconnaissent que sur dix grammes d'or mêlés en leur présence à une quantité indéterminée de sable de rivière, il a été retiré neuf cent quatre-vingt-dix centièmes de ce métal, et que cette opération a été faite au moyen de la machine dont le dessin a été reproduit sur le premier numéro du journal de cette Société, portant la date du mois de juin.

En foi de quoi, nous avons signé le présent, pour attester la vérité.

Paris, le 4 juillet 1850.

Suivent les signatures:

Actions de...... (Voir page 32).

SOCIÉTÉ IMMOBILIÈRE
DE SAN-FRANCISCO

Société constituée par acte passé pardevant M° GRÉBAUT, notaire, le 19 août 1850.

La Société a exclusivement pour objet la construction et l'exploitation de bâtiments propres au commerce, notamment d'un hôtel meublé et d'un marché-bazar pour la vente de toute espèce de marchandises. Elle s'est assuré l'application exclusive, en Californie, des procès du docteur BOUCHERIE, sur la conservation, la coloration des bois et pour leur incombustibilité, et elle en organisera, à San-Francisco, l'exploitation lucrative.

Elle affrète plusieurs navires pour le passage des ouvriers et le transport des matériaux nécessaires à ses constructions.

Cette entreprise n'a rien de commun avec celles qui ont pour but la recherche de l'or. Ainsi que l'indique son titre, sa base est plus solide, son capital reposant sur un gage réel et sérieux, c'est-à-dire sur des immeubles dont la valeur, plus que suffisante dès le principe, doit s'accroître indéfiniment dans des proportions énormes, grâce à des circonstances exceptionnelles et peut-être uniques au monde. Ainsi, San-Francisco voit sa population s'augmenter d'heure en heure, avec une rapidité dont on n'a jamais vu d'exemple. On comptait à peine, en 1847, 5,000 habitants à San-Francisco; aujourd'hui, cette ville a pris des développements tels, que l'on en compte au moins 200,000.

De tous les points du globe, des légions d'ardents chercheurs viennent apporter dans ce foyer leur part d'énergie, d'intelligence et d'activité. Le courant s'est établi dans cette direction, avec une force telle, qu'il n'est plus au pouvoir d'aucune puissance humaine d'en détourner le cours; si bien que la recherche de l'or, mobile originaire de ce mouvement, n'est déjà plus, pour les esprits sérieux, la source première des richesses Californiennes; et si, par impossible, le précieux métal venait à se tarir tout-à-coup dans les mines qui le recèlent, la Californie serait encore, dans l'état actuel des choses, et grâce aussi à la merveilleuse fertilité de son sol, une des contrées les plus riches du globe, et San-Francisco, un des marchés les plus importants du monde commercial.

Il est facile de concevoir que, dans de telles conditions, la valeur des propriétés situées à San-Francisco ira s'augmentant tous les jours, suivant une progression dont il est impossible de calculer le terme. Un tel placement offre donc toute la sûreté désirable, puisqu'il est garanti, non par la fidélité, toujours un peu problématique, de travailleurs qui peuvent succomber au milieu de leur tâche ou déserter leurs engagements, mais par des immeubles qui auront acquis, dans un avenir très-rapproché, une valeur dix fois supérieure à leur prix de revient.

Ce qui vient d'être dit suffit pour faire connaître la nature des opérations de la Société. Moins chanceuse que l'exploitation des mines d'or, une telle entreprise n'en offre pas moins ces résultats fabuleux et incroyables, qui sembleraient un rêve d'imagination s'ils n'étaient notoirement attestés tous les jours par des faits irrécusables. Ainsi, telles maisons dont le prix de revient n'a guère dépassé 50,000 fr. rapportent à leur propriétaire un revenu annuel de 100 à 150,000 f. une chambre de 2 mètres carrés se loue 500 fr. par mois, 1,000 fr. si elle est meublée. D'un hôtel garni de cent chambres on peut donc tirer annuellement *douze cent mille francs*. Il n'est pas de boutique ou de petit magasin qui ne se loue de *douze à quinze mille francs* PAR MOIS. On pourrait multiplier ces exemples dont chacun, du reste, peut vérifier la réalité. Or, si des particuliers, agissant dans la limite nécessairement fort restreinte de ressources individuelles, obligés de payer les matériaux et la main-d'œuvre aux prix exorbitants du pays, ont pu obtenir de tels résultats, qu'on juge de ce que pourra faire la *Société immobilière de San-Francisco*, centuplant ses forces par l'association, et pouvant, grâce à de puissantes ressources, combiner à son profit les avantages du bon marché en France avec les bénéfices de la cherté en Californie ! Ainsi, la plus grande partie de ses travaux et la plus coûteuse sera exécutée en France, et ses mesures seront prises pour que leur transport en Californie n'en augmente la valeur que dans des proportions relativement insignifiantes. La Société s'est également assuré que les briques fabriquées sous sa direction, et par des procédés qui sont sa propriété particulière, lui reviendront à des prix qui ne dépasseront pas ceux de la brique de Bourgogne à Paris.

De tout ce qui précède, nous résumons que l'opération fondée par la Société immobilière de San-Francisco donnera annuellement deux capitaux et demi, c'est-à-dire qu'une action de 100 fr. rapportera annuellement 250 fr., pendant la durée de la Société 1,250 fr.; et une action de 1,000 fr. rapportera 12,500 fr. Il faut remarquer que les actionnaires seront propriétaires des immeubles acquis et des constructions élevées à San-Francisco, et que, par conséquent, le capital qu'ils auront engagé dans l'opération sera aussi solidement garanti que s'il était placé en France sur première hypothèque.

Aussitôt qu'une somme nécessaire à l'achat des terrains sera réalisée, un des gérants devra partir pour en faire l'achat, surveiller la construction des premiers bâtiments et établir le chantier pour l'exploitation des procédés du docteur Boucherie. Il devra, en outre, s'entendre avec les autorités locales pour faire statuer sur le *commodo et incommodo* de l'emplacement du bazar.

En outre, la Société s'est assuré la propriété exclusive de la précieuse découverte de M. le docteur Boucherie, pour l'incombustibité et la conservation du bois. Elle se propose d'exploiter cette heureuse acquisition, au profit de l'entreprise, dans toute la Californie. On appréciera les immenses résultats que cette exploitation peut donner, si l'on remarque que San-Francisco est désolé par des incendies multipliés, — incendies désormais impossibles, comme chacun sait, avec des bois préparés pour l'incombustibilité. (Notre correspondance particulière nous révèle qu'il ne se passe pas une soirée sans qu'on ait à déplorer quelque catastrophe de ce genre, plus ou moins étendue.) Non-seulement la Société en fera usage dans les constructions qu'elle se propose d'élever, mais encore elle en fera l'objet d'une exploitation qui ne peut manquer d'être une source abondante de profit, dans une ville où toutes les maisons se construisent en bois.

Chacun comprend qu'en l'absence de compagnies d'assurances, l'exploitation de ce procédé donnera d'énormes bénéfices sans occasionner de frais considérables ni de sérieuses difficultés; quel propriétaire en effet hésiterait à employer un moyen si simple d'assurer sa tranquillité et de mettre sa propriété à l'abri de la destruction ?

Actions de..... (Voir page 32.)

LE SACRAMENTO

Société constituée par acte passé pardevant M° DELALOGE
notaire à Paris, le   juillet 1850.

———◆———

Exploitation des mines d'or de la Californie. — Construction de maisons, magasins, usines, etc. — Etablissements agricoles. — Comptoirs de change de monnaies contre des matières d'or. — Opérations industrielles et commerciales.

M. DE LAJUS, représentant du peuple, *Président* du Conseil de surveillance.

Le SACRAMENTO est la première compagnie qui ait conçu l'heureuse idée de joindre aux convois de chercheurs d'or des convois d'artisans et d'agriculteurs. Il résulte des documents officiels fournis par le gouvernement américain et les envoyés des gouvernements d'Europe que des convois d'artisans, tels que maçons, serruriers, charpentiers, menuisiers, etc., employés à la construction de maisons, usines et magasins, dans un pays où des villes sont à construire en entier, assureraient à ces artisans eux-mêmes et aux compagnies qui les emploiraient UNE FORTUNE à laquelle il serait impossible d'assigner une limite.

TRAVAILLEURS : Tout travailleur, au moment de son engagement, souscrit pour NEUF CENTS FRANCS D'ACTIONS qui restent à la souche à titre de garantie. La Compagnie lui fournit le passage gratuit (aller et retour), la nourriture, l'entretien, le couchage, les armes et les instruments pour l'extraction et le lavage de l'or pendant toute la durée de son engagement, fixé à trois années. — En outre de ces avantages, moitié du *produit brut* du travail, sans aucune *espèce de retenue*, est partagée tous les mois entre les personnes faisant partie d'un même convoi.

Chaque convoi de travailleurs forme une association distincte dont les intérêts sont entièrement séparés des autres convois ou associations.

Chaque convoi est en outre accompagné : 1° d'un directeur; 2° d'un aumônier; 3° d'un ingénieur; 4° d'un médecin; 5° d'un secrétaire-comptable; 6° d'un préposé aux vivres; 7° d'un cuisinier; 8° de trois femmes prises autant que possible parmi les sœurs de charité, pour soigner les malades et entretenir les effets des travailleurs.

Tous les mois le *Sacramento* publie un journal où se trouve constaté le détail des opérations de la Société, l'état de sa caisse, la situation de son actif et de son passif. Ce journal est envoyé gratis à tous les souscripteurs de 500 fr. d'actions.

Un départ de travailleurs aura lieu le 30 septembre prochain, par l'*Anna*, magnifique trois-mâts de 1,000 tonneaux, affrété par la Compagnie. — L'embarquement aura lieu au Havre.

Un autre convoi, composé exclusivement d'habitants de l'Auvergne, suivra presque immédiatement ce départ.

LES BÉNÉFICES DE LA SOCIÉTÉ SE COMPOSENT DE : 1° Cinquante pour cent du produit brut des travailleurs occupés aux mines d'or; 2° cinquante pour cent du produit des artisans occupés aux constructions des maisons, édifices, etc.; 3° cinquante pour cent du produit des travaux des agriculteurs employés aux établissements agricoles; 4° la totalité des bénéfices réalisés dans toutes les opérations commerciales et industrielles; 5° la totalité des bénéfices réalisés par les comptoirs de change.

La Compagnie emploie pour l'extraction de l'or des appareils nouveaux supérieurs à tout ce qui a été inventé jusqu'à ce jour, et centuplant la force de l'homme

Actions de..... (Voir page 32.)

M. Philippart, rue Dauphine, 18, à Paris, — qui procure les Actions de toutes les Compagnies indistinctement, — nous prie d'insérer les lignes suivantes :

« *Aux personnes qui veulent s'intéresser comme actionnaires dans les Compagnies, — et à celles qui veulent partir pour la Californie.*

« On m'adresse à chaque instant des questions auxquelles je vais tâcher de répondre :

Demande.—Quelles sont les Comagnies qui donneront les meilleurs résultats ?

Réponse.—Je n'en sais rien. Ce que je sais—ce qui est—c'est qu'il y aura, pendant de nombreuses années encore, *énormément* d'or en Californie. Les Sociétés qui conserveront un certain nombre d'associés-travailleurs obtiendront, en *or recueilli*, de bons résultats ; —et, quant à celles qui se consacrent plus exclusivement au commerce avec la Californie, il est bien acquis, par une grande quantité de documents, « que l'on vend facilement, en Californie, « à des prix très-élevés, certains objets fabriqués à bas prix en France. » Ainsi la Société qui, réellement, procurera à ses associés-travailleurs le bien-être de l'association, cette Société conservera au moins une partie de ses travailleurs...... et il ne faut pas un nombre considérable de ces travailleurs pour donner de grands résultats : — il suffira seulement de quelques travailleurs ayant compris leurs véritables intérêts,—avec une direction intelligente et honnête. Quant aux opérations commerciales, bien dirigées, —les Sociétés qui n'enverront de France que des objets d'une vente facile obtiendront de grands bénéfices ; — et, avec l'expérience, ces bénéfices deviendront successivement plus considérables.

D.—Comment, *avec prudence*, placer quelque argent dans les Compagnies ?

R. — DIVISER son placement d'argent entre presque toutes celles qui sont bien administrées... et, parmi celles-là, il en est qui pourront procurer de grands bénéfices.

D. Qu'est-ce que l'*associé-travailleur* et le *passager libre ?*

R.—Le passage (nourriture comprise), qui coûte environ 700 francs pour un passager non-associé, coûte, pour un *associé*, 900 francs.—Différence,

200 francs.—Pour cette différence , les Directeurs de Compagnies s'engagent ordinairement à procurer, à bord du navire, une nourriture meilleure,—les soins d'un médecin,—d'un aumônier,—quelques vêtements, etc...—Tout cela, assurément, vaut bien 250 francs. Voilà pour le voyage. — Voici à l'arrivée en Californie : on doit vous procurer là tout ce qui est nécessaire à la vie, et, de plus, des instruments de travail, des *machines à amalgamation de l'or*, qui, avec moins de peine, procurent beaucoup plus de produits ; et comme les Sociétés ne réclament de leurs associés-travailleurs qu'une part de bénéfices (peu importante en comparaison de ce qu'ils reçoivent de ces Sociétés), il y a avantage pour le travailleur. —Les bénéfices des Sociétés ne seront considérables que parce qu'ils seront prélevés sur *tous* les travailleurs....

La durée de l'engagement est ordinairement de 2, 3 ou 5 ans ;—les bénéfices sont partagés de temps en temps.—Les 900 francs que paie le travailleur pour le passage sont immédiatement consacrés à 900 francs d'*actions inscrites au nom de ce travailleur :*— ces actions, qui participent aux intérêts et à tous les bénéfices de l'entreprise, sont remises au travailleur à l'expiration de son engagement....— Le fond de ces *détails* est à peu près le même pour toutes les Compagnies.

D.—Il y a des Compagnies dont les calculs prouvent une foule de capitaux pour un.....

R.—Ces Compagnies prennent, pour base de la *Recette*, des chiffres à peu près officiels ; — elles disent : « L'expérience a prouvé qu'*un* homme « trouve, en moyenne, *telle* quantité d'or en une journée ; —*plusieurs* hommes, « aidés par nos *machines qui facilitent* le travail, DEVRONT, par conséquent, « obtenir *telle quantité* qui, divisée annuellement entre les actions, produira, *au* « *profit de l'actionnaire et du travailleur lui-même*, des dividendes de *tant* de « capitaux *pour un...* » — Certes ce chapitre des *Recettes* est magnifique ! — Mais ce que je crois le plus conforme à la *possibilité*, le voici :

On peut, avec l'*or* et le *commerce* de la Californie, donner de beaux dividendes de bénéfices, — et sans promettre une *foule* de capitaux pour *un*, on peut réellement obtenir de beaux dividendes de bénéfices.

Librairie de PHILIPPART, rue Dauphine, 18, Paris.

BIBLIOTHÈQUE POUR TOUT LE MONDE

ET

capital **7** millions **Loterie des Lingots d'or** capital **7** millions

Lot principal, **4000,00 francs**, en un lingot d'or.

Conseil de Surveillance

M. le Commandant J. CLARY, membre de l'Assemblée nationale, *Président*.
M. PORION, membre de l'Assemblée nationale, Maire d'Amiens.

M. DEVAUX (du Cher), Conseiller de la préfecture de la Seine, ancien préfet de l'Aube.
M. DECAN, Maire du 3e arrondissement de Paris.
M. GENSE, ancien Banquier.

Commissaire spécial du Gouvernement.

M. Clément REYRE, Secrétaire général de la préfecture de police.

Administrateur :

M. le capitaine G. LANGLOIS (du Havre).

Le tirage de la *Loterie des sept millions* aura lieu sous la surveillance immédiate et d'après les prescriptions de l'Autorité, qui a désigné pour commissaire spécial près la Direction un des principaux fonctionnaires de la préfecture.

Une BIBLIOTHÈQUE ÉLÉMENTAIRE, surtout lorsqu'on l'a rendue complète en la composant d'une cinquantaine de divers ouvrages, a toujours coûté **50, 60** et même **100** fr. Voici qui est donné pour DIX-SEPT FRANCS : **1°** la BIBLIOTHÈQUE COMPLÈTE ÉLÉMENTAIRE dont les titres sont indiqués ;—**2°** un billet de la LOTERIE DES LINGOTS D'OR, avec lequel on peut gagner **25,000** fr. ;—**3°** un deuxième billet avec lequel on peut gagner **50,000** fr. ; —**4°** un troisième billet avec lequel on peut gagner **100,000** fr. ;—**5°** un quatrième billet avec lequel on peut gagner **200,000** fr. ;—**6°** enfin, un cinquième billet avec lequel on peut gagner **400,000** fr.—Ces chiffres sont rigoureusement exacts.—Adresser un mandat pris à la poste, de DIX-SEPT FRANCS, à M. PHILIPPART, libraire, rue Dauphine, 18, à Paris ; on recevra immédiatement, franc de port pour toute la France, les CINQUANTE ouvrages et les cinq BILLETS DE CETTE LOTERIE AUTORISÉE PAR LE GOUVERNEMENT.

Titres des Ouvrages fournis avec les Billets de Loterie.

1 Alphabet (*avec 100 gravures*).	18 Art poétique (*avec notes*).	35 Robinson raconté en famille.
2 Civilité (2° *livre de lecture*).	19 Morale en action.	36 Merveilles de la nature.
3 Tous les genres d'écriture.	20 Franklin (*OEuvres morales*).	37 Découvertes et inventions.
4 Grammaire de Lhomond.	21 Les hommes utiles.	38 Erreurs et Préjugés popul.
5 Le mauvais langage corrigé.	22 Les bons conseils.	39 Le Bonhomme *Pourquoi*.
6 Traité de ponctuation.	23 Histoire ancienne.	40 Histoire Naturelle
7 Arithmétique simplifiée.	24 — grecque.	41 Géologie
8 Mythologie.	25 — romaine.	42 Astronomie
9 Géographie générale.	26 — sainte.	43 Physique amusante
10 — de la France.	27 — du moyen âge.	44 Chimie amusante
11 Statistique de la France.	28 — moderne.	45 Tenue des livres simplifiée.
12 La Fontaine (*avec notes*),	29 — de l'Amérique.	46 Géométrie
13 Florian (*avec notes*).	30 — de France.	47 Algèbre
14 Ésope, etc. (*avec notes*).	31 — de Paris.	48 Arpentage
15 Une lecture pour chaque dimanche	32 — de Napoléon.	49 Dessin linéaire
16 Morceaux de littérature : *Prose*.	33 Tablettes universelles.	50 Poids et mesures.
17 — — *Vers*.	34 Le monde à vol d'oiseau.	

(42 à 44) avec gravures. — (46 à 49) avec gravures.

Pour que cette Bibliothèque justifie son titre, et qu'une place lui soit donnée dans toutes les familles ;—qu'elle soit réellement *élémentaire*, *instructive*, il faut que, TOUTE d'instruction, elle ne s'occupe que de sujets religieux, moraux ou scientifiques : tel a été notre but.

Paris.—Imprimerie Bonaventure et Ducessois, 55, quai des Grands-Augustins.

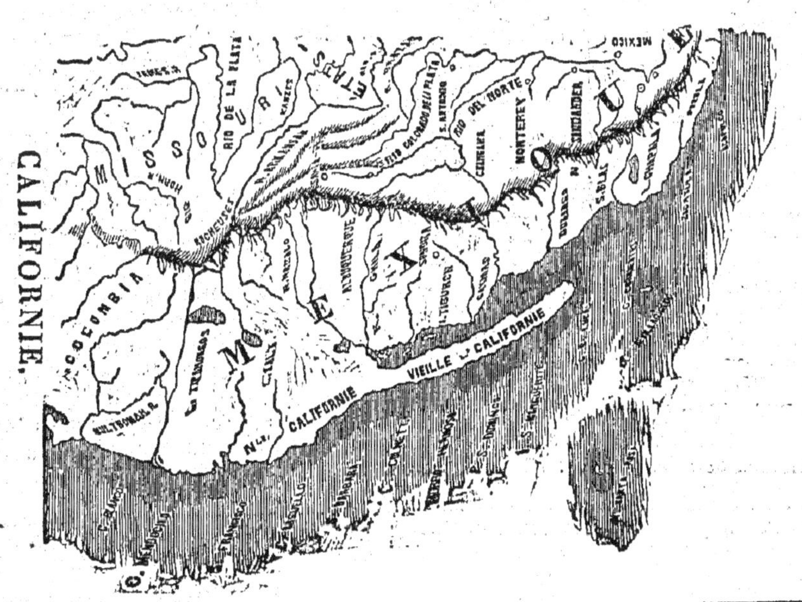
CALIFORNIE.
MEXIQUE
VIEILLE CALIFORNIE
NLLE CALIFORNIE
MONTEREY
COLUMBIA
RIO DE LA PLATA
RIO DEL NORTE
MEXICO